心商

测出你的心理软实力

【英】本·艾姆布瑞治Ben Ambridge ◎著
谭新木　李中◎译

上海社会科学院出版社

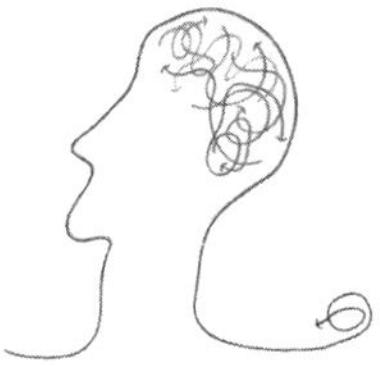

目 录
Contents

鸣谢

我衷心感谢Profile出版社的丹尼尔·克鲁（Daniel Crewe）、尼克·施尔因（Nick Sheerin）以及潘尼·丹尼尔（Penny Daniel）；企鹅出版社的梅拉妮·托托莉（Melanie Tortotli）；Felicity Bryan联营公司的莎莉·霍洛威（Sally Holloway）；他们的意见、建议和指导为我带来了极大的帮助。还要感谢为我做编辑的马休·泰勒（Matthew Taylor）和设计排版的尼基·巴恩比（Nicky Barneby）。

前言：无处不在的心理学

你一定听说过IQ这个词吧，也就是人们常说的智商；但是你了解什么叫“心商”（Psy-Q）吗？你知道并理解自己的动机和目标吗？你擅于揣测其他人……甚至是你自己的行为吗？

本书旨在以心理学为基础对人类的一切行为提供合理的解释。但是它不会是那种干巴巴没有丝毫趣味的心理学专著，更不会充斥着冗长的体悟和教义式的理论。其实读者们想知道的是心理学如何帮助我们更好地认识自我、认识生命。我不会直接对大家进行说教，相反，我会通过一系列的互动测试、问答、谜题、游戏和图片让读者从中慢慢体悟。当然我们现在还没有找到所有问题的答案，但是我相信当你认真读完本书的时候，就不仅能够知道书中每个问题的科学答案，还可以拥有敏锐的洞察力，对自己的心理状态有更准确的认识。

请大家注意我用了“科学”这个单词。作为一名研究心理学的学者，科学家是我的第一身份也是最重要的身份。心理学利用下面的科学方法派生出自身的价值：我们提出各种理论并实施最可行的对照试验来测试它们的正确性。本书所有题目下涉及的每项研究均取自于同行们撰写的经过审核的科学文献。有鉴于科学家们很少能就某项事情、假说或者结论达成完全一致的共识，我所选择的都是目前来看证据最充分、可信度最高的文献，凡属无端推测、伪科学的内容均不采纳，更不会有流行心理学中那些无聊的内容。在这本书里，你会看到许多尖端的或者经典的研究内容，这些大部分是20世纪50年代心理学成为一门实验科学后才逐渐形成的。

心商并不仅限于描述这些研究，相反，它就是这些研究本身。你可以借此对自身的各个方面进行全面评价，包括性格、智力、道德价值观、思维方式、控制冲动的能力、绘画技巧、逻辑思维能力、音乐鉴赏力、同时完成多任务的能力、受错觉影响的程度（包括视觉和思维两个方面），甚至择偶的偏好。你将会了解到人类是如何思考、感觉、观察和回应其他人的。你将会体验到诧异、喜悦、惊奇、愉悦、挫败、恐惧和完全的莫名其妙等多种感觉。接下来你就会变身为心理学家，让朋友或者家人来完成同样的研究测试，并与自己的测试结果相印证。你会迫不及待地打开电脑，去完成与本书关联的网站www.Psy-Qbook.com上提供的在线测试。当你完成整个学习过程后，我希望你能够理解心理学的确是无处不在的：人类几乎没有哪个方面的经验是不能用实验心理学的方法通过这样或那样的途径来进行研究的。

至于本书的阅读顺序，全然由你自己决定。尽管我已经尽力按照某些逻辑上的顺序来编排本书，尽量多选择不同类型的内容混合在一起，让书的内容能够更加生动，但你完全可以按照自己的想法将相关的研究放在一起看，或者干脆随心所欲，想看哪里看哪里。这是属于你的书，请用你的大脑指引自己完成属于你的学习历程。好了，现在让我们扬帆启航吧。

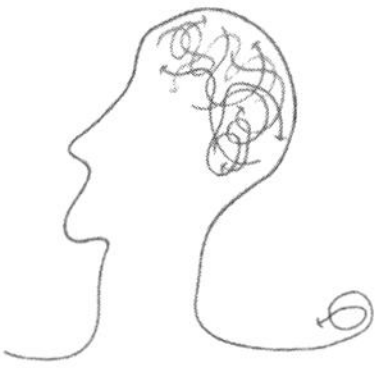

1. 野生鲨鱼测试

让我们先从罗夏测试（Rorschach Test）开始，它差不多可以称得上是心理学史上最著名的测试。完成测试的过程很简单，只要在每幅图的下面写下你所观察到的内容就可以了，然后在后面找出这些答案揭示出你是怎样的人即可。

1.

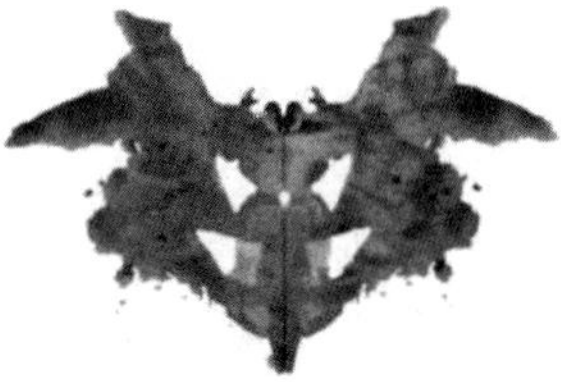

....

2.

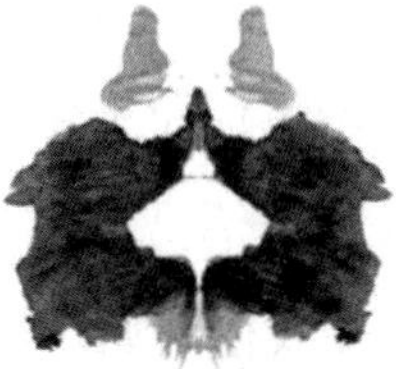

....

3.

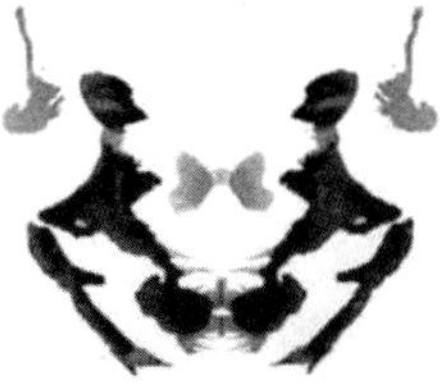

....

4.

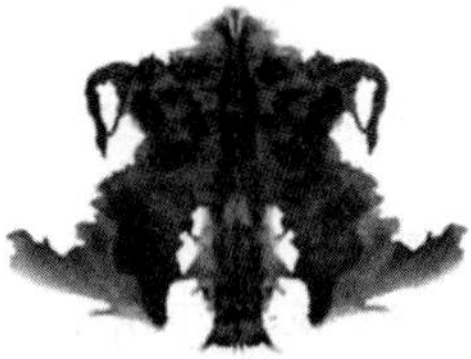

....

5.

....

6.

....

7.

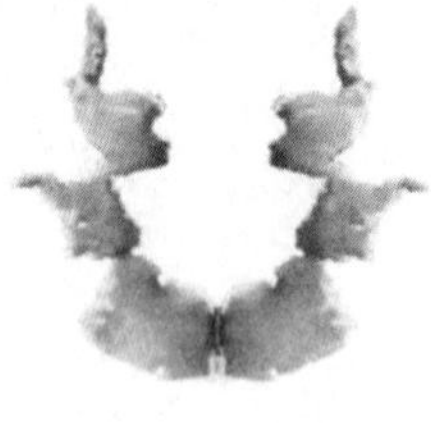

8.

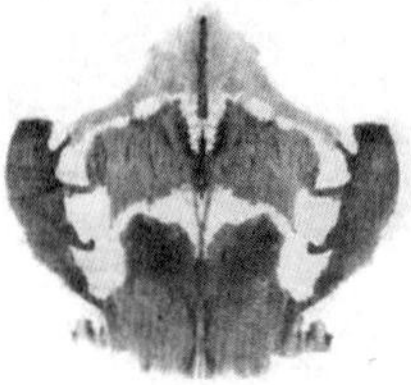

9.

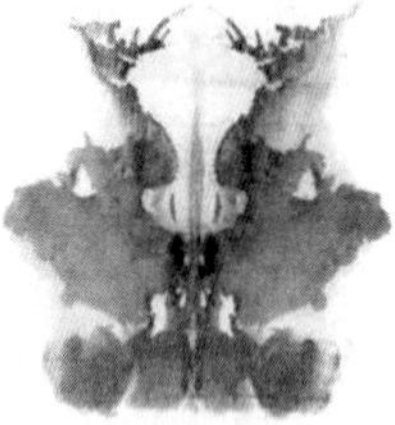

10.

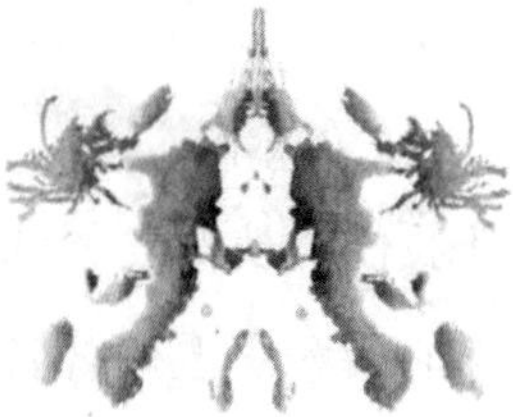

答案

1. 第一张卡片只是用来热身的，图片上的内容非常明显，无论你的答案是蝙蝠还是蝴蝶或者飞蛾都不重要，都无法解释出关于你个性的太多内容。

2. 现在我们开始逐步深入。大多数人都会说这张卡片上好像有两个人或者两个动物，比如两头熊或者两头大象。但是你有没有想到他们在做什么？打架、握手或者只是简单地打个招呼？如果你认为他们在打架，那么则预示着你是一个容易发怒或者说具有侵略性的人。

3. 这张卡片绝对可以看出是两个人在一起，对吧？（两人之间的位置可能是爱心也可能是蝴蝶）如果你观察不到这些，或者你需要的观察时间过久，那么则预示着你在社交方面有困难。

4. 这张卡片通常被称为“父亲卡”，因为它代表了你对父亲的态度。比如你看到一头熊正在向你冲来准备吃掉你，那么预示着你对你的父亲（或所有男人，或某些权威形象）有恐惧心理。

5. 这又是一张极“简单”的卡片，其设计目的是为了让参与者稍微休息一下，顺便再确保你还能集中注意力，而不会给出太离谱的答案。如果你给出的不是蝙蝠、蝴蝶、飞蛾一类小动物，或者电影《死亡幻觉》中的兔形标志等外形比较靠谱的答案，那么则预示着你的心理有问题。

6. 第六张卡片与性欲有关。嘿！发挥一下你的想象力！如果你把它认作小动物的皮毛或者地毯，那么则预示你在压抑自己的性欲。

7. 第七张卡片与第四张卡片遥相呼应，常被称为“母亲卡”。请问你究竟看到了什么？两个天使？很好！两个女巫？不太好。如果你根本没有发现这是两位女性，则预示你与女性接近存在困难。

8. 最后三张卡片的原图都是全彩的，因此你可能会觉得看黑白图像有些吃力，这是正常情况。大多数人都会认出这里有某种四条腿的动物，如果认不出来，则预示你在处理复杂环境或情绪方面有困难。就像这张卡片中一旦包含了复杂的信息，就会导致你不能很好地认出画面中的内容。

9. 大多数人都会努力思考找出这张图片中包含的信息（或者是某个人物？），如果你的大脑一片空白，什么也认不出来，那么则预示着你缺乏独立思考处理问题的能力。

10. 最后这张卡片中包含的信息量非常之大，因此这里没有单纯的“标准”答案。有的时候人们会觉得卡片里有螃蟹、龙虾、蜘蛛、蛇或者昆虫。如果你能把这些元素整合到一起，例如回答说这是一幅水底景象，那么则预示你有极为优秀的组织能力。因为测试者已经知道这是最后一张卡片，所以心理学家会额外注意他们此时有意或无意的举动，认为这些举动会传递出关于测试者所处环境或精神状态的真实信息。

你刚才进行的这个测试是著名的罗夏测试的一个版本。罗夏测试是瑞士著名心理学家赫尔曼·罗夏（Hermann Rorschach）在

1921年发布的。罗夏的灵感来自于*Gobolinks*，那是一本19世纪的儿童诗集，配有人物、动物或怪物的墨迹画（参见本书提供的“网页链接和推荐阅读”，那里可以免费下载此书）。测试所遵循的理论是，让患者描述图片上的内容而不是直接谈论他们自己的状况，可以让心理学家更好地切入到患者的潜意识和情绪中去，这些意识或情绪或许是他们本人没有注意到，甚至尽力隐藏的。（我们会在后面的“梦的解析”一节学到更多内容）

现在，如果你认为上面给出的那些“答案”有一点草率肤浅的话，那么你是正确的。虽然这些答案是大体上按照对于这项测试的传统认知而给出的，但心理学家围绕这些传统认知是否正确，或者这项测试对我们是否有任何意义的问题仍然存在分歧。因此我觉得我基本上可以想说什么就说什么。我把我的解释版本称为野生鲨鱼测试（野生鲨鱼Raw Shark与罗夏Rorschach谐音——译者注）。

这并不是说今天的临床心理学家们已经完全放弃了罗夏测试，许多人仍然信奉它，并且开发了详细的评分手册，以避免和克服在解释某些特定答案时存在的明显主观性。即使是那些对该测试持猛烈抨击态度的学者们也承认，它对精神分裂症的诊断极有价值（虽然有一项研究发现六分之一明显正常的受试者也会被诊断为精神分裂症患者）。我在这里引用罗夏测试的目的是为了评价正常读者（希望如此！）的性格特征（希望能有效！），但毫无疑问，这项测试究竟有没有用处仍然有争议（这还是往好里说）。

但不管怎么说，其中有一种回答方式可是特别给人启发……

网页链接和推荐阅读

请到http://www.read.gov/books/young.html下载*Gobolinks*或*Shadow-Pictures for Young and Old*。

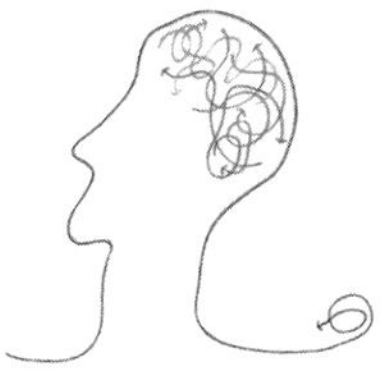

2. 一则黄色笑话

一位患者光顾临床心理医师的诊所进行罗夏墨迹试验。

医师抽出第一张卡片让患者观看,“现在告诉我你看到了什么？”

“一个赤裸的女人,”患者回答。

“好吧,”心理医师说,“我们再来试试下一张。”

“一对恋人在做爱,”患者不假思索立刻回答。

“嗯,”心理医师应了一声，皱起了眉头。“那我们再看看下一张……”

实验继续下去，他们一口气看完了全部10张卡片，患者的回答也越来越不像话。

心理医师说：“琼斯先生，我不得不遗憾地通知你，你对性爱的认知极不健康。”

患者的表情十分惊讶：“我不健康？！那些下流的图片可全是你的东西！”

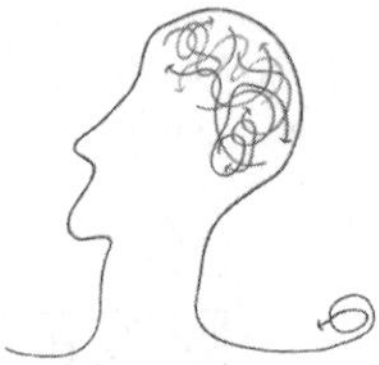

3. 你的性格特征

众所周知，罗夏测试在衡量人物的性格特征方面是否有效仍然颇有争议。因此，心理学家们又开发出了更多、更有效的测试手段和调查问卷。虽然现在已经有了很多方法可以用来描述人物性格，但流传最广泛、最容易被人们所接受的还是“大五”模型（Big Five model）。该模型试图用五种人格特质来概括人物的性格。在解释这些理论之前，可否先进行下面的测试来测定一下你自己的性格特征？

下面是一些用来描述人的行为的短句。根据每项描述与你的相符程度打分。描述自己现在与你认识的同性和大致同龄的人相比的总体形象，不要与你将来希望成为的样子相比。请认真阅读每一项描述，然后在对应的框里画上对号（画的时候请不要考虑对应的分数）。最重要的是直视本心，尽可能地公正。记住，答案本身并没有“对”或“错”。

总的来说，我……	很不准确	不准确	无法判断	准确	很准确
1. 注重细节。	1	2	3	4	5
2. 几乎没有值得别人议论的地方。	5	4	3	2	1
3. 了解自己。	5	4	3	2	1
4. 倾向于投票给自由党的政客。	1	2	3	4	5
5. 可以迅速做完家务。	1	2	3	4	5
6. 厌恶自己。	1	2	3	4	5

续表

总的来说，我……	很不准确	不准确	无法判断	准确	很准确
7. 做事慢吞吞，总浪费时间。	5	4	3	2	1
8. 尊重他人。	1	2	3	4	5
9. 与其他人相处愉快。	1	2	3	4	5
10. 自我感觉良好。	5	4	3	2	1
11. 很容易交到朋友。	1	2	3	4	5
12. 不喜欢成为别人关注的对象。	5	4	3	2	1
13. 认同艺术的重要性。	1	2	3	4	5
14. 尽量避免讨论深奥的哲学问题。	5	4	3	2	1
15. 容易接受别人的优缺点。	1	2	3	4	5
16. 缺乏看穿事物本质的能力。	5	4	3	2	1
17. 情绪经常会有所波动。	1	2	3	4	5
18. 凡事得过且过。	5	4	3	2	1
19. 经常会感觉十分沮丧，心情不爽。	1	2	3	4	5
20. 喜欢听到新消息。	1	2	3	4	5
21. 是团队中的灵魂人物。	1	2	3	4	5
22. 描述自己的经历时言语乏味。	5	4	3	2	1
23. 对于伤害过自己的人有报复的打算。	5	4	3	2	1
24. 倾向于投票给保守党的政客。	5	4	3	2	1
25.能够让自己与别人的会谈升级到一个新高度。	1	2	3	4	5
26. 存在感极低。	5	4	3	2	1
27. 很少生气。	5	4	3	2	1
28. 平时少言寡语。	5	4	3	2	1
29. 容易受惊。	1	2	3	4	5
30. 时刻处于准备好的状态。	1	2	3	4	5
31. 很难集中精力开展工作。	5	4	3	2	1
32. 有丰富的想象力。	1	2	3	4	5
33. 怀疑其他人有隐藏的动机。	5	4	3	2	1
34. 喜欢赞美其他人。	1	2	3	4	5

续表

总的来说，我……	很不准确	不准确	无法判断	准确	很准确
35. 对于抽象思维缺乏兴趣。	5	4	3	2	1
36. 很少觉得心情沮丧。	5	4	3	2	1
37. 说话时语调尖锐。	5	4	3	2	1
38. 不喜欢逛艺术博物馆。	5	4	3	2	1
39. 经常感觉心情沮丧。	1	2	3	4	5
40. 经常逃避责任。	5	4	3	2	1
41. 不喜欢艺术。	5	4	3	2	1
42. 在社交环境中如鱼得水。	1	2	3	4	5
43. 相信其他人都抱有善意。	1	2	3	4	5
44. 善于制定计划并有较强的执行力。	1	2	3	4	5
45. 知道如何能够迷惑他人。	1	2	3	4	5
46. 情绪不会轻易受到外在的影响。	5	4	3	2	1
47. 经常侮辱他人。	5	4	3	2	1
48. 让人感到很自在	1	2	3	4	5
49. 能够完成我的计划。	1	2	3	4	5
50. 贬低别人	5	4	3	2	1

答案

上面所说的五种人格特质包括对外在体验的开放性、责任心、外向性、亲和力和神经质（Openness to experience, Conscientiousness, Extraversion, Agreeableness，Neuroticism；英文简称 OCEAN）。在给你的每一项特质打分之前，我们要先给出简单有用的忠告。心理学家不会简单地把人划分为“性格外向”与“性格内向”，或者“令人愉快”与“令人生厌”等几大类。由于这些特质中的每一项都是一个连续的区间，我们唯一能做的有意义的事是，根据他或她所属的年龄组、职业、地域等属性找出相关群体的平均分数，然后再看看这个人的得分是否高于或低于该群组的平均分。尽管如此，我们还是可以使用一个粗略现成的经验法则，只需将原始问卷中五个分数段转化为你在每一项特质上可能得到的分数范围：10~17 分 = 低等；18~25=中等偏低；26~33=中等；34~41=中等偏高；42~50=高等。

将下列各项得分加总起来就可以得到对外在体验的开放性特质的最终得分。

4	13	20	25	32	14	24	35	38	41

外在体验开放性特质得分高的人更喜欢过冒险、新奇和多姿多彩的生活。他们拥有足够的好奇心和创造力，对艺术有特殊的偏好；甚至有可能涉及风险性高、道德水准低下的淫秽、吸毒等行为。吉米·亨德里克斯（Jimi Hendrix，美国布鲁斯和摇滚乐吉他手，死于吸毒）和科特·柯本 (Kurt Cobain，著名美国摇滚歌手，1994 年自杀）等名人可能在此项中得到较高得分。

将下列各项得分加总起来就可以得到责任心方面的最终得分。

1	5	30	44	49	7	16	18	31	40

责任心项得分较高的人重视组织纪律，是可以依赖的人。他们很少任性而为，相反他们会制定详细的计划，有极高的自律性，能够时刻坚守岗位。斯蒂芬·霍金（英国科学家）和巴拉克·奥巴马（美国总统）等名人（实际上绝大多数科学家和政治家）都可能在此项中得到较高得分。

将下列各项得分加总起来就可以得到外向性品质的最终得分。

9	11	21	42	45	2	12	22	26	28

外向性特质得分最高的人是团队中的灵魂人物。他们善于言谈，行事积极，自信果断，充满能量。麦当娜（美国著名歌手）和奥普拉·温弗瑞(美国著名脱口秀节目主持人)在此项的得分可能会较高。（有一些艺人，虽然外表行事张扬，但离开公众视线时，私下里却很内向，比如迈克尔·杰克逊和Lady Gaga。）

将下列各项得分加总起来就可以得到亲和力特质的最终得分。

8	15	34	43	48	22	33	37	47	50

很简单，亲和力特质得分较高的人就是现实生活中那些人见人爱的人。他们性格和善，协作性强，从不以敌对或怀疑的心理对待其他人。女性在亲和力方面的得分普遍高于男性。现在有许多网站都在讨论哪些名人与他人相处时更容易令人感到愉快。约翰尼 · 德普（美国男影星）在这方面的口碑不错，而大家普遍认为詹妮弗·洛佩兹（美国歌手、演员、电视制作人、流行设计师与舞者）在此项的得分应该会相当低。

将下列各项得分加总起来就可以得到神经质特质的最终得分。

6	17	19	29	39	3	10	27	36	46

神经质特质得分较高的人往往易产生焦虑、担忧的情绪，他们更易被沮丧和发怒等负面情绪所左右。伍迪·艾伦（美国电影导演、

编剧、喜剧演员、作家、音乐家）在总结其整个职业生涯时就曾坦言自己是一个很神经质的人。

但是我们做这个测试的目的并不是为了让你找到与自己最相似的名人。在后面的章节中你会发现对外在体验的开放性、责任心、外向性、亲和力和神经质五项评分可以对你的很多方面进行预测，它们可以预测你喜欢的音乐（见“刻板印象”），你擅长同时处理多项任务还是只专注于一件事（见“专心做一件事”），你在写作过程中使用字句的偏好（这里我要留个伏笔，未来会给大家一个惊喜），你对外界的敏感程度或者说对视觉错误的分辨率（内克尔魔方），甚至包括你还在娘胎里时的雄激素和雌激素（性激素）分泌水平（未卜先知的手相术）。还不错吧，花不超过两分钟时间就能测定。

4. 对我来说这些都是汉字①

第 1 部分

下一页上有 10 个汉字，请不要事先浏览这些汉字。当我说“开始”后，立刻看 1 秒左右，然后合上书页。不需要认真研究这些字，也不用试图把它们记下来。

你保证不犯规？

那么，开始！

---

① 原书主要是针对英语读者——译者注

第2部分

弓	戈	重	木	手
尸	廿	月	女	疒

不许作弊——马上合上这页！

第3部分

下面是20个汉字。这一次你的任务是根据自己的喜好程度为每一个字打分，满分5分，非常喜欢为5分，一点也不喜欢打1分。下面的表格中已经用20个字母（A~T）为每个汉字进行编号，将你的打分填入下表中。你可能对这些字都没有任何特殊的偏好，但还请你尽量把所有的分值都用上（请不要为每个字都打3分）。

手 A	田 B	水 C	廿 D	山 E
戈 F	也 G	木 H	竹 I	疒 J
在 K	重 L	金 M	難 N	女 O
月 P	弓 Q	扌 R	丬 S	尸 T

A	B	C	D	E	F	G	H	I	J
K	L	M	N	O	P	Q	R	S	T

填完后请阅读下页内容，看看我们到底要干什么。

第4部分

现在你可能已经意识到，这些汉字中有些你在前面见到过，有些则是全新的。

A，D，F，H，J，L，O，P，Q 和 T 所代表的汉字是之前见过的旧识，请把它们获得的评分加总到一起。

B，C，E，G，I，K，M，N，R 和 S 所代表的汉字是之前从未见过的新字，请把它们获得的评分加总到一起。

你有什么发现？

你对旧识的打分要高于新字，对吗？如果你就像一个原版测试者一样完成了测试，那么旧字总分应该在 30 分左右，新字总分在 25 分左右。

与人们的思维常识相反，熟悉给人带来的感觉不是轻视，而是满足：与从未见过的东西相比，人们可能更喜欢似曾相识的东西，从某种程度上讲，见的次数越多，喜爱的程度越高。即使刺激只是潜意识中的，也会有同样的效果。在测试之初，每个汉字出现的时间不足千分之五秒，也就是说受试者根本无法确定之前是否见过某个字，但结果同样是他们对旧字的喜好程度高于新字。

婴儿身上同样会体现出人类的这种特性，他们对于在母体子宫中曾经听到过的声音有特殊的偏好，这些声音可以是母亲的说话声，也可以是她喜欢看的某个电视节目的主题曲。鼠类和鸡类同样具有这样的特性，人们可以轻易地训练它们，使它们偏爱特定的音调或曲调。

心理学家们把这种反应称为单纯曝光效应（mere-exposure effect），但是引起这种反应的原因是什么呢？

许多教科书上都介绍说，这种效应的产生是源于一种不断增强的觉得熟悉的主观感觉（“当然，我还记得”），而我们不知怎么地将其当成了喜欢。但是这种解释并不是很合理，因为即使受测试的人没有产生主观上的熟悉感也一样会有同样的效果，例如在本次测试中，每个汉字出现的时间不会超过千分之五秒。

下面介绍两个更有说服力的解释。第一个叫感知流畅(perceptual fluency)，之前曾经见过的事物会更容易进入视觉流程，而人们总是喜欢容易的事物。现在有一些证据支持这种说法，但是这种说法很难解释一个相关的试验结果：在给受试者反复出示同一个（在下意识层面的）刺激源后，他们的总体情绪状态都会得到提升。如果我要求你在另外一个环境下也重复同样的过程，比如不断反复阅读同一道数学题，你就会发现这道题变得越来越容易了。但是说它可以提升情绪，我则持怀疑的态度。

第二个解释来自于传统的条件反射作用。你可能听说过著名的巴甫洛夫试验。每到用餐的时候，试验中的那条狗就会听到一阵铃声，久而久之，它就把铃声和食物联系到了一起，只要听到铃声，就会分泌唾液。罗伯特·扎伊翁茨（Robert Zajonc）是斯坦福大学的一位心理学家，他认为单纯曝光效应也是一种条件反射。那些令我们感到熟悉的事物（比如曝光的汉字）就是试验中的铃声，而催生出的“喜爱的感觉”就是试验中的唾液。那么食物又是什么呢？扎伊翁茨的答案也很简单，那就是一切顺利，没有坏事发生。在试验中，铃声响起意味着“食物要来了”，狗因此而分泌唾液；同理，汉字出现就意味着“一切顺利”，从而使人产生喜欢的感觉，最终使得你的整个情绪状态得到提升。

当然，广告人早在几年前就已经注意到了单纯曝光效应。现在你就能知道那些大公司为什么宁愿花费数百万元来赞助活动，只要张贴公司的名称或者标志就行，哪怕消费者们根本看不到他们的公司或者产品信息也无所谓。

但是如果扎伊翁茨关于单纯曝光效应属于经典条件反射的解释是正确的，这些公司的赞助行为就可能会事与愿违。倘若某个品牌赞助的队伍输掉了比赛，而观众将其与消极的感受而不是“一切顺利”挂钩呢？如果是这样，可能真的会应了那句古老的谚语，熟悉（在这个例子中的公司品牌）真的催生轻视。

谈到轻视……

5. 谁比谁更牛

心理学家（Psychologist）和精神病学家（Psychiatrist）之间有什么区别呢？

答案

这是一个（并不特别好笑的）笑话，答案可以是“使用的药物”，也可以是“一年大约 3 万英磅”。当然，如果你并不知道它们之间的真实差距，那么这些玩笑式的答案并没有什么实际意义。

心理学（Psych–ology）是一门研究（ology）人、精神或灵魂（the psyche[1]）的学科，而精神病学（Psych–iatry）则是一门以治疗和康复（iatry，来自希腊语 iatros, 意思就是“医生”）为主要目的的学科。

也就是说，精神病学家是医生，他们专业治疗有各种精神疾病的患者，比如抑郁症、强迫性精神失常症（OCD）或精神分裂症等。一般来说他们需要使用药物来进行治疗（因此第一个玩笑式的答案是“药物”）。也因此，所有的精神病学家都有行医执照。这个专业的医师收入颇丰，在美国尤其如此，第二个玩笑式的答案即来源于此。

---

① Psyche 是一个希腊（和拉丁）单词，意思是“呼吸”。是说当上帝把生命呼进人里面的时候，人就获得了灵魂（精神、身份、个性）。所以，诗意地说，心理学（psychology）实际上研究的是“生命的呼吸”，也就是人类的本质。希腊语 psyche 的第一个字母 ψ 读音是“sigh”，经常用来作为心理学的标识。

心理学家则完全不同，他们虽然也以人和人们的行为作为研究对象，但却不一定需要提供治疗手段。现在有些心理学家取得了临床心理学医师的资格，他们取得了心理学学位，还通过了临床心理学的研究生课程，与精神病医师治疗同一类型的患者。一般来说，临床心理学医师不会使用药物进行治疗，取而代之的是一种“谈话式治疗”，比如认知行为治疗（CBT）。其治疗目的是为了让患者明白他们所产生的那种强制性或强迫性的想法是不准确的或者说是无益的。

但是大多数的心理学家都不是临床心理学医师，还有其他一些应用心理学家类型，比如运动与健身心理学家、职业心理学家和教育心理学家，运动队、企业和教育机构会聘请对应领域的心理学家来帮助他们提升成绩。不过请注意：尽管在许多国家里，上述那些头衔，包括精神病学家和临床心理学医师，都属于“限制性称呼”，意即必须取得相应的资质才能使用该头衔，但是任何人哪怕没有任何资质，也可自称为心理学家①（实际上，没有什么能阻止你称自己为心理学家，特别是当你把本书中的一些研究应用到别人身上的时候）。

大多数心理学家都属于“学院派”，他们承担了讲师和研究者的责任，比如进行本书中所介绍的各项研究测试。“学院派”心理学家的种类与心理学的分支种类一样多，比如有发展心理学家（主要关注儿童及教育），健康心理学家（主要关注人类健康），认知心理学家（主要关注推理、记忆或分类等思维过程），犯罪心理学家

① 还有一类心理学家叫精神治疗医师（其中一些人属于弗洛伊德学派的精神分析学家），他们试图帮助病人“讨论”他们的问题。在许多国家，这些头衔不属于限制性称呼，因此，一位“精神治疗医师”和“精神分析学家”通常并不是取得资质的精神病学家或临床心理学家。

（主要关注犯罪行为），精神病药物学家（主要关注作用于大脑的药物），神经心理学家（主要关注记忆、观念、思想、感觉等精神活动在脑细胞中的物理反应），此外还有专注于其他各个领域——吸毒、肥胖、老龄化、语言①、驾驶、培训动物、视觉观察、人机互动、智力、性格、性感、人脸识别、疼痛、听力，以及其他一切与人类（某些情况下甚至包括动物）的思维、行动或者感觉有关的内容——的心理学家。

现在让我们回到最初的问题，临床心理学家和精神病学家在治疗抑郁症、强迫性精神失常症或精神分裂症等疾病时采取的治疗手段是完全不同的。有一种有些不公平——不过也许未必完全不准确——的俗套说法是，前者只乐意提供“谈话疗法”（有些精神病学家斥之为“没啥已经证实的效果”。），而后者则只乐意以处方药物治疗为主（有些心理学家则斥之为“这是将患者用药喂饱，让他们安静”。）。简单地说，如果一位临床心理学家和一位精神病学家被分配到同一个病例，并且围绕最佳治疗方案产生分歧，那么你可能要等上相当漫长的时间才能等到其中一位承认另一位的方案（对，这就是在“谁比谁更牛”的问题上让步）。此外，如果你想成功激怒某位心理学家，可以管他叫精神病学家（反之亦然）。

① 我主要研究儿童学习母语的过程，这使我同时具有发展心理学家、认识心理学家和语言心理学家的部分身份。

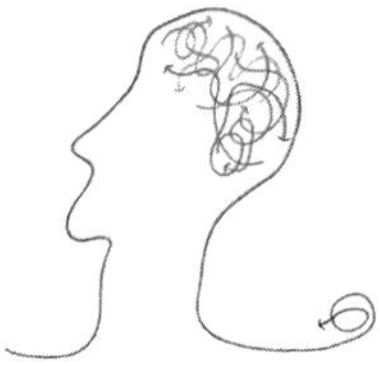

6. 换一个灯泡需要多少名临床心理学医师？

答案

在灯泡愿意的前提下，需要一名医师。

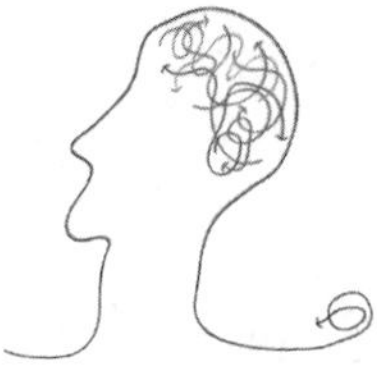

7. 真正的精神病患者

如果说心理学家主要研究人的心理问题，而精神病学家主要负责治疗心理问题，那么精神病患者究竟是什么样的呢？在希腊语中，英文疾病的词根 pathos 代表正在忍受痛苦，由此可见精神病患者（psychopath）指正在忍受某种疾病或不适的人（我们很快就会知道通过哪些特征来辨别精神病患者）。

在日常生活中，经常会看到许多人以玩笑的口吻称某些控制欲过强或过于自大任性的人是精神病；我敢肯定你一定可以从相识的人中找出这样的例子。实际上，这其中的玩笑成分并没有你想象的那么多：精神病包含的特征在一个连续的区间内，这意味着我们周围会有人或多或少地表现出一些精神病特征。下面列出了 20 种不同类型的职业（随机排序）。其中 10 种职业的从业人员中有精神病患者特质的人占有较高的比例，而另外 10 种职业中这个比例明显偏低。你的任务就是把这个名单按高和低分列到两张清单上。

会计师	医生
美容师 / 美发师	记者
护理员	律师
首席执行官	媒体人（电视 / 电台）
慈善家	护士

厨师 警员
公务人员 营业员
神职人员 外科医生
技工 教师
有创造性的艺术家 治疗师

答案

精神病患者特质比例较高的10个行业是：首席执行官、律师、媒体人（电视/电台）、营业员、外科医生、记者、警察、神职人员、厨师和公务人员。

比例较低的10个行业是：护理员、护士、治疗师、技工、美容师/美发师、慈善家、教师、有创造性的艺术家、医生和会计师。

这一结果来自一项关于精神病特质的在线调查。那么，是不是真的有那么多首席执行官、律师和警察患有精神病呢？这就要看你对精神病的定义了。精神病的判断并不是一个完全是或完全不是的概念，很多在平日里表现极为正常的人也会或多或少带有一些精神病人的特质。那些被称为"精神病"的人只不过是在大部分或者全部特质评估中得分较高，这些特质包括冲动、性滥交、放荡不羁、自视过高、恐惧度低、抑郁、压力大、没有羞耻心或负罪感、善于操纵、缺乏动力、不能为自己的行为负责等。

实际上，大多数有精神病的人与变态杀手是完全不同的，可以说他们既不疯狂又不邪恶。同样的性格特质可能会使某些人走上犯罪道路，但也可以使另外一些人功成名就。其实这并不难想象，对于那些没有暴力倾向且具有高智商、高学历的人来说，自我评价高、无畏无惧和善于操纵等性格特质，自然有机会在董事会中争得一席之地；反之若缺乏了那些有利条件，这些性格特质带来的则可能是铁窗生涯。

有趣的是，由于自身性格的过度自负，精神病患者几乎从不认为他们是精神病，同时也不能接受别人称自己为精神病。相反，他们还会认为自身所具有的冲动、魅力和无畏精神正是所有成功人士的特质。

放松一点，如果你看完这些会担心自己是精神病，基本可以肯定你是个正常人。

网页链接和推荐阅读

请到 www.wisdomofpsychopaths.com 网站测试你是否具有精神病人的性格特质。另外推荐两本有关这方面的优秀图书：凯文·达顿（Kevin Dutton）的《精神病人的智慧》(*The Wisdom of Psychopaths*)，以及乔恩·龙森（Jon Ronson）的《精神病患者测试》(*The Psychopath Test*)。

8. 我就是等不及

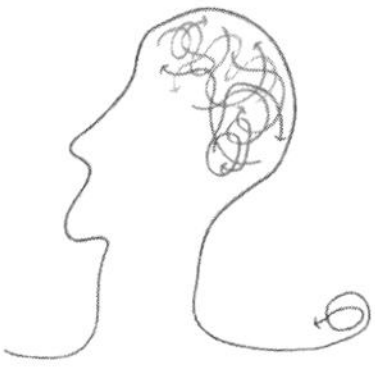

恭喜！您的奖券中了1000英镑！但这不是普通的奖券，它提供两种领奖方式：一是立刻领取一定数量的奖金；二是在一段时间后获得更多的奖金（别担心，奖券是由政府支持发行的，不存在组织者破产或者无法支付的问题）。

那么在下列六种情况下，你会做出哪些选择？

（1）立即领取100英镑，或在五年后领取1000英镑；

（2）立即领取500英镑，或在五年后领取1000英镑；

（3）立即领取750英镑，或在五年后领取1000英镑；

（4）立即领取500英镑，或在一年后领取1000英镑；

（5）立即领取750英镑，或在一年后领取1000英镑；

（6）立即领取900英镑，或在一年后领取1000英镑。

答案

第（1）种情况相当直截了当，对吧？等上五年就可以得到10倍现在获得的金额，看起来当然值得等待。至于第（2）种情况，用五年的时间等待，获得双倍于现在可以获得的金额，可能也值得，但是当我们面临第（3）种情况的时候，大多数人会选择直接拿钱走人。如果把期限缩短至一年呢？大多数人在第（4）种情况下会说等上一年以获得双倍的回报是值得的，在第（5）种情况下，等待一年多获得250英镑，也可能会有人选择等待，但是对于第（6）种情况，绝大多数人都会说，既然舍弃100英镑现在就可以领奖，那么为了得到那100英镑等上一年是不值得的。

把推迟到将来某个时点才能获得的奖赏的价值打折或者低估，这种倾向称为“延迟折扣（delay discounting）”。这源于一项以孩子们为目标对象的研究（不过这项研究最近受到非议，批评者称它其实是一次营销活动，参见“网页链接”）。参与研究的孩子们可以选择立刻获得一块棉花糖，或者在15分钟内获得两块。只有三分之一的孩子做到了等待15分钟。

你的答案揭示了关于你的哪些信息呢？2013年发布的一项回顾性研究显示，如果你（在类似上面的问卷调查中）具有越强的“延迟折扣”倾向，那么表明你（越有可能）具有下列性格特征：

- 容易对酒精、香烟、麻黄碱及鸦片类物质如海洛因等成瘾（我们将在后面“蛋糕成瘾”一节中谈到这些）；
- 变成一个肥胖的人（特别是女性），很容易养成暴饮暴食的习惯；
- 沉溺于赌博；
- 容易罹患注意力缺乏多动症（ADHD）、抑郁以及精神性疾病等人格障碍（参见“真正的精神病患者”）；

◎ 开始性生活的年龄提前；

◎ 参与犯罪活动。

你不太可能做的事情包括：

◎ 吃早餐；

◎ 擦防晒油；

◎ 使用安全带；

◎ 做运动；

◎ 找牙医；

◎ 进行各种类型的癌症筛查；

◎ 在学校好好表现。

我们的确可以通过调查问卷的形式，在不直接提问的情况下，预测出这些完全不同的行为。但是如果你肯认真地多想一分钟，就会明白这些表面上看起来风马牛不相及的事情，其实都有着非常重要的共同特质：看牙医，学习，锻炼，节食，远离滥交、嗑药和摇滚乐，都需要放弃短期的利益以期将来能获得更大的回报。所有这些行为都需要接受短期的痛苦（看牙医或健身的确会带来痛苦）以获得长远的利益，比如看牙医会让你保持一口健康的牙齿，健身让你不会得肥胖症。

在人们感到悲伤的时候，他们更有可能会屈服并去寻求眼下更小的奖赏以缓解自己的情绪。让人们观看富有吸引力的异性图片和夺走烟民手里的香烟会达到同样的效果，这可能是因为这些人为控制冲动已经耗尽了意志力（所以更容易向欲望投降）。同样，如果人们被要求同时处理复杂任务如对不同的选择进行权衡，那么他们选择延迟折扣的可能性就会有所上升，因为多重任务会耗尽意志力与思维资源。

好消息是现在已经有很多方法可以帮助人们从长计议。一种有效的方法就是直接刺激大脑中负责自制力的那一部分（实际上它并没有听起来那么玄，使用电磁技术在不伤害大脑的情况下就可以做到）。改变问题的"包装方式"也是一个已经证明有效的方法。[①] 例如，如果我们把"立即领取 750 英镑，或在一年后领取 1000 英镑"这句话换成"立即领取 750 磅，一年后只能领取 0 磅，或者，现在领取 0 磅，一年后可以领取 1000 磅"。那么第一种说法就开始显得没那么有吸引力了，因为它不但明确地说出你要损失 250 镑，同时还让你感觉失去了一个在将来某一天获取 1000 镑的机会。如果再加上一个明确的日期（例如，现在领取 0 磅，2015 年 9 月 1 日可以领取 1000 磅），可以进一步加强这个效果。最后一种方法，在这个奖券游戏中，提高参与者的血糖水平可以增强人们对短期诱惑的抵抗力，这可能是因为他们已经有了相对满足的感觉。

你可能会怀疑这些方法在离开实验室后能否继续发挥作用。真相如何一试便知。比如你可以试一下在领取养老金时使用确定日期法。你有两种选择：（1）每年领取 3 万英镑直到__年__月__日（输入你的退休日期），之后便分文无收；或者（2）每年领取 2 万 5 千英镑直到__年__月__日（输入你的退休日期）之后每年领取 1 万英

① 注意后面某节介绍了另一个关于包装效应的内容（我不能告诉你是哪一节，要不到时候你就不会掉进包装效应陷阱了）

镑（你加入的养老金计划必须管理良好！）。你会选择哪种方案？如果答案是（2），而你目前的花销状况更接近于（1），那么你有一些困难的决定需要作出。一个更好玩的试验是，在你下次购物的时候试一下提升血糖的方法。具有讽刺意味的是，你可能会发现，让自己的购物车里装满健康产品而不是垃圾食物的最佳方法就是在进入超市前先喂自己一块巧克力。

网页链接

www.youtube.com/watch?v=JPtIeZooq-4 上有一段视频，在视频中商家请一些儿童参加糖果的营销活动，该活动也被视做延迟折扣研究的一部分。如果你在网上搜索"延迟折扣"（delay discounting）或者"延迟满足"（delay gratification），会发现这种类型的视频数量极丰。

9. 要还是不要?

恭喜恭喜！你又中了一张奖券。

但是跟上次一样，这张奖券也是有条件的：你必须与另一位获奖者共享 10 英镑的奖金，且由他来决定分配方案。你只能选择接受或拒绝对方提出的方案，如果你接受，双方将按照对方提出的方案分配奖金，如果拒绝则双方都拿不到奖金。也就是说，双方之间，对方只有提出分配方案的权利，你只有接受或拒绝的权利。双方之间事先不得协商，且不会有第二次机会。你的选择很简单，要或者不要。

下面的几个方案你会拒绝还是接受？

（1）8 英镑归你，2 英镑归对方；

（2）5.01 英镑你，4.99 英镑归对方；

（3）双方每人 5 英镑；

（4）4.99 英镑归你，5.01 英镑归对方；

（5）3 英镑归你，7 英镑归对方；

（6）2 英镑归你，8 英镑归对方；

（7）1 英镑归你，9 英镑归对方。

答案

在找出最能为大多数人所接受的方案前，让我们想一下，如果人们总是以自己获得最大的经济利益为目标进行理性的选择（像大部分经济学理论假设的那样），他们会怎么做。很明显，最理性的做法就是接受对方提出的所有己方收入不为零的提议。如上所述，最糟糕的方案也只是在 1 英镑收益与无收益之间做出选择。所以你一定会选择接受，对吧？

实际上，几乎所有人都会拒绝 1/9 分的方案，大部分人会拒绝 2/8 分的方案。大多数人放弃 2 英镑的收入，仅仅只是为了惩罚对方的分配不公：这是一个典型的割掉自己的鼻子和自己的脸过不去（损人不利己）的决定。

当分配比例提高到 3 英镑或者更高的时候，大多数人即使并不情愿也会勉强接受在他们心中并不算公平的分配方案（没有规定 50/50 临界点左右具体多少算公平），或者欢欣鼓舞地接受对他们有利的分配方案。如果转换角色，成为“提议者”，大多数人给出的方案都会在双方各占 40%~50% 之间（4 英镑 ~5 英镑）。我们也无法分清楚提出这种方案在多大程度上是出于公平感而不是担心什么也得不到。虽然在不同社会群体之间（或者在成人与小孩之间），人们愿意接受的方案差别不大，但我们还是发现了人们在进行提议时有许多有趣的差异。美国大学的学生（是最常见的受试人群）是世界上最大方的分配者，他们通常会给出一个非常接近 5/5 的平均分配方案。来自更小、更传统社会的人们就没有那么大方了，坦桑尼亚的哈扎人和波利维亚的提斯曼人通常给对方留下的只有 25%。有一种浪漫的观念是，生活方式越简单的人越懂得体贴和分享，而此实验结果恰恰是一个反例；在资源有限的情况下，人们会尽量拿走他们能拿走的。

下面再看看其他物种的生物，特别是与人类亲源关系较近的物种，比如非洲黑猩猩。我们会发现，它们在提出提议与接受提议两方面都有很大的不同。在黑猩猩版的测试中，我们会使用两块木板，每张板子上面放置 10 枚葡萄。每张板子上的葡萄都会分成两堆（比如一张板上 5/5 分，另一张则是 8/2 分）。仪器已经被设置过，每只黑猩猩只能接近其中的某一堆葡萄。首先，一只黑猩猩提出一个“分配提议”，办法是从两张板子中选择其中一张，然后将其朝着自己与另一只黑猩猩拉近一些（它没法让板子拉得更近更近）。另一只黑猩猩则面临着与你一样的选择，接受或者拒绝。如果接受，就把板子拉过来，不接受则就让板子停留在原处，这意味着双方都拿不到葡萄。

在黑猩猩版本（或某些人类版本）的研究中，这些试验会被不断重复。在最初的试验中，黑猩猩们的决定都极为自私。另一项更近的研究则显示，虽然黑猩猩们会在刚开始的时候做出自私的决定，但随着时间的推移它们会变得逐渐公平起来。（这可能是因为提出不公平提议的黑猩猩可能会招致对方的威胁或吐痰，而最初的试验中没有发生这种事情。）

但是黑猩猩试验真正有趣之处不在于它们会提出什么样的提议，而在于它们会接受什么样的提议：试验发现，与人类不同，即使是极为不公平的分配方案（例如提议者 8，对方 2），黑猩猩们也都会照单全收，表示接受，虽然它们也会因此而感到不满。（它们并不是随机选择木板的，因为它们无一例外地拒绝接受 0/10 的分配方案。）

因此，黑猩猩们是否像人类一样有公平的概念还有争议，但有一点几乎可以肯定，在游戏的最终阶段，它们做出了更多理性的决定。这是不是可以说黑猩猩比人类更聪明？……

10. 你比猴子还笨吗?

……让我们来看看。这是一个猴子都能通过的记忆游戏。[①]

在下一页图中——但先别看——数字 1~9 随机排列在不同的位置，就像左下图一样。

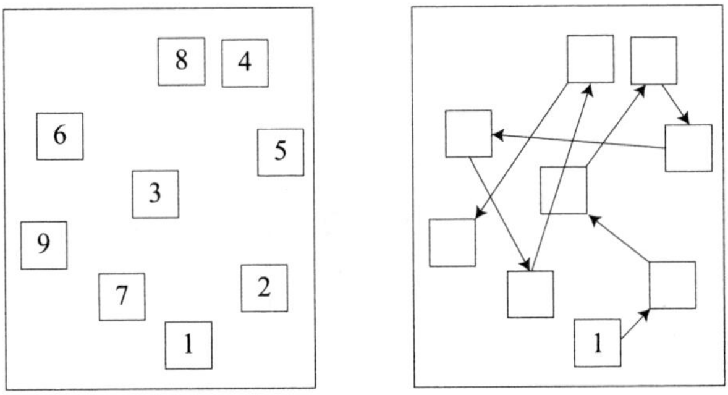

我是很大方的，因此我允许读者朋友们观察本页一到两秒（要知道黑猩猩只用了半秒时间）。现在可以翻到下下页，在这一页中除了第一个数字之外，其余数字对应的数字框都是空白的。请用笔按照本页右上图的顺序将所有数字框连接到一起。

如果你已经准备好了，请先观察下一页两秒钟，然后翻到下下页。

---

① 实际上，通过测试的是一只黑猩猩。从原则上说，黑猩猩与猴子并不相同。但我还是忍不住想引用《辛普森一家》中的一句著名台词。在这部系列剧的某一集中，辛普森一家居住的斯普林菲尔德地区使用了新的电话区号，居民们因此而产生了抱怨。电话公司的吉祥物 Phoney McRingring 在一段商业短片中说："想要知道怎样才会记住所有这些号码吗？要知道现在科学家们已经证实了猴子可以记住 10 位数字。你比猴子还笨吗？"

练习

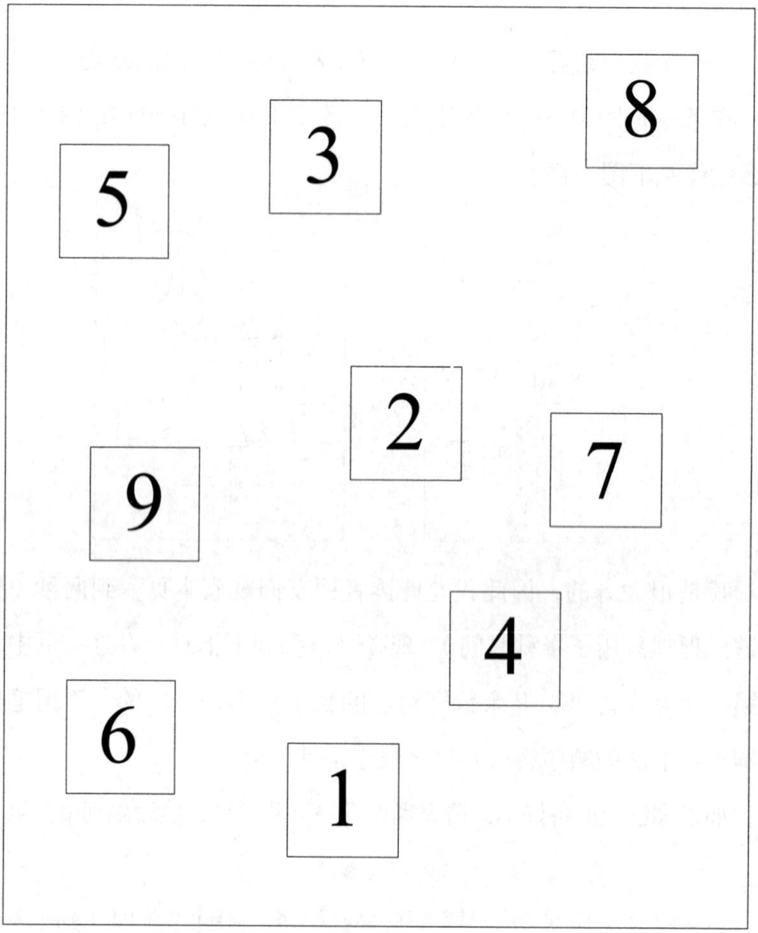

测试

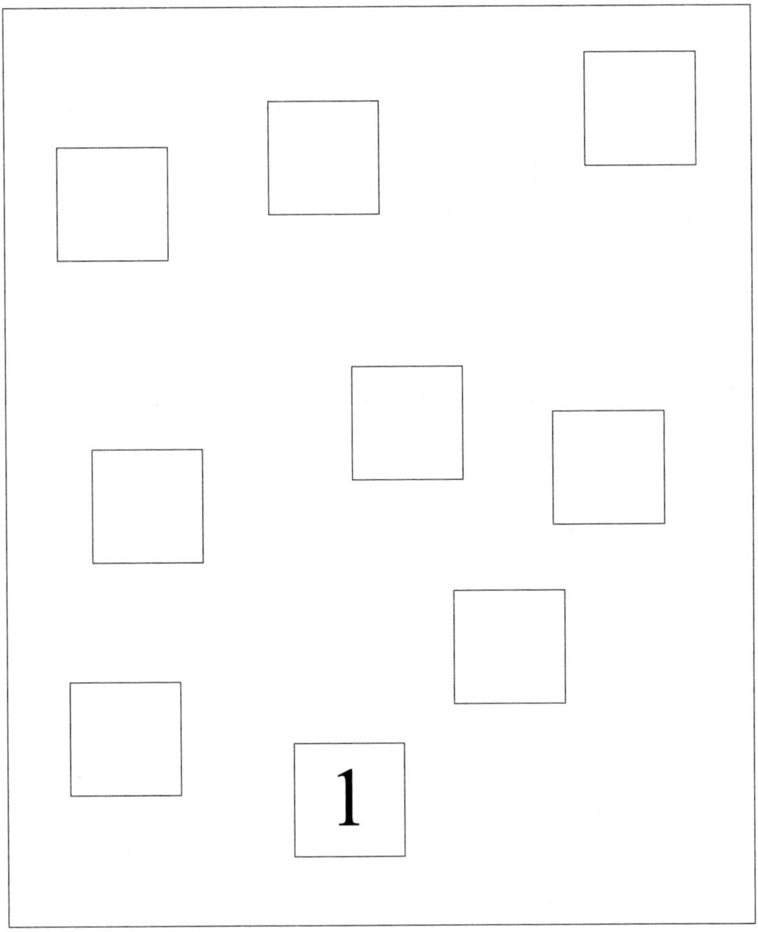

答案

你的表现如何？

如果你通关失败，请不要担心；对于我们人类来说，这个故事的结局相对来说还是令人愉快的。虽然最初进行的那项广为人知的试验显示猿类在完成此类任务方面比人类的表现更加优秀，但后续的一系列低调得多的试验都证明了，如果人类和黑猩猩都接受不计时的试验，人类可以轻松击败猿类。

因此，没错，黑猩猩有极为优秀的记忆能力，但仍然没有证据表明他们会比人类更强。

等等，我的电话号码是多少来着？

网页链接

http://games.lumosity.com/chimp.html 的网页上提供了这个测试的网络版。

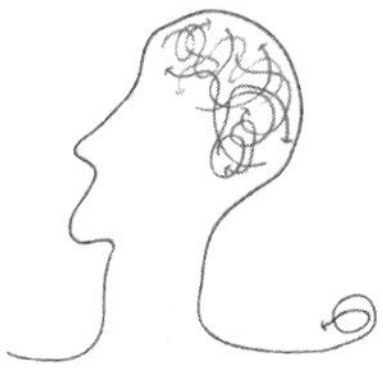

11. 一个简单明了的问题

Backwards everything say professor the did why?

（反过来每件事说教授这位为什么？）

答案

Psychology reverse of professor a was he.

（心理学颠倒的教授是他。）

12. 基蒂·吉诺维斯的悲惨故事

基蒂·吉诺维斯当年28岁，住在纽约的皇后区，是一位酒吧经理。1964年3月13日凌晨，基蒂下班后从酒吧返回家中。在公寓门口，一名男子用刀袭击她，基蒂立即尖叫求救。附近几户住家的灯亮了，不少人都冲到窗前观看发生了什么事情。每个人都目击了事件的全过程，但没有人打电话报警。这些邻居反而熄灯重新回到了床上。此时袭击者再次扑向基蒂，而基蒂又一次发出凄惨的叫声。邻居们的灯再次亮起，再次跑到窗户前观看发生了什么事。这次，有位男子大声喊着说："为什么还不放开那个女孩儿？"袭击者受到惊吓，落荒而逃。但是依然没有人报警。结果袭击者又一次返回，第三次用刀捅基蒂，这一次在她身上刺下了致命的一刀。最可悲的是，总共有38名邻居目击了整个事件，在长达30多分钟的袭击过程中，没有人肯挺身而出帮助基蒂，甚至连打电话报警的人都没有。

这个故事的一个版本被教给了自高中以上的几乎所有心理学学生；上面的那个版本是我读大一时在一堂介绍性讲座中听到的。这个悲剧故事通常用来阐述由"责任分散效应"（diffusion of responsibility）而引起的"旁观者冷漠"（bystander apathy）现象：因为现场有这么多的目击者，他们都认为已经有人打电话报了警，因此没有人认为他有义务打电话报警。

这个故事的问题在于，虽然它是一个很好的教学辅助材料，但它有关旁观者和他们表现出来的冷漠情况大部分是不准确的。

首先，没有人能确定 38 个目击者这一广为引用的数据来源何处：警方表示他们只发现了 6 名目击者。其中 3 人在随后的谋杀审判中作证，他们中只有一个人表示看到了一个男人在打（而不是用刀刺）一位妇女。（这样的情形有可能被目击者当成“只不过”是家庭口角，尤其是在 1964 年的环境下。）最重要的是，最后一击发生的时候（按照一些人的描述，一共可能只有两次袭击，而不是三次①），发生的地方是一个天井，是公寓窗户的视线死角。

第二，在这些少数目击者中还是有人进行了干预。一个人曾经喝止过袭击者，吓得他跑开了（并且——所有目击者都以为——放弃了袭击）。有几位居民宣称——有的还宣誓声明——他们确实给警察局打了电话（尽管当时的警察对报案者的态度很差。1964 年的时候还没有 911 紧急电话）。总之，似乎目击者寥寥，而且也几乎没有冷漠表现。

尽管基蒂·吉诺维斯的故事并不完全属实，但大量的后续试验性研究证实，旁观者冷漠确实是一个真实存在的现象：当作为一个大团体中的某个个体时，人类帮助陌生人的可能性确实更低。然而，这并不一定是因为责任分散的缘故（当人们一遍遍地重述基蒂·吉诺维斯的故事时，责任分散效应通常被当成了唯一的解释）。例如，当身处于一个大团队之中时，人们可能更不会注意到这类事件的发生，更不太可能会意识到这是一起紧急情况（“如果真的是出了紧急

---

① 第三次攻击可能是人们为了粉饰故事，根据“三的法则”而添加的。“三的法则”是一种写作原则，它强调，最有效的故事、标题、口号或者笑话通常由三部分组成，最后一部分尤其出人意料或意义非凡（例如，金发美女与三只小熊；三只小猪；凯撒的名言：我来了，我看见，我征服；英国传统电视喜剧经典台词：纽约、巴黎、佩卡姆）。

事故，为什么别人都没有着急？”)，都担心做错事而受到非议，并且更容易认为——在很多情况下也确实如此——在场的人当中肯定有人更有资格和能力提供帮助。因此，如果下次你看到别人遇到麻烦，而又没有人向他施以援手，那么请提供帮助；如果不是为了他们的话，那么就算为你自己吧。你遇到的可能是一次真正的突发事件，也可能是一个心理学家正在做“旁观者冷漠”测试：而你就是那个旁观者。

13. 内克尔魔方

这是一个内克尔魔方，以发明者瑞士人路易斯 · 内克尔（Louis Necker）的名字命名。

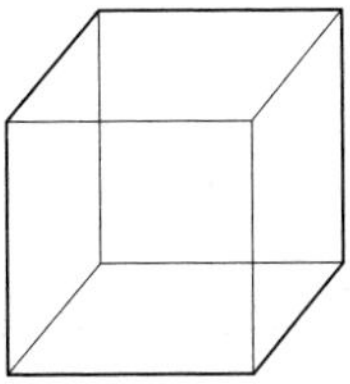

内克尔魔方的奇特之处在于，你只需用一种不同的方式来观察或想象，就可以把它翻转过来。也就是说，你可以让它看起来这一面（带有阴影的那面）在前面（其余部分朝向书的右上角）……

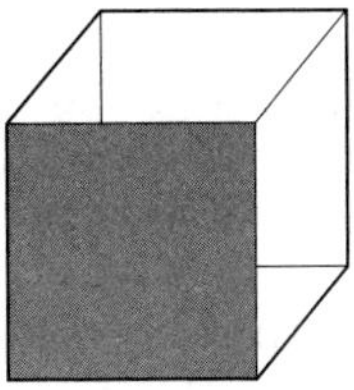

或者让它看起来好像这一面（带有阴影的那面）在前面（其余部分朝向书的左下角）……

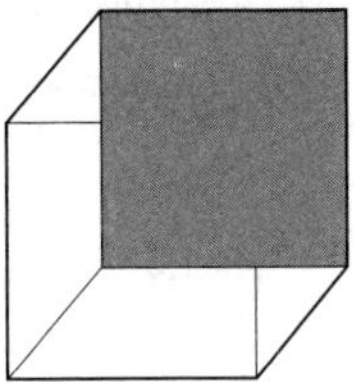

不同的人用意念翻转立方体的快慢各不相同，他们认为翻转的难易程度也不同。

遮住那两个有阴影的立方体，看看在30秒内你可以让内克尔魔方翻转多少次（请用秒表为自己计时，或许你的手机上就有秒表）。

答案

你做得怎么样？多数人在30秒内将魔方翻转的次数在2次到10次之间。你的成绩属于多的还是少的？这对你来说又代表着什么？

一些心理学家宣称，你翻转魔方的速度可以用来预测你的个性特征，虽然对这种说法仍存在争议。该理论认为，性格外向的人——通常是各类聚会的活力之源——容易很快就觉得厌倦，因此为了打发时光就会快速地翻转魔方。而性格内向的人——那些更愿意待在家里看一本好书的人——不会那么快就觉得无聊，因此不会那么快速地翻转魔方（记住，你可以通过完成“你的性格特征”一节的测试来确定自己性格的外向程度）。

虽然围绕内克尔魔方能否用来测定人的性格特征这一点目前还没有定论，但是现在已经有明确的证据表明它实际上可以预测更加出人意料的东西，我们会在之后章节中对其进行测试：一项与身体相比和精神关系更为密切的个人特征（为了不破坏即将到来的惊喜，我就不在这里多说了）。

还有，现在网络上有一项正在进行的试验，其目的是彻底地确定外向性格的人是否真的比内向性格的人翻转得快，为什么不参加呢？……

网页链接

www.bbc.co.uk/science/humanbody/mind/surveys/neckercube/

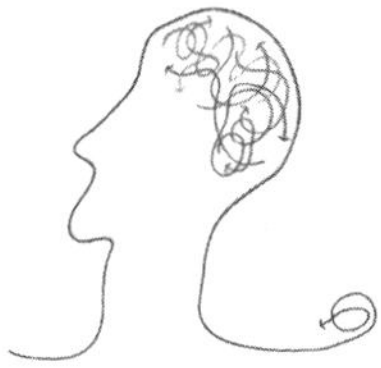

14. 解除锚定

哈哈哈！我的朋友们，现在来做一个心理暗示游戏。

找一些好朋友，让他们试着去猜一些比较少见的百分比。例如，你可以问他们联合国中非洲国家所占的百分比；会弹琴的德国人的百分比；巴西学生在高中英语考试中得顶尖分数者的百分比。总之，任何你感兴趣的问题都可以问，而且你本人也不需要知道正确答案（不过要问跟百分比有关的问题，以确保答案总在 0~100 之间）。你可能会得到各式各样的答案，但不管是什么，都把它们记下来。

现在换另外一批新朋友做同样的试验。这一次，开始的时候先不直接提问，只跟他们说一些与事物或数字有关的小笑话，顺便提到一些真实的或者虚构的、数目比较大的统计百分比。什么问题都行，只要与我们的真正问题完全无关就可以了。（比如说，“我正在看一本叫《心商》的书，书里面说 83% 的统计数字都是现编的。”）记下他们的答案，与第一组朋友的答案进行比较。

你有什么发现？

答案

你有没有发现第二组的答案要高于第一组？如果真是这样，那么恭喜你发现了“锚定效应”（anchoring effect）。这是一个术语，指当人们听到一个数字后，即使他们知道这个数字与其他问题完全无关，这个数字也会将后来的估计值“锚定”在相似的数值，或者至少比例大致相同的数值上。我们的大脑似乎极难从一个参照标准跳转到另一个参照标准，哪怕这两个标准毫不相关。比如，我们的问题是“联合国中非洲国家所占的百分比”，答案可能会受到幸运转盘的影响：转到数字 10 的参与者基本回答这个比例在 25% 左右，而转轮数字为 65 的参与者答案为 40% 左右(真实的答案是 28%)。

锚定效应在直觉计算中也会出现。“幸运转盘”的研究者阿摩思·特沃斯基（Amos Tversky）和丹尼尔·卡尔曼（Daniel Kahneman）还进行了另一项研究，他们让高中生们在 5 秒钟内迅速估计一个算式的值。第一组看到的算式是：

$8 \times 7 \times 6 \times 5 \times 4 \times 3 \times 2 \times 1=$

另一组看到的算式则是：

$1 \times 2 \times 3 \times 4 \times 5 \times 6 \times 7 \times 8=$

很明显，两组算式的答案是一样的，但是第二组给出的答案要明显低于第一组，因为他们在算式开头看到的数值比第一组看到的低，这就锚定了他们的参照标准，得出一个相对较低的数值。（顺便说一句，正确的答案是 40, 320）。

留心其他各种认知偏差——它们会不时在本书里蹦出来。

不过现在，还是让我们扬帆启航继续我们的心理学之旅。起锚喽！

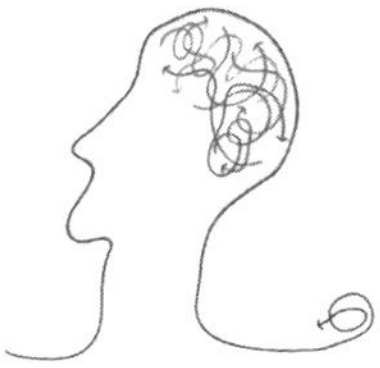

15. 令人震惊的（电击）试验

想象一下，假设你生活在20世纪60年代中期，住在美国的一座小城（如果你知道这个小城的名字，它正是康涅狄格州的纽黑文），是一个中等年纪、中规中矩的男子，比如一位教师、售货员或者普通劳动者。

你决定响应广告的号召，参加一项关于学习能力与记忆力的研究实验，该研究由著名的耶鲁大学举办。作为报酬，你能得到4.5美元（相当于今天的35美元）。当你赶到现场后，一位实验员递给你一张支票，并且跟在进行其他所有试验前一样告诉你，不管试验中会发生什么，这张支票就是你来参加此次活动的酬劳。之后，他会向你介绍另外一位志愿者，他告诉你们，你们一起参加的是一项关于惩罚对学习效果影响力的研究实验。你们中的一个人会成为“教师”，另一个人则成为“学生”。然后实验员会让你们每人从帽子中抽出一张小纸条。你抽到的那张上面写着“教师”。

你们三人一起走到邻近的房间，实验员把“学生”绑到电椅上，然后再粘上一个电极贴，解释说这是“为了避免被电伤或烫伤皮肤”。同时还会在“学生”的手腕上系上一个电极，并告知本人此电极另一端连在隔壁房间的电击发生器上。“学生”的表情看起来很担心，询问实验员：“电击危险吗？”实验员则回答：“虽然电击极为疼痛，但决不会引起组织的永久性损伤。”

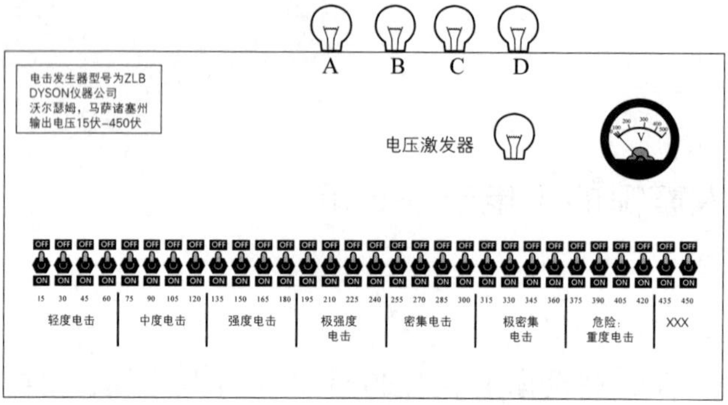

把“学生”在电椅上绑好后，你和实验员离开这里，走进有电击发生器的房间。实验员解释说，他将给你做一个电击示范。绑好电极后，他会按第三个按钮，此钮代表 45 伏电压的电击。按钮边上的红灯首先亮起，代表“电压产生”的蓝灯开始闪烁，然后伏特表上的指针跳到右边，再之后就是“滋”的一声！嗷！

接下来，实验员开始解释所谓的学习与惩罚任务。首先，由你朗读一些成对儿的词语（比如：猫 + 桌子；书 + 水壶；房屋 + 包），然后测试“学生”能否在听到第一个词之后想起另外一个词（提供四个选项供他选择）。假设你说的是“猫”，那么他面对的选项是：A. 书；B. 房屋；C. 桌子；D. 水壶。正确答案是 C. 桌子，它是与“猫”一组的词。因为你无法看到对方，也无法听到对方在说什么，因此他必须通过按钮来表达他的选项，在电击发生器的上面有四个灯泡，对应 A、B、C、D 四个选项。实验员向你提供了下面的指示：

当“学生”回答错误的时候，发动一次电击。每答错一次，电击的强度就上调一档。在发动电击前必须先公布电压水平。表格中的词语念完以后，再从头重新开始反复进行，直到“学生”能够记住所有配对的词语为止。

无论你对这项研究的了解——或者自认为了解——程度怎么样，你都可能会停下来想想：当电压水平达到多少伏时，你会拒绝继续试验。在进行研究前，曾经在心理学学生中间进行过一项非正式的意向调查，他们猜测只有百分之一的志愿者可能会坚持到电压达到最高水平即450伏（或 ×××）时才会停止。

实验开始后，“学生”的表现并不太好。实际上，他的准确率仅仅1/4左右。但是，你听不到他的话，也无法收到他发出的任何拒绝信号，你只能选择继续进行实验。在受到300伏电压的电击后，“学生”开始砰砰地敲墙。你继续发布下一组词语，但是回答面板上并没有答案显示。你找到实验员，问他该怎么办。他说：

没有回答就算答错。每次“学生”未能答对的时候，就继续调整到下一个电击级别。每次等5~10秒，如果过时还没有回答就算错。

电压升到315伏，“学生”又一次砰砰敲墙。你向实验员反映，另一名志愿者很明显已经不想再继续实验了。但是他却说：“无论他愿意或者不愿意，你都必须进行下去，直到他正确学会所有词语。所以，请继续。”尽管并不情愿，你还是得继续发布下一组词语。这一次仍然没有答案出现在答题板上，但是“学生”在接受电击后没有继续敲墙。你去询问实验员，电击是否有危险。他回答：“虽然电击可能很痛，但是决不会有永久性的组织损伤，所以请继续。”

你继续进行：330伏、345伏、360伏。依然没有回答。你告诉实验员你想停下来。他说：“请继续。”你坚称自己真的想停下来。他说：“试验要求你继续。”你又提出抗议。他说：“继续进行绝对至关重要。”你拒绝了。他说：“你没得选择，必须继续。”你再次拒绝。

实验员终止了试验，你大大松了一口气。他带着你走入隔壁，只见“学生”从“电椅”上站了起来，满面笑容地跟你握手。他是一位演员，所谓的电击只是一个骗局。唷！

为什么平日里天性善良的人们有时也会做出残忍的事情？“我只是按命令行事”是一个好借口吗？史坦利·米尔格拉姆（Stanley Milgram）的著名研究就是专为回答此类问题而设计的。不过因为大多数人对这项研究的了解都是通过二手甚至三手材料获得的，那么有关这项研究的结论本身是什么，以及这些结论究竟揭示了哪些人性，多数广为人知的说法其实是不靠谱的。

从头说来，事情是这样的：在心理学专业的学生学习有关这项研究的内容时，他们常听到的说法是，所有参与者都心甘情愿地实施了致命的电击，仅仅因为那些穿实验室专用白大褂（实际上是灰色大褂）的人要求他们这样做。通常的结论是，即使那些本性厚道的人，也会不加思考地被动执行权威下达的任何指令，而无论这些指令有多么邪恶；正是人性中这类被压抑的本性导致了各种暴行的诞生。

但是这些广为流传、以讹传讹的实验版本却忽视了米尔格拉姆研究的许多重要细节，从而可能误导我们得出恰恰是错误的结论。

首先，所谓所有的参与者都听从了实验员指挥的说法——甚至那些说几乎所有参与者听从了实验员的说法——是完全错误的。即使在上面所述的版本中，也有三分之一的参与者选择了拒绝。但上述版本是这项试验一个相当极端的情境设计，目的是使参与者的顺从度达到最高。当“学生”“教师”和实验员在同一个房间进行试验时，有 60% 的参与者拒绝了实验员的指令。当“学生”“教师”和实验员分别待在三个房间，实验员通过电话下达电击指令时，有 3/4 的参与者没有听从指令，大多只实施了尽可能低的电击，同时在电话中告诉实验员，他们正在不折不扣地遵循指令。

其次，参与者相信他们实施的电击并非致命。所有人都事先获知，电击虽然疼痛但并不危险。（如果他们在试验中再次提出电击是否致命的问题，实验员会再次告知这一点。）正如米尔格拉姆所指出的，参与者们认为他们的不适造成的损失是暂时的，而在科学上获得的收获将是永恒的。

而这涉及多数教科书在试验概述中所遗漏的第三点。那就是，参与者们并不是仅仅因为“受到了权威人士的指挥”就实施电击。实际上他们真心相信这项关于“惩罚与学习”的试验的目的是有价值的，并且电击者与被电击者都有义务服从实验员指令，他们已经签了协议，领取了支票，并且通过抽签分配担当“学生”或“教师”的角色（当然，抽签结果是受到控制的）。

这就意味着，我们应该从米尔格拉姆试验中得到的，并不是这样一个结论，即人们之所以做坏事，是因为他们不加质疑地服从权威的命令。我们应该得到的反而是另外一个也许更让人难以接受的结论。澳大利亚昆士兰大学的阿历克斯·哈斯拉姆（Alex Haslem）教授指出，米尔格拉姆试验的启示是：那些服从指令实施暴行的人之所以这样做，是因为他们既相信权威的合法性（“我们已经承诺去做实验员让我们做的任何事情”），也相信崇高目标（“我赞同实验员从事关于学习的科学探索的目标”）。

如果哈斯拉姆的观点是正确的，那么令人难以接受的真相就是：不能说那些服从命令施暴的士兵“尽管”是好人仍然这样做，他们这样做恰恰“因为”他们（在自己头脑中）就是好人；好人自然会服从合法权威的命令，如果那些命令所要实现的目标正好是自己所认可的，就更是如此。

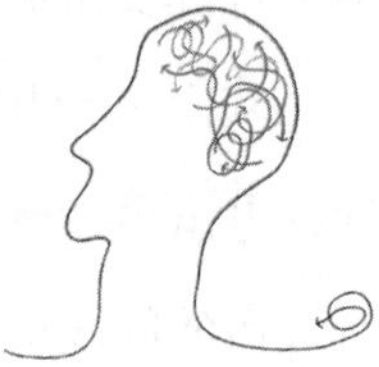

16. 火星任务

恭喜！你已经入选人类第一批登陆火星的团队。当你踏出飞船的第一步，一个火星人走到你身边说：

Pabikutibudogolatudaropipabikutibudodaropigolatupabikugolatudaropitibudopabikugolatutibudodaropipabikudaropitibudogolatupabikudaropigolatutibudotibudopabikugolatudaropitibudopabikudaropigolatutibudogolatupabikudaropitibudogolatudaropipabikutibudodaropipabikugolatutibudodaropigolatupabikugolatupabikutibudodaropigolatupabikudaropitibudogolatutibudopabikudaropigolatutibudodaropipabikugolatudaropipabikutibudogolatudaropitibudopabikudaropipabikutibudogolatudaropipabikugolatutibudodaropitibudopabikugolatudaropitibudogolatupabikudaropigolatupabikutibudodaropigolatutibudopabiku

下面哪一对词是火星语中的单词？（在你放弃之前，你要知道曾经有 8 个月大的婴儿通过了这项测试）

golatu 和 daropi

还是

tudaro 和 pigola?

答案

golatu 和 daropi 是单词（pabiku 和 tibudo 也是单词）。tudaro 和 pigola 不是单词。上面的火星语可以进行断句：

pabiku/tibudo/golatu/daropi/pabiku/tibudo/daropi/golatu/pabiku/golatu/daropi/tibudo/pabiku/golatu/tibudo/daropi/pabiku/daropi/tibudo/golatu/pabiku/daropi/golatu/tibudo/tibudo/pabiku/golatu/daropi/tibudo/pabiku/daropi/golatu/tibudo/golatu/pabiku/daropi/tibudo/golatu/daropi/pabiku/tibudo/daropi/pabiku/golatu/tibudo/daropi/golatu/pabiku/golatu/pabiku/tibudo/daropi/golatu/pabiku/daropi/tibudo/golatu/tibudo/pabiku/daropi/golatu/tibudo/daropi/pabiku/golatu/daropi/pabiku/tibudo/golatu/daropi/tibudo/pabiku/daropi/pabiku/tibudo/golatu/daropi/pabiku/golatu/tibudo/daropi/tibudo/pabiku/golatu/daropi/tibud-o/golatu/pabiku/daropi/golatu/pabiku/tibudo/daropi/golatu/tibudo/pabiku/

完成最初试验的 8 个月大婴儿找出了答案。也就是说，在听完上面一连串的“火星”语，并且随即被给予机会去听他们想听的内容时，他们会更注意听那些不是单词的组合（如 tudaro 和 pigola），而不是单词组合（golatu 和 daropi）。这也许是因为，婴儿在找出哪些是单词后，就对这些单词不感兴趣了。

你如何能够判断出 golatu 和 daropi（以及 pabiku 和 tibudo）是单词，而 tudaro 和 pigola 不是单词？答案是每当你听到 go 的时候，之后跟着的一定是 la，再后面是 tu。同样的还有 da+ro+pi，pa+bi+ku 和 ti+bu+do（如果你不相信可以检查一下）。但是，tudaro 或 pigola 就不是这样的。虽然 tu 后面有时会跟着 da+ro（实际出现过 8 次），但它后面跟着 ti 或 pa 的次数也一样频繁。同样地，pi 后面跟着 go+la 的次数与 ti 或 pa 的次数相近。

“那又怎么样？”你可能会问，“即便 go 后面一直跟着 la+tu，也不代表 golatu 一定会是一个单词。或许只是一个巧合。”如果你这样想，可以说在理论上是完全正确的，但在实际中则几乎肯定是不正确的。如果 golatu 不是一个词语，那么 go 后面为什么总是跟着 la+tu（一共 24 个 go 全部以这种形式组合），显示这不是随机出现的。为了帮助大家更好地了解其中的原因，我把火星语翻译成具有同样结构的英文：

golatu = goal/keep/er
daropi = das/tard/ly
pabiku = pa/cif/ist
tibudo = time/ta/ble

那些是单词的组合比如 goal+keep+er（相当于 go+la+tu）出现了 24 次，因为 keep+er 始终跟在 goal 后面。而那些不是单词的组合比如 er+das+tard（相当于 tu+da+ro）只出现了 8 次（在这 8 次中 goalkeeper 后面都跟着 dastardly）。

pacifisttimetablegoalkeeperdastardlypacifisttimetabledastardlygoalkeeperpacifi stgoalkeeperdastardlytimetablepacifistgoalkeepertimetabledastardlypacifistdastardlytimetablegoalkeeperpacifistdastardlygoalkeepertimetabletimetablepacifistgoalkeeperdastardlytimetablepacifistdastardlygoalkeepertimetablegoalkeeperpacifistdastardlytimetablegoalkeeperdastardlypacifisttimetabledastardlypacifistgoalkeepertimetabledastardlygoalkeeperpacifistgoalkeeperpacifisttimetabledastardlygoalkeeperpacifistdastardlytimetablegoalkeepertimetablepacifistdastardlygoalkeepertimetabledastardlypacifistgoalkeeperdastardlypacifisttimetablegoalkeeperdastardlytimetablepacifistdastardlypacifisttimetablegoalkeeperdastardlypacifistgoalkeepertimetabledastardlytimetablepacifistgoalkeeperdastardlytimetablegoalkeeperpacifistdastardlygoalkeeperpacifisttimetabledastardlygoalkeepertimetablepacifist

但是你早就知道了，对吧？毕竟你比 8 个月大的孩子更聪明？

17. 胡萝卜还是大棒?

汤姆与彼得是飞行学校两位经验非常丰富的教官。

汤姆的策略是如果新学员顺利落地，他就会对他们大加赞赏，反之，如果他们落地中出现错误，他就会对他们大喊大叫，或者罚他们在操场上跑圈。

但是汤姆一直担心自己的这套教育方法似乎效果不好。虽然飞行员在受到惩罚后下一次降落时总是表现更好，但受到表扬的飞行员在他们的下一次飞行中几乎总是会表现得很糟糕。

汤姆最后认为大棒要比胡萝卜好，他决定停止表扬落地较好的学员，同时加大对落地不好的学员的惩处。当他把自己的计划告诉了同事彼得后，彼得只是叹气说:“这样做不会有什么不同的效果。”彼得是对的吗? 还是他只是习惯了冷嘲热讽?

答案

几乎可以肯定地说，彼得是对的。真正的原因在于，飞行员落地本身像其他许多事情一样变数极大。同大多数此种类型的活动一样，它们都存在着称为“回归均数”的现象。虽然有几次落地会表现极佳，另外几次极为糟糕，但大多数时候的表现都会介于两者之间——更接近平均表现。[1] 因此，一次糟糕的落地后，紧接着的一次几乎肯定会更好，这只是因为几乎所有的降落都会比糟糕要好。同样的，一次优秀的落地后，下一次总的来说会更差，还是因为几乎所有的降落都会比优秀差。

所以，汤姆所观察到的规律——坏的表现后面会接着好的，好的后面会接着坏的——无论如何都是会出现的，哪怕他并不在场。如果你不相信，可以试着往圆靶上随机扔飞镖。如果你扔出了 1 分或者 2 分的成绩，那么下一次的分数几乎肯定会更高。如果你击中靶心，或者说击中三倍 20 分的位置，那么下一次得到的分数几乎肯定会更低。但是这跟胡萝卜加大棒政策无关，因为你哪怕只是蒙着眼睛投飞镖，你也可以得到这个模式的结果。

趋向回归均数现象是心理学试验设计中的一个主要问题。通常我们的设计目的是为了找出通过某些训练后人们执行特定任务的表现能否有所提高。但是我们的很多行为都可能是在自欺欺人。很多表现最糟糕的参与者表面上看起来的改善，其实与我们的训练并无关联，而只是简单的趋向回归均数现象。

这个问题的出现也不仅限于飞行学校和心理学试验。有许多人

---

①“均数”其实就是我们平时所说的平均数。从理论上讲，我们有几种不同类型的平均数，算术平均是其中之一。

会相信一些明显非常荒诞的治疗方法比如顺势疗法（homeopathy）（在“卡片游戏”一节中我们将会看到另外一个影响因素：求证陷阱），原因之一就是没有把回归均数考虑进去。疾病可能自来自往。所以，如果周一的时候你感觉自己的身体真的不舒服，那么周五的时候可能会觉得舒服一点，而无论你在周二是否采取了顺势疗法都不会对此产生影响。但是如果你的确采取了顺势疗法，那么你可能会觉得你的康复是药丸的功劳。

总之，回归均数的现象绝对无处不在。所以，如果你不喜欢这个章节，那也不要紧，下一节讲的内容肯定会让你觉得舒服一点，我说的是真话……

18. 说谎者，说谎者

你觉得在判断别人是否说谎这方面你的能力如何？让我们用一个数字来表示。如果你必须进行 100 次判断，其中 50 次真 50 次假。那么你认为自己会判断对多少次？（就是说，你预计自己判断准确的百分比是多少？）

□ %

答案

很明显，我对你的情况一点也不了解。无论如何，我可以充满信心地说你写的数字可能会极为接近 50；如果运气好的话，你的数字可能会是 55。

说到发现说谎，很多人都觉得自己很擅长。但是研究显示，其实差不多所有人都不擅长，包括那些以识破谎言为谋生工作的人。2006 年的一项评估研究对 108 项、涉及 1 万 6 千余名参与者的试验性研究进行了分析。结果显示，普通民众（大多数是学生）的准确率是 54%（如果是 50% 的话就跟随机结果一样），而职业侦探（51%）和警察（55%）的表现并没有更好。那些对自己的判断极为自信的人，他们的表现并不比那些信心不足的人强。年龄、经验以及受教育程度并不能影响判断的准确性；男性和女性之间也没有明显差别。

那么为什么我们会认为某些人擅长判断真话和谎言，然而实际上他们却并不擅长？这可能是因为有两个统计学上的奇怪现象在起作用。一个是人们在判断谎言上的能力并无太大差别，但是在轻信程度上却差别巨大；也就是说，他们相信或不相信别人的总体可能性不一样。让我们看看 50% 的情形都是谎言的情况（通常的研究试验都是以此为标准设计的）。一个不相信任何人的参与者看起来很擅长发现谎言，因为他可以查出所有的谎言，但这只是由于人们往往会忽略掉另一个现象，即他也同时将所有真话当作了谎言。实际上，他的“准确率”是 50%，与一个将所有人的话都当成真话的人准确率一模一样。另一个统计学上的奇怪现象是，在区分谎言方面大家的水平相似，但是在说谎的水平上却有极大的区别。有些人所处的环境决定了他会经常遇到一些蹩脚的说谎者（比如警察），这会使他们更容易形成一个危险的错觉，认为自己是测谎天才，而实际上，一个只具备基本说谎能力的人也有机会骗过他们。

那么是不是真的有人擅长判断谎言？正如一句老话说的“以贼擒贼”，近来的研究显示，一个人越是擅长说谎，就越擅长发现谎言。2006 年的那项评估报告发现，罪犯判断谎言的准确率为 65%，是少数超过大众总体水平的群体之一。

振作一些，事情没有这么糟糕。即使你不是罪犯，仍然有一些可靠的线索帮助你去识破谎言，不过前提是撒谎者是处在事关重大、情绪激动的真实情境中（而不是处在诸如心理学试验的情境下）。最好的一个例子就是电视上发布的寻找“失踪”亲戚的启事。在某些情况下，失踪者已被启事发布者杀害。真正的寻人者与假装寻人的凶手相比会表达更多的期盼和关心，他们更可能避免使用残忍的词语（比如他们不会说“被害”，而说“被从我们身边夺走”），他们更少说错话，更少摇头和避开镜头。

当然，在现实生活中，我们极力想识破的谎言要寻常得多。虽然总体来说这显然是好事，但它的确让识破谎言变得难很多：谎言越是寻常，说谎者的表现就越从容，露出的破绽就越小。那么在日常生活中有没有什么线索可以帮助你看穿谎言？

在第一项也是迄今唯一的这类研究中，参与者们被要求把一个包裹递给一位“秘密特工”。之后他们要与另外一个人就包裹的投放地点进行面谈，这个人可能是他们的“同事”，也可能是“敌方的间谍”。如果是前者，他们就要说出所有的实情；如果是后者，他们要在交接地址上撒一个谎，但其余的事都如实交代（包括已经把包裹给了特工的事实）。作为面谈的一部分，参与者们还要画一张投放点的草图。令人吃惊的是，16 个说谎者中只有 2 个人在画中画出了接受包裹的特工，而在说真话的 15 个人中有 12 个画出了特工。这是因为，当被告知要在交接地点上撒谎的时候，说谎的人倾向于选择一个他们熟悉的地方，这样画起来才特别顺手。但这个看似天衣无缝的策略一个疏漏之处是，他们在画这个地方的时候，脑子里很自然地不会出现“秘密特工”。哇！

因此，如果某天夜晚你的伙伴外出，你觉得可疑，想知道他实际去了什么地方，你不妨让他画画，把他自己说去过的地方画下来，然后看看他是不是包括了所有他提到的在场的人。而且，如果你的保险公司要求你画出事故现场，那么千万别忘记把涉事的另一辆车也包括在内！

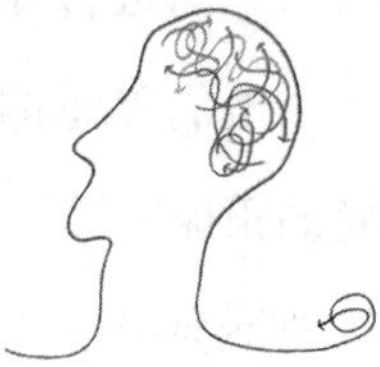

19. 错觉，错觉

下面的两条线，哪一条更长，A 还是 B？

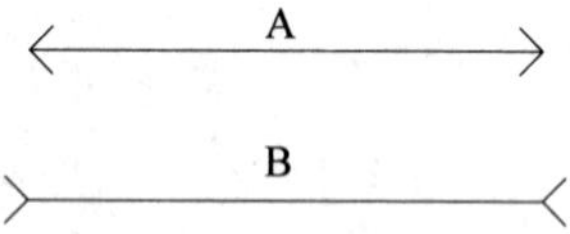

答案

在这一节里，我们自己就能找到答案：用尺子量一下两条线的长度就可以了。吃惊吧！确实如此简单！

虽然人们在一百多年前就知道了这个视觉假象——法国心理学家佛朗兹·穆勒－利耶尔（Franz Müller-Lyer）1889年首先指出这一现象——但时至今日，心理学家们仍然无法准确解释这个现象所代表的意义。

这个视觉假象最迷人的地方在于，无论你如何努力，都无法让这种错觉消失。即使你已经用尺子量过，B线看起来还是更长一些。

给你一分钟的时间想想这其中的玄机。你的大脑是在接收视觉系统输入的信息的基础上认为，第二条线更长。但是，你的大脑已经知道两条线是相等的，那么它为何推翻自己做出的结论呢？对大脑否定自身来说，这个现象到底意味着什么？

哲学家杰里·福多尔（Jerry Fodor）提出，唯一说得通的解释是，大脑里包含许多"模块"——那些自我封装、与大脑更高级思维处理系统隔绝的系统。无论我们多么知道两根线是一样长的，我们都无法把这个信息传递到视觉模块中。这个模块是一个密封的"黑匣子"，它只会直接从眼睛摄取视觉信息，并不停地发出"B线更长"的信号。

与之相反的观点是，视觉根本没有与我们认知系统"隔绝"。相反地，与大多数大脑处理系统一样，视觉很容易受我们之前的预期甚至文化因素的影响。乍看起来，这种说法有点疯狂，文化因素怎么会影响像哪根线更长这样最基本的判断呢？

但是或许真的会有关系。20世纪60年代，一批心理学家和人类学家开始进行了一项研究，他们从全球不同区域的16个不同群体中招募了一些志愿者，让他们观看穆勒－利耶尔的图片，测试一下他们受视觉假象影响的程度。研究者们提出了一个很巧妙的方法，用一个数字来表示参与者受图片假象影响的程度：他们向每一名参与者展示多张不同版本的假象图片，用来测量线段 A 必须比线段 B 长多少，才会让每一个人都说这两条线段一样长。例如下图所示，A 线实际上比 B 线长五分之一，但是对于我来说——或者对于你来说也可能——会觉得它们看起来一样长。

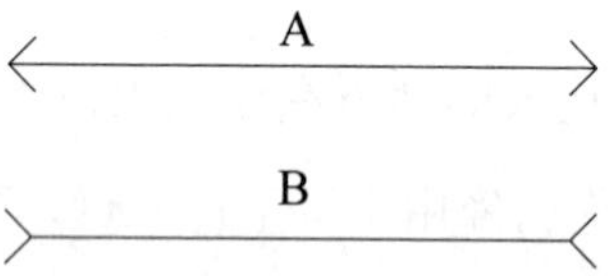

研究结果颇为令人吃惊。前面穆勒 - 利耶尔视觉假象试验的参与者几乎全部是美国学生（而且实际上他们也是大部分各类心理试验的主要参与者），他们的表现极端与众不同。研究证明，与任何其他受试群体，包括南非学生（既有欧洲裔，也有祖鲁裔）、安哥拉的苏库人和象牙海岸的 Bete 人相比，美国学生更易受视觉假象影响。喀拉哈里沙漠中的土著人则表现完全相反，他们压根没有感觉到假象的存在。

这些表明，穆勒 - 利耶尔视觉假象可能受到文化因素的影响；但究竟是文化中的哪种因素在影响人们？研究人员猜测，上面观察到的不同文化之间的不同可能是以下事实造成的：现代社会的环境中包含许多“加工而成的拐角”，如大楼拐角多是方方正正的，而更传统的狩猎社会的环境并没有这样的东西。因此当我们西方人看到线段 B 那样的形状时，我们通常会联想到房间的远端。

在这种情况下，大脑会说，“嗯，远处的墙看起来比我后面的墙窄”，但是实际上，这只是因为它更远。所以，如果我想知道线的真

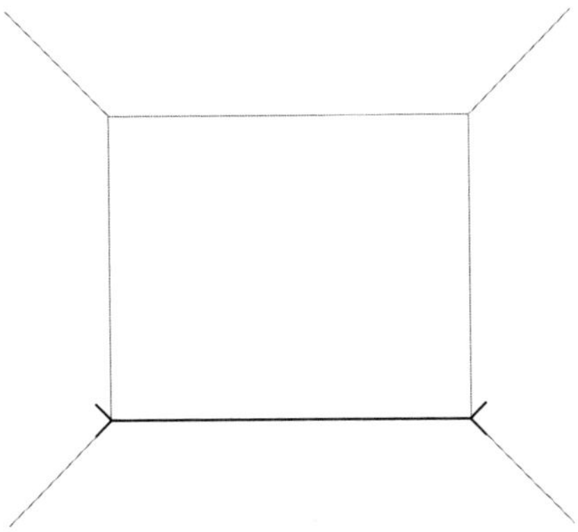

实长度，就应该在心里面再给它加长一点。在真实世界的三维场景中，这是一种很好的思维方式。不然的话，我们要是看到远处有一群奶牛，可能会错误地认为它们很微小。[1] 问题在于，当大脑在平面图上遇到相似的线段和角度结构时也会从思维上予以延展。

当我们看到“线段 A”所示的形状时，它们通常是在跟我们的距离比较接近的时候出现，比如同一房间内距离我们比较近的地毯一端（见下图）。大脑已经从三维场景中学会了，它不需要在头脑中

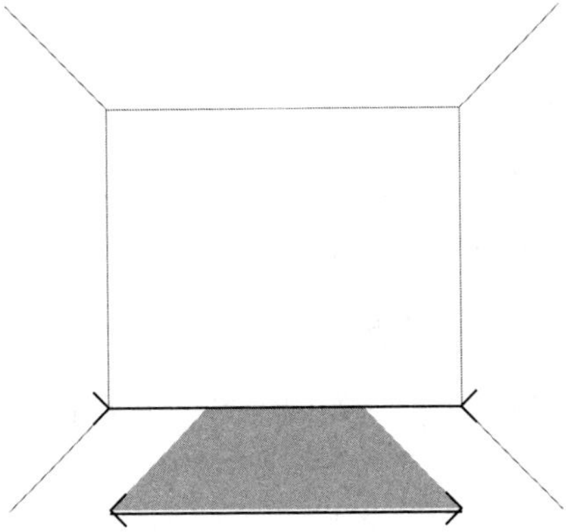

① 有爱尔兰和英联邦的朋友可能会从电视剧 *Father Ted* 中见过这些场景。（参见 http://www.youtube.com/watch?v=vh5kZ4uIUCo）

把线段拉长（或者仅小幅度拉长），在二维图片中看到类似的结构时也会根据同样的逻辑进行处理。

所以研究人员认为，那些来自于原始部落中的参与者们平时很少见到方形的房屋和地毯之类的物品，所以他们的大脑也就不会受这类影响。

但是故事并没有就此完结。后续的一项研究发现，如果穆勒－利耶尔图片中的线段是用红色而不是蓝色绘制的，那么来自于非洲马拉维的参与者们就更容易受假象影响，而对于苏格兰的参与者来说，颜色上的差别基本不会产生影响。这表明，在 20 世纪 60 年代的那项研究所观察到的不同文化之间的明显差异，至少有部分可能是由生物学差异造成的：肤色越深的人，视网膜上的色素密度越高，这会让他们更不容易看见边角，也就降低了假象的程度。

许多心理学上的争议最终都可看成是本性与环境之辩。有些人究竟是生来比其他人更进取或者更聪明（本性），还是他们为了适应环境变化而变得更进取或更聪明（环境）？通常来说，两者都有一点点。具体到穆勒－利耶尔假象也是如此；不同群体受假象影响的差异可能同时来源于生物学差异和文化差异。一个更广泛的经验就是，我们不能认为从美国大学生参与的试验中得出的结论具有可以推及整个人类的代表性，哪怕是在我们考察像线段长度这样显而易见的基础概念时，也是如此。

说到这个问题，下面我们说说另一个关于线长的假象。

20. 线长假象

左边是一条线，右边是另外三条线 A、B、C。你的任务是从右侧找出哪条线与左侧的线长度相等。这儿的假象更有迷惑性，所以我会先给个提示。我从心理学系找了 7 名学生做了个简易调查，他们给出的答案都是“A”。

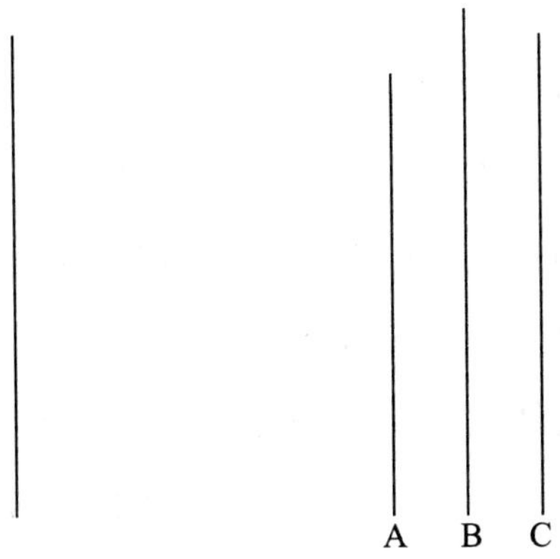

答案

正确的答案是 C。我打赌你的选择是对的，是吗？

这个假象来自于 1951 由所罗门·亚施（Solomon Asch）所提出的著名的“从众试验”。这项实验的经典版本是，它一共有 9 名参与者，但除过 1 名参与者，其他人都是实验员的同事，他们会在实验员的授意下故意选择错误的线条，并且大家都选同一条线。试验进行时，实验员要求每一个参与者依次大声说出自己的答案，而真正的参与者常常被排在倒数第二位。也就是说，在真正的参与者说出自己的答案之前，他（所有参与者均为男性）已经听到了前面 7 个人同一个明显错误的答案。为了加大参与者面对的压力，实验员让同事在部分场合给出正确答案，这就意味着参与者无法摆脱压力：他既无法认为其他所有人都很疯狂，也无法认为他自己听错了指令：其实实验员就是要求他挑出错误的答案。

实验要回答的问题是：即使参与者几乎明确知道其他人的答案是错误的，他也会随大流给出错误的答案吗？从整体上看确实如此。在四分之三的情况下，人们都选择了大多数人的答案。

这个试验或许你也已经知道了，对吧？同穆勒－利耶尔的假象试验一样，亚施的从众试验不仅是各个高校和高中心理学课程的必备内容，也是各种广播电视纪录片和改编节目的主题（参见“网页链接”）。

另外可能还有些你不知道的事情：我知道你之所以不会上当，除了因为现实中没有合作者在场像在原始试验那样向你施加群体压力之外，还因为从 20 世纪 50 年代以来，像亚施试验中所测试的那种从众度已经大幅下降。实际上，在 80 年代进行的一项研究已经证实，在 400 多例试验中，只有 1 例出现了错误答案（不过参与者都是来自数学系、工程系和化学系的学生们，对他们来说花一个晚上去做直线测量的游戏是不错的消遣）。

与最初的亚施研究相比，另外一个有趣的差别在于后一个版本的研究是在英国进行的。英国人是不是不像美国人那样容易从众仍然是一个颇有争议的问题。不过，一项对在17个国家进行的100多项亚施研究结果进行的评估分析发现，崇尚“个人主义”和崇尚“集体主义”的社会（对这两种价值观的崇尚程度也是通过试验进行衡量的）相比，两者的从众倾向存在极大差异。在进行问卷调查的国家里，如果该国的调查结果显示人们更崇尚快乐、创造性和好奇心（比如美国、英国和德国），那么他们在亚施试验中表现出来的从众倾向就低。如果该国的调查结果显示大家都更崇尚循规蹈矩、安于现状、避免出现任何扰乱传统秩序的异常状况（比如日本、中国和津巴布韦），他们的从众度就更高。

实际上，用“从众”这个在西方被认为相当具有贬义的术语（它等同于“放弃”“随大流”）来描述更崇尚集体主义的社会中人们的行为，可能并不合适。正如那项跨文化评估分析报告的作者所指出的，在那些公开表示不同意别人意见被视为无礼之举的社会中，赞同大多数人观点的参与者可能会被看做是有谋略，或者对他人更敏感，不愿意在像几根线段长度这样鸡毛蒜皮的小事上公开羞辱他人。

这项汇总研究中最为有趣的发现之一是一个重要——虽然很微小——的性别差异（在“男人来自火星……”一节中我们将集中讨论男女心理差异这个更广泛的话题）。抛开男女混合的团体——这其中的参与者可能因具有不可示人的动机而同意某些群体成员的意见或者突出自己——纯女性团体比纯男性团体显示出的从众程度要高得多，而且这种效应不会随着年龄的增长而降低。

这是不是意味着女性更愚蠢、更软弱或者说更容易被男性操纵？当然不是。或许就像那些集体主义社会中的成员一样，女性只不过更像“成人”，更注重保持团体的和谐，而相比之下，与个人主义社会中的成员一样，男性更像5岁小儿，总是要坚持自己是对的。

网页链接

在Youtube上有许多不同版本的亚施研究。推荐一个我喜欢的版本：http://www.youtube.com/watch?v=TYIh4MkcfJA

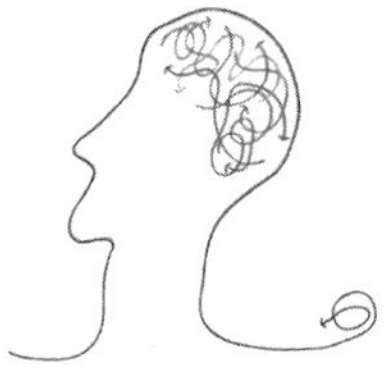

21. 画狗测试

先画一条狗。

是的，只是让你先画一条狗而已。不用过于担心，这不是测谎试验。只是想让你画一条最棒的狗。

答案

好了，现在可以评价你的画了。具有下面的每一个特征加1分。

狗狗的评分要点：

1. 有头部
2. 有颈部
3. 颈部连接两个部位，头部或身体
4. 有眼睛
5. 眼部细节——有睫毛
6. 眼部细节——有瞳仁
7. 眼神——眼睛聚焦于同一方向
8. 有鼻子——任何表示鼻子的标志都可
9. 有鼻子——有二维结构
10. 有嘴
11. 嘴唇有二维结构
12. 有毛发或者斑点——任何表示毛发或斑点的标志都可
13. 毛发 I——紧贴在身上——包括斑点
14. 毛发 II——不只是寥寥几撮或者只是周围有
15. 有耳朵
16. 耳朵的比例正确——长大于宽
17. 有腿——任意标志均可
18. 4条腿
19. 腿部有活动——或伏在地上
20. 腿部的比例正确——长大于宽
21. 腿部二维结构正确

22. 前后腿间有些距离

23. 腿部画法符合透视法

24. 有用以表示这是狗腿的标志，如胯部

25. 腿部比例正确——从上到下越来越细

26. 有趾头

27. 有脚——任何标志均可

28. 有脚——有二维结构

29. 脚趾细节正确

30. 有躯干部

31. 躯干部分比例正确——长大于宽

32. 头部不会小于身体的十分之一，也不会大于身体的二分之一

33. 脸的长度大于宽度

34. 有尾巴

35. 有尾巴——有二维结构

36. 尾巴形状正确

37. 显示运动协调的线条

38. 显示运动协调的关节

39. 有头部轮廓——轮廓优美

40. 有躯干轮廓——不同于椭圆形

41. 有项圈或狗带

画狗评分是一项真正的心理学测试，用来测量儿童在认知力方面的发育情况。五、六、七岁儿童的平均得分分别为 14、18、22 分。男孩和女孩的表现相差不大。因此，如果你达不到这个标准，你真该做一个自我检查，看看自己有没有什么严重的问题。

这项测试，以及应用更广的“优秀的哈里斯画人测试”，其背后的逻辑原理在于提供了一个相对纯粹的对认知能力的测试，而不受其他因素的影响。比如说，更传统的基于语言、数学或者逻辑的 IQ 测试会受到儿童的阅读能力、对口头指令的理解能力等等因素的影响，因此那些测试更像是儿童教育水平的综合测试，而不是纯粹的认知发展状况的测试。

“画人测试”还有一个更严肃，同时更有争议的表兄弟：“筛查情绪紊乱的画人测试”。正如测试的名字所示，临床医生用它来辨别情绪紊乱的儿童。有些人声称，画中的错误或失真对应作画人的具体方面的心理问题(例如，漏掉眼睛就意味着作者不喜欢与周围的人接触)。虽然鲜有证据支持这类具体的论断，但一些研究发现，如果从总体上来判断，儿童的画有助于区分正常儿童和情绪紊乱的儿童。比如有一个评分标准，就是看看孩子们是否会画拳头、爪子、枪或者刀。画怪物而不画人，写脏话，都值得担心，画的人物巨大或极小也是如此。话虽如此，这并非精密科学；哪怕是可能给予了这项测试最强支持证据的那项研究也发现，用画画来区分情绪正常与可能情绪紊乱的孩子，其正确率只有 63% 左右。

所以，如果你孩子的一些话有点——嗯，怎么说呢——多姿多彩（乱七八糟），也用不着急于找医生。当然，如果——像“辛普森一家”中的霸王纳尔逊·蒙特兹一样——她画了“一个用枪做手臂的机器人，正在射击一架由枪组成并且正在开火的飞机”，那么你可能需要躲到一个安全之所了。

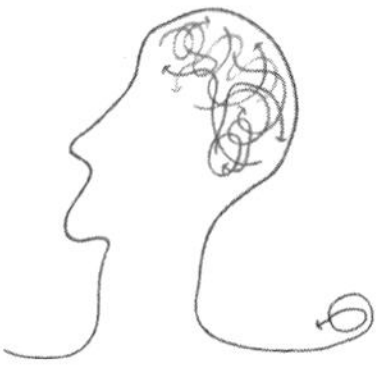

22. 你的完美配偶

当你要选择一个配偶的时候，下面的每一条品质对你来说会有多重要？

在填写问卷前，请先问问自己：你的配偶——如果你已经有了一位的话——会写出相似还是不同的答案？如果你想知道答案，下一页还有一份这个问卷（请不要先看彼此的答案）。

请给每一种性格评分，分值在 1 到 4 分之间，1 是完全不重要，4 是很重要。

你

1. 有很强的幽默感 …………
2. 有事业心，工作努力 …………
3. 在音乐、电影和阅读方面（与配偶）有相似的口味 …………
4. 外表出众 …………
5. 开朗 / 善交际 …………
6. 整洁和整齐 …………
7. 有高收入的潜能 …………
8. 想要孩子 …………
9.（与配偶）有相似的政治和宗教信仰 …………
10. 以前性伙伴很少 …………

11. 在吸烟与喝酒方面（与配偶）态度相似 …………

12. 性格快活 …………

最后一个问题，你的理想配偶应该：

（a）与你同龄 …………

（b）比你年长 …………

（c）比你年幼 …………

如果选择（b）或（c），相差多少岁为宜？ …………

你的配偶

请给每一种性格评分，分值在 1 到 4 分之间，1 是完全不重要，4 是很重要。

1. 有很强的幽默感 …………

2. 有事业心，工作努力 …………

3. 在音乐、电影和阅读方面（与配偶）有相似的口味 …………

4. 外表出众 …………

5. 开朗 / 善交际 …………

6. 整洁和整齐 …………

7. 有高收入的潜能 …………

8. 想要孩子 …………

9.（与配偶）有相似的政治和宗教信仰 …………

10. 以前性伙伴很少 …………

11. 在吸烟与喝酒方面（与配偶）态度相似 …………

12. 性格快活 …………

最后一个问题，你的理想配偶应该：

（a）与你同龄 …………

（b）比你年长 ………………

（c）比你年幼 ………………

如果选择（b）或（c），相差多少岁为宜？

答案

虽然上面列出的所有性格特征都对配偶的选择有一定影响，但大多数都不是我们在这一节中需要讨论的重点。我们真正感兴趣的是你对五个问题的答案。你可以就下面五个特征性格的评分情况跟你的配偶比较一下。注意每个人要填好自己的性别。

	你	你的配偶
性别	男性 / 女性	男性 / 女性
有事业心，工作努力		
外表出众		
有高收入的潜能		
以前的性伙伴很少		
理想的年龄差	年长 / 少 ………… 岁	年长 / 少 ………… 岁

你们的评分差别大吗？当然俗套的说法是，男性更喜欢年轻、漂亮、有过极少性伙伴的女性，女性更喜欢年长、有雄心、收入丰厚的男性。[①] 但是，事实真的是这样吗？

答案是十分肯定的"是"。虽然心理学研究经常会显示，许多"常识性"的直觉是完全错误的，而上面这个俗套的说法，可以说基本上正确。

① 虽然此处讨论的大多数研究都是针对异性恋的男性和女性参与者的，但是本节最后介绍的一项研究发现，即同性恋与异性恋的男性所做出的选择十分相似（例如，这两种人都认为配偶外表出众相对重要），同性恋与异性恋的女性也做出了相似的选择（例如，她们都认为外表出众相对来说并不十分重要）。

当一千多名美国人拿到跟你刚才填写的相似问卷时，男性确实更重视年轻、外表出众和贞操这几项，而女性更重视事业心和高收入潜能，并更趋向于年长者。（如果你急于知道到底怎样才算是“外表出众”，可以看一看后面的“辨脸识人”一节。）

我知道你在想什么：难道美国男人是这个世界最重视女性外貌的吸引力、美国女人是这个世界上最重视男性收入的人，就没有一种文化在这些方面更甚？应该会有另外一种文化，年长的女性会因为她们的睿智而受到欣赏，她们的选择是外貌出众的小男孩？

答案是否定的。或者说，如果这种文化真的存在，那么它至少不在这项调查的 36 种非美文化之中。在这其中的每一个群体，男性对于外貌的打分都要高于女性，而在收入方面的打分则完全相反。在雄心和勤奋工作方面，性别差异不是那么明显，不过，只有三个文化的表现与预期的规律有差别：西班牙、哥伦比亚、南非的祖鲁人（祖鲁人的案例中，很可能因为祖鲁女性要建设家园，还要承担一些繁重的体力劳动，诸如提水之类）。关于过往的性经验问题，因为文化差异的不同表现得也很多样。在上述研究的许多文化中，通常由于宗教信仰的关系，配偶双方都把保持婚前贞操当作一件很重要的事情。不过，在发现明显性别差异的每一个国家，男性比女性更看重配偶的童真（本次问卷问及配偶过去没有性伙伴的重要性）。

关于年龄差，在所有国家中，男性都希望女性比自己年轻，赞比亚和尼日利亚男性的理想年龄差最大（有 6~7 岁），芬兰男性的理想年龄差是迄今最小的（大约 5 个月）。同样，在所有国家中，女性都希望男性比自己年长，伊朗女性的理想年龄差最大（5 岁），讲法语的加拿大女性的理想年龄差最小（不到 2 岁）。平均差为：男性希望女性比自己年轻 2.66 岁，女性则希望男性比自己年长 3.42 岁。

为什么男性喜欢年轻有吸引力的处女，而女性则欣赏年长有事业心、工作努力的男性？多数人可能或多或少听说过亲本投资和性选择（parental investment and sexual selection）理论，这是生物学家罗伯特·特里弗斯（Robert Trivers）于20世纪70年代提出的。该理论认为，对女性来说，生育的“成本”是很高的，她们付出的投资除了9个月的生命之外，还有与之相随的辛苦、不适和机会成本。如果孩子没有存活下来，所有的投资将血本无归。因此从女性的角度来说，性伙伴的选择至关重要，必须选择一个愿意而且能够保护、养育、提供孩子所需资源的伴侣，以确保孩子能够生存。在现代社会，这些条件基本上就是事业有成、收入丰厚的代名词，而此类人的年纪通常会比自己年长。

对于一名男性来说，创造一个小生命只需要几分钟，而且这个过程通常还是愉快的。所以，从纯粹的进化论的角度讲，如果孩子不能存活下来，男性损失的投资极小。也就是说男性没有必要去寻找一个能够保护孩子并提供生活资源的女性。（同样纯从进化论来看）对男性来说更好的策略就是找一群年轻、生育力强的女性作为性伴侣。如何才能辨别哪些女性年轻而生育能力强？那就是寻找年轻的特征，比如皮肤光滑、头发柔顺、嘴唇润泽等等。因此，这个理论认为，男性之所以发现这些特征很有吸引力，纯粹是因为这代表她们年轻且有较强的生育力。

那么为什么男性除了重视年轻之外还要重视贞操？因为总体来说，男性在孩子上的投资并不是在配偶怀孕的那一刻就结束了；大多数男性在孩子出生后仍需要为照顾他们投入时间和资源。从进化论上讲，如果全部这些投资都投入到了“别的男人的孩子”而不是自己孩子的身上，那么对于男人来说绝对是一场灾难。在亲子鉴定技术发明以前，保证血统最简单的方法就是找一个明显是处女的配偶。

当然，你可能会认为上面所讲述的这些在原始人时代是正确的，但或许并不适用于当代社会。如果女性有很好的工作，那她还需要寻找一个收入丰厚的男性为她赡养子女吗？如果她采取避孕，那么与她发生关系的男性是否具备做父亲所需的优点就无关紧要；那么她完全可以选择外貌最出色的男人做性伙伴。同理，如果一位男性不打算生育，他需要把生育能力放在首位考虑吗？

这些观点错误地理解了进化论。今天的男性在追求女性时，的确不是把生育能力放在首位。男性追求的是他们觉得外表有吸引力的女性。只是由于进化的关系，男性眼里外表迷人的女性正是那些看起来年轻、生育力强的女性。

那么人类就只能这样屈从于进化论的影响，而无法克服本有的冲动吗？我们的思想仍然停留在山顶洞人的时代吗？其实，这话说对也对，说不对也不对。一方面，近年来的研究显示：在女性心里，男性外貌所占的位置比以前更加重要；而在男性心里，女性的赚钱能力也越来越被看重。另一方面，在这些方面的性别差异仍然存在。2007年公布的一项大型网络调查显示，男性对“外貌漂亮”和“面部吸引力”的重视程度仍然高于女性；而女性对可靠、诚实、友善（以及幽默感）的重视程度仍然高于男性。万变不离其宗嘛。

不过，在本节就要结束的时候，让我们说说从这项研究中发现的一个颇让人心暖的结论。尽管存在上面的诸多差异，所有组别，包括男性和女性，同性恋和异性恋，都把智慧、幽默、诚实、友善几项排在最重要的六个特征之内。喔喔！

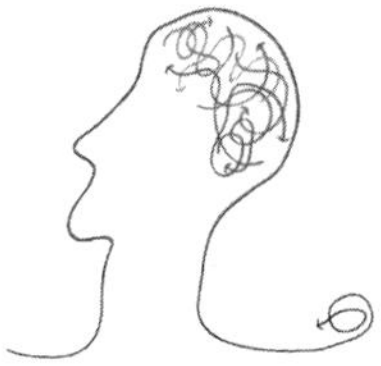

23. 网络爱情

对还是错?

网上相识后结婚的夫妻会更容易对彼此的关系产生不满，从而导致分手。

答案

错。2013 年进行了一项约 2 万美国人参加的研究（史上最大规模的此类研究）。研究显示，在网上相识后结婚的夫妻给出的满意度评分与现实中结识的夫妻满意度评分几乎完全相同。根据评分标准，1 分代表极不快乐，7 分代表很完美，网上结识的夫妻与现实中结识的夫妻平均得分分别是 5.64 分和 5.48 分。也就是说，网上相识后结婚的夫妻对生活更为满意。[①] 与此相似，七年调查期满后，网恋后结婚的夫妻以离婚为结局的比率似乎更低，只有 5.96%，而线下结识后来离婚的比率为 7.67%。

但是相识地点的不同真的会有区别吗？对于线下相识的人来说，一点差异都没有。所以你尽可以忘掉那些休闲杂志所做的像什么“他是我永远的佳偶还是暂时的佳偶？”之类的问卷调查。这些调查问卷显示，如果你们的初次相识是在酒吧或者夜总会，那么你们注定前景不妙。在线上相识的异性情侣分手率稍微高一点点，但他们究竟在哪个网站相识则没有产生差别。

正如你所预期的，目前线上最流行的交友方式仍然是通过婚恋网站进行约会。这就引起一个问题：是不是有些网站会比另外一些更好？无疑这也是那些进行这项调查的人——一个顶尖婚恋网站的营销经理——最为关心的问题。公平地说，这家公司明显没有施压研究人员在数据上做手脚，因为调查发现，通过不同网站结识的夫妻结局没有什么差异。

所以，如果你现在还是单身，那么事情很简单：走出家门，结

① 从技术上来说，这个差异具有统计显著性（参见茶水测试一节）。不过，统计显著性并不总是意味着实际的显著性。在一个满分为 7 分的衡量体系中，很难证明 0.16 分的差距体现了在婚姻满意度上存在重大差别。

识新朋友。结识的方式和地点都不重要，线上线下也没有差异。实际上，如果结婚是你的目标，你可能会对我们的研究结果感兴趣，至少从这次调查的结果来看，三分之一以上的夫妻是网上结识的。

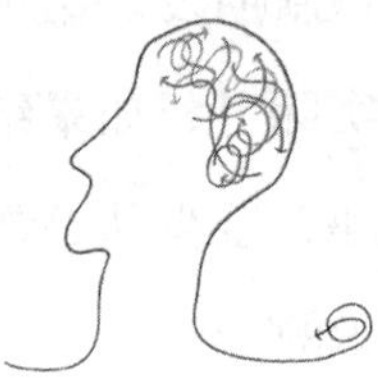

24. 情人节：大崩溃？

请代入自己的性别阅读下面的介绍性文字，然后回答后面的问题。

尼克 / 妮可是一位 20 岁的本地大学生。他 / 她的主修专业是英语，正打算选择历史作为副修课。他/她与室友一起住在学校附近的一套四居室里。他 / 她在大学欢迎中心里有一份兼职工作，他 / 她最喜欢做的事是品尝新食物。他 / 她还喜欢看电视，打算每周做几次健身，还会去听喜欢的乐队举行的现场音乐会。尼克 / 妮可目前还是单身。今天是情人节。

1. 你觉得他 / 她今晚会做些什么？用几分钟时间写篇短文描述一下他 / 她的情人节之夜。内容不少于五行。

2. 他 / 她过得多充实？（在 1~7 分之间）

一点不充实　　1　2　3　4　5　6　7　　十分充实

3. 他 / 她会感觉有多愉快？

完全不快乐　　1　2　3　4　5　6　7　　极为快乐

答案

当然，他们只是虚构的人物，你的答案不可能告诉我们尼克或者妮可是什么样的人，但是它可以告诉我们关于你的一些信息。

单身人士中，认为自己的单身状态还要持续相当长一段时间的，会觉得尼克 / 妮可的情人节之夜很快乐，他们会过得很充实（7分中会得到大约 5 分），描述的夜晚也会更美妙；而认为自己的单身状态会比较短暂的，两个问题的打分可能在 4 分左右。已婚人士中，伴侣关系非常稳定的，可能会认为单身的尼克和妮可不是很快乐，打分可能在 4 分左右，描述的夜晚也会比较沉闷；而伴侣关系非常不稳定的，打分可能会在 5 分左右。

如果我们换个说法，主人公是有伴侣的，那么测试的结果会完全相反。现在拥有稳定伴侣或暂时单身的人，比那些有暂时的伴侣或要长久单身的人更有可能觉得尼克 / 妮可会更快乐。简言之，无论他们是单身还是有伴侣，那些认为自己的状态将长久维持并不会发生变化的人，会认为自己现在的状态对别人也是理想的；反之，那些认为自己的状态转变在即的人倾向于自己现在的状况对别人来说也不理想。换句话说，正如此研究的作者所描述的，“我今天正在走（或者即将要走）的路就是你应该走的最佳道路。”

你有没有注意到，如果有人买了一部新手机、电脑或者汽车，那么他一定会不遗余力地向其他人推荐同样款式的产品，无论该产品是否能满足对方的需要或者符合对方的预算？而类似产品的潜在买主则会讽刺那人真是白痴，错过了他本人打算得到的优惠。这正是：“我今天正在走（或者即将要走）的路就是你应该走的路。”这可能会相当恼人。但是为什么我们会这样？在很多情况下，原因都是那个招人厌的人遭遇了所谓的认知失调（cognitive dissonance），他正极力让自己相信，他的决定——无论是维持现有的关系还是买某个品牌的手机——确实是最好的决定。

“认知失调”这个术语是由利昂·费斯廷格（Leon Festinger）于1959年创造的。当年他进行了一项揭示这种现象的经典试验。参与者先完成一些极为沉闷的任务（比如在木板上拧钉子），然后会被给予1美元或者20美元，让他们去说服一位潜在的新试验对象相信，这些工作好玩又有趣。试验的目的是让最初的参与者经历“认知失调”：当我们的处境、行动或公开表达的信念（如“这个活儿真有意思”）与我们内心的信念（“这个活儿真让人烦”）冲突时所产生的为难状态。然后，参与者被要求对他们完成的任务进行评价。那些以1美元为报酬去说服别人的参与者，他们评定这项任务的枯燥程度竟然没有得到20美元的参与者所评定的那样高。费斯廷格认为，获得1美元的参与者通过说服自己相信这项任务其实没有那么糟糕，来降低他们“认知失调”（“这项任务很烦人，但是我告诉别人它很有意思”）的程度。反之，拿20美元报酬的人更容易摆脱“认知失调”（“这项任务很烦人，但是我说它很有趣……不过这只是因为他们付了我很多钱我才这样说”）。

所以，只要我们的环境、行动或公开表达的信念（如“我有伴侣，这种状态很美妙”）与我们内心的信念（“在情人节的时候一个人过也蛮有意思”）产生某种程度的冲突时，就会产生“认知失调”。此时，尼克/妮可效应就会出现——亦即人们会认为他们现在或者预期的处境更好。这是因为，相比改变我们的实际处境（“亲爱的，你被甩了”），改变我们的信仰（“其实，一个人过情人节可能很压抑”）要容易得多。如果我们所处的是一种无法转变的环境（例如，刚刚购买了一台 iPhone 手机），而后来又产生了一种有冲突的观念（例如，“那款三星手机似乎要好很多”），那么我们唯一的选择就是，要么转变自己的观念（“实际上，三星的手机也不怎么样”），要么就只能面对认知失调的状态。

这也就是为什么客户反馈问卷会让我抓狂。如果你已经在一餐饭、一项进修课程或者某个学位上投入了大量的时间和金钱，却开始产生与之相冲突的看法（“嗯，实际上真的不是特别好”），此时你更有可能转变自己的想法（“实际上，总的来说，它还是相当不错”），而不是继续忍受认知失调的折磨并在反馈问卷上给差评。所以，如果你的餐馆得到差评，那么你尽管试着提价，因为很少有人会承认自己花 200 英镑吃过的这一餐很糟糕。

25. 茶水测试

新入学的心理学系学生会非常恐怖地发现他们需要学习一门叫做统计学的课程，并且要学会自行进行统计学测试。究竟我们为什么要让他们学习这门课程？统计学测试的目的是什么？统计学测试究竟是什么？

为了更好地解释这些问题，我会带大家回到我的童年。我出生于英格兰东南部，在我的成长经历中，一个最常见的情形是妈妈对我说："请来杯茶，本；请先加奶。"时至今日，我母亲仍然认为先加奶的茶味道更好，后加奶就没了这样的美味。她继续心怀戒备地品尝每一杯别人帮她泡的茶，检查她的要求是否得到贯彻。虽然我母亲几乎每次都能发现我企图让她喝下先加茶后加奶的茶的诡计（也许是由于我表现出了负罪感），但我仍然怀疑她是否真的像她宣称的那样能够分清两者之间的差别。

著名的生物学家罗纳德·费舍尔爵士（Sir Ronald Fisher，1890–1962）在与他的同事穆里尔·布里斯通 – 罗奇博士（Dr Muriel Bristol-Roach）的交往中有过类似的经历，他也同样持类似的怀疑态度。不过费舍尔没有只是低声抱怨和拒绝沏茶，而是设计了一款统计学试验，以求一劳永逸地解决这个问题：这就是费舍尔的精确测试

（Fisher's exact test）。[1] 费舍尔为罗奇准备了 8 杯茶，并告诉她有 4 杯茶的奶是先加的，另外 4 杯则是后加的，要求她分辨出哪些是先加的，哪些是后加的。

这一切听起来都很正常，不过与统计学测试有什么关系？假如品茶者 4 杯说对了，4 杯说错了（也就是准确率 50%），你能据此下结论说她能分辨出先加奶和后加奶之间的区别吗？当然不能；我们很容易看到有些人就算是每次都靠投硬币来猜测，也能完全只凭运气就答对 50%。现在，如果答案变成 5 对 3 错呢？抱歉我们还是不能认为她具有分辨能力，因为掷硬币者只需运气比平均水平稍好一点点就能得出同样的结果。如果 6 对 2 错呢？ 7 对 1 错呢？又或者 8 杯全对呢？我们的品茶者需要说对多少杯茶的沏法才能让我们得出结论说，她确实能够知道两组之间的差别，而不是单凭运气？

费舍尔测试的目的就是为了解答此类问题[2]。结论是，如果用掷硬币的方法完全凭运气，8 次全部猜对的概率是七十分之一或者说是 0.014（即 1 除以 70）[3]。科学家们将此称为 p 值（概率的简称）。现在我们不能完全排除某个特定的测试结果——比如 8 杯茶都猜对——

① 统计学上另有一个比较常用的测试也被称为 T（T 和 tea 茶水同音）检验，它是都柏林吉尼斯酒厂发明出来用于质量控制的。

② 顺便提一句，虽然这些有关茶水试验的故事表明费舍尔是一个相当有教养的人，但他还是有更阴暗的一面。他是一个优生理论的狂热支持者，该理论认为品行不佳的人不应该育有下一代；他也不承认吸烟与肺癌有关的说法（批评者说，也许这是因为他不仅自己喜欢吸烟，还得到了大英烟草研究委员会的资助）。更具争议的是（这还是温和的说法），费舍尔认为，不同的人种存在天生智力差异，《联合国教科文组织种族宣言》即使是出于好心，也只不过是为了“将确实存在的差异降到最低”所做的肤浅努力。

③ 为什么是 1/70？因为从 8 个杯子中选择 4 个杯子共有 70 种组合，其中只有一种组合与我们要求的 4 杯先加奶的茶全部选中的情形完全相同。

纯属偶然的可能性。不过，科学家们采纳了一个用来评判的经验法则，即所谓的 $p < 0.05$ 法则：那就是，如果（a）某个特定结果完全偶然出现的概率小于二十分之一（即 0.05）（如 8 杯茶都猜对），（b）这个特定结果实际出现了，那么我们就接受以下判断：这个结果几乎可以肯定不是完全偶然的结果，这就是说，我们认为这个结果具有统计学上的显著性。

现在让我们把上面那个品茶故事讲完。实际上，布里斯通－罗奇对 8 个杯子的猜测结果全部正确。通过前面的计算，我们知道随机出现 8 个杯子全部正确的几率是七十分之一（亦即 $p=0.014$），明显低于我们规定的临界点二十分之一（也就是 $p<0.05$），那么我们就同意，这个结果不是完全偶然的，她——击鼓祝贺吧——真的能够分辨出奶是先加的还是后加的。[1] 看来我妈妈也是真知道。

现在你已经了解了基本理论，你可以试着在家里进行自己的茶水测试。不喜欢喝茶？没关系，可以试着来辨别百事可乐和可口可乐、节食饮料和普通饮料，常见的品牌饮料与超市自制的类似饮品，或者甚至——不过这个只能成人做——红葡萄酒和白葡萄酒（如果都冰镇的话要辨别出来出奇地难）。只要记着：如果有 8 杯饮品的话，你需要全部识别正确，才能显著排除纯粹偶然。如果你特别渴，喝了不止 8 杯而是 10 杯，那么你只需猜对 9 杯就具有统计学上的显著性（当然，你还需要有足够的可乐和强壮的膀胱）。

最后，很重要的一点是要提请注意，大众还没有意识到，对

① 并不是所有的心理学试验都像费舍尔的茶水试验这样简单；复杂的问题需要用更复杂的手段来解决（你可以在我们的配套网站上选择两个最常用的试验进行尝试）。不过无论测试多么复杂，我们的目标始终是一样的：检测我们所观察到的试验结果有多大可能性是纯粹偶然的结果（例如，8 杯全部正确）。

那些在不同群体中体现出来的看起来有意义的差别，也需要进行测试，看其是否也只不过是纯粹的偶然现象——各类科学都会理所当然地进行测试。报纸总是会把一些不同群体间极为微小的差异夸大为有意义的差别，其实这些差别极有可能纯粹是偶然的结果。更糟的是，我看过一些报纸上的报道，一位研究人员表示，犯罪率的轻微上升并不具有“统计学上的显著性”，结果报道将这个结论形容为一位决意掩盖真相的研究人员所玩弄的诡辩法。真相其实是，如果犯罪率的“上升”不具有统计显著性的话，那么就没有理由认为犯罪率实际发生了变化。

因此，没错，正如俗语所说：世间有谎言、该死的谎言与统计学（统计学成为谎言的帮凶）。但是，最该死的谎言不是在统计学得到应用的时候编出来的，而恰恰是在统计学不被理会的时候编出来的。

推荐阅读与网页链接

大卫·萨尔茨堡（David Salsburg）的著作《品茶的女士：20世纪统计学如何彻底改变科学》（*The Lady Tasting Tea: How Statistics Revolutionized Science in the Twentieth Century*）详细介绍了罗纳德·费舍尔及同时代的卡尔 · 皮尔逊（Karl Pearson）等人的理论是如何为当代统计学测试打下理论基础的。

配套网站（www.Psy-QBook.com）的网页上有两个额外的章节，介绍了——你也可以试验——一些更为复杂的统计学测试，可以用来测试比如女性是否比男性更爱笑等问题。

26. 阅读与自我纠错

迅速说出下面这个标识是什么意思？

How cmoe it's not taht hrad to raed wehn all the mdilde lretets of a wrod are jebumld up?（为什么单词中间的字母位置全部错乱，但把它读正确并不是那么难？）

答案

如果你发现阅读上面这个（英文）句子有困难，那么你可能有点“过度阅读”。如果你阅读的时候得一个字母一个字母往外蹦，那么你根本不可能理解整个句子的意思。反过来，如果你只是对这个句子进行略读，对于每个单词只是观其大略，那么读懂这个句子的意思就出奇地轻松。

这究竟是怎么回事儿？大多数人都会认为，在阅读的时候我们会在心里读出每个字母，如 c, a, t，然后把它们组合在一起发音后识别出单词（cat，即猫）。虽然对于刚刚开始学习阅读的人来说，事实的确如此，但是大多数成人早已基本上摒弃了这种阅读方法，至少在正常的日常阅读中是如此（旧习惯还有所保留，用来阅读外文、新词或者极度陌生的文字）。取而代之的是整词识别方法，这种方法高度自动化，而且速度极快。识别一个单词通常用不了五分之一秒。为什么我们可以这么快速地完成识别？答案似乎是，我们阅读的时候，并不是像你可能以为的那样，将这页上的这个词与储存在我们脑海里的一个情确的模板进行匹配：

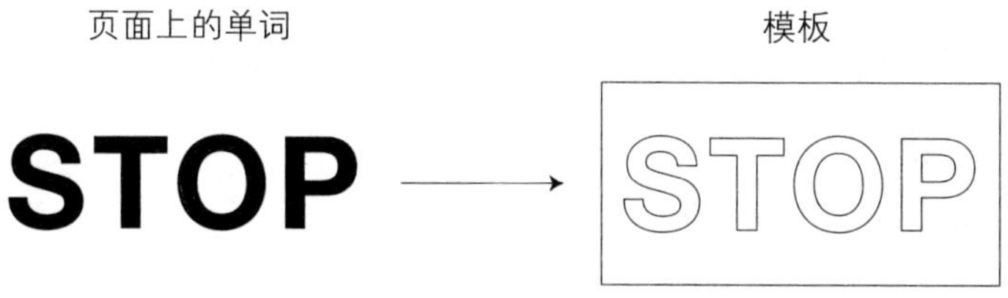

实际上，储存在我们脑海中的模板似乎只包含了两个部分：

（a）与单词相关的字母；（b）标示字母大致位置的标签。[①]

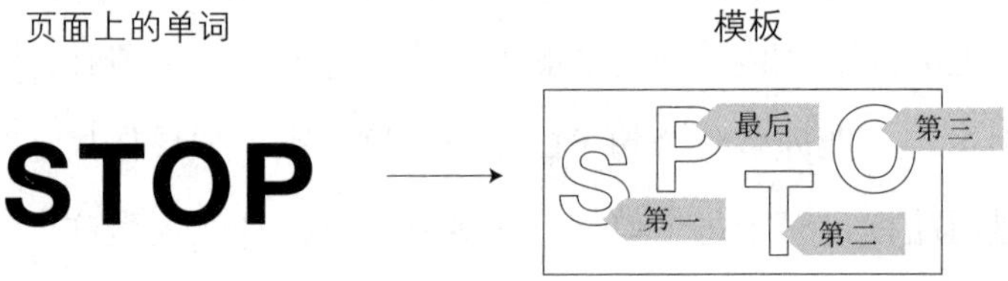

乍看之下，这种说法有点古怪。每个单词都储存一个准确的模板不是更合理吗？当然，有可能，不过你如果要去拭的话，那么祝你好运。让我们想想一个相对比较长的单词，比如 happiness。虽然这个单词在众多的词汇中并不是那么长［它肯定不如“antidisestablishmentarianism”（反对教会与国家分开学说）］，但是你并不太可能储存每个字母的精确位置（快说，字母 e 排在第几位？）。你大脑中能够储存的其实只是字母的大致位置（“它接近结尾的位置”）。这就是说，当你遇到一个打乱了次序的单词如“sotp”的时候，它实际上与你大脑里储存的“stop”模板相当吻合，因此识别起来相对容易，特别是在有上下文背景时，比如它出现在一个句子中，或者形壮醒目的路标上。

为了证明我们的观点，请回答：你有没有发现上面这几段文字中有 4 个错别字？[②]

结束。

（THE EDN）

---

① 至少根据我们最近开发的一个模型是这样的。如果有一样东西是心理学家永远无法达成一致的，那一定是单词视觉识别模式。

② 埋（理）、情（精）、拭（试）、壮（状）。

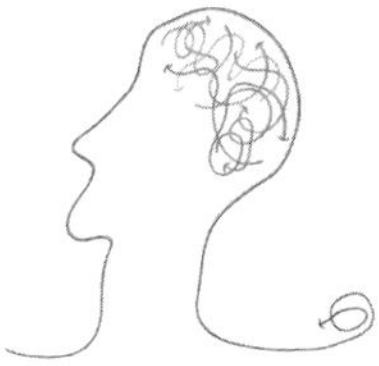

27. 序曲还是催眠曲?

第 1 部分

问：为什么莫扎特没有找到他最好的朋友？

答：因为他藏了起来。①

好吧，我们再换一个：

问：莫扎特正在干什么？

答：正在腐烂。

好吧，对不起，行吗？但我现在还无法介绍这一节到底是关于什么的，否则就没有效果，所以你只能暂时凑合着看看这两个蹩脚的笑话。

不管怎么样，让我们继续。在这一节里，你需要准备莫扎特 D 大调双钢琴奏鸣曲的录音（K.448）。YouTube 和免费流媒体服务网站例如 Spotify 上有很多版本，不过尽量找到一份两个乐章都有的录音。下一部分的内容并非必做，但如果做的话你可能要找一段用于放松练习的录音。同样，要在网上找到这样的录音相对容易，但重要的是你要找到一段不含音乐，只是用轻柔的声音不停地对你说话的录音（“注意你的呼吸，感觉自己深深地沉进椅子里”……对，就是这种类型的）。

首先，听 10 分钟莫扎特的音乐录音。期间不要阅读、查看电子邮件及观看配乐的视频；只是坐着并认真倾听。10 分钟结束后，翻到下一页，完成测试。

---

① 原文是“He was Haydn”（他是海顿），听起来是“He was hiding”（他藏了起来）。——译者注

第2部分

测试要求你想象一张纸，先折叠一下，然后再剪下其中一角，展开后会是什么样子。可以看下图的示范。

练习1

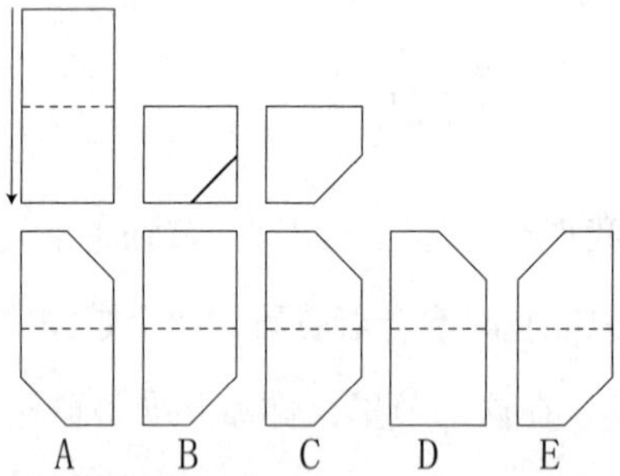

上半部的图片显示折叠和剪切的过程。首先，按照箭头所示的方向把一张细长的纸头尾相连折叠起来。接下来，把折好的纸剪掉一块，在这个案例中剪掉的是右下角，如上图中间的图所示（沿黑线剪切）。右上图显示了折叠与剪切后的形状。你的任务是想象一下这张纸展开后的形状。然后从下排图中找出正确的那一张（A~E）（虚线表示折痕）。例如，本题的正确答案是C。如果你不理解为什么是这样，那就把上面的说明再看一遍。如果你已经能够很好地理解测试的过程，就可以进入到下一个练习。

练习 2

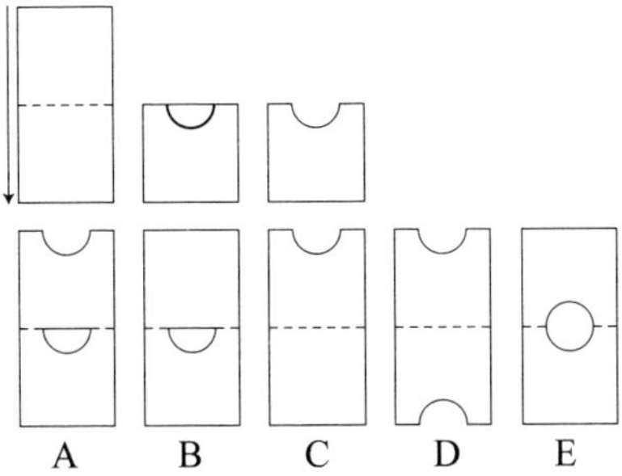

这次的练习稍微难一点，因为我们要从折叠处进行剪切，但是应该比较容易看出 E 是正确的。

现在你已经了解了测试过程，请按要求进行正式测试，一共有六道题。注意，测试与练习是不同的，可能会要求你折叠两次或者三次。不要忘记记录你选择的答案，可以直接写在书上，也可以记在别的地方。

1.

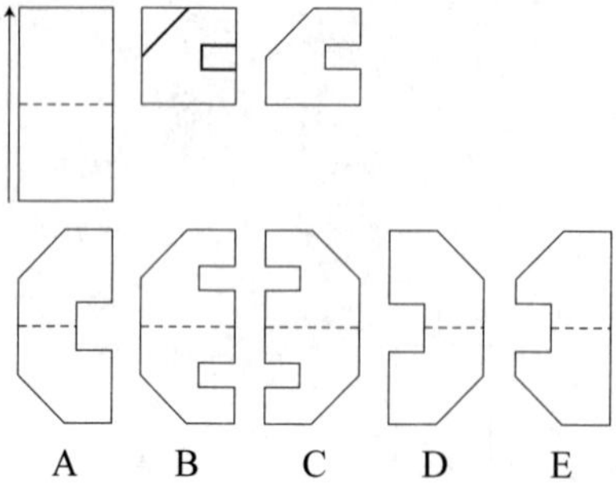

2.

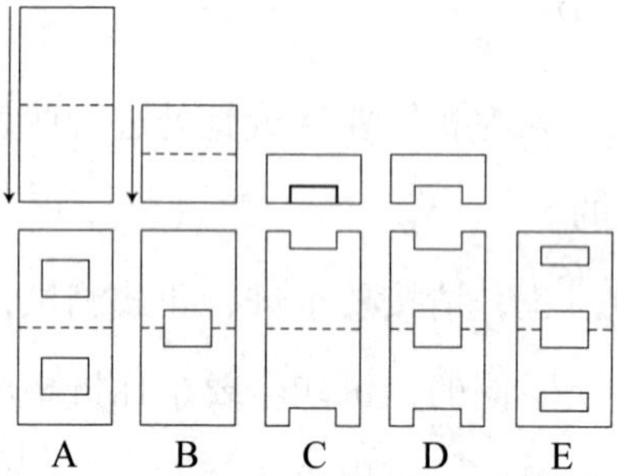

3.

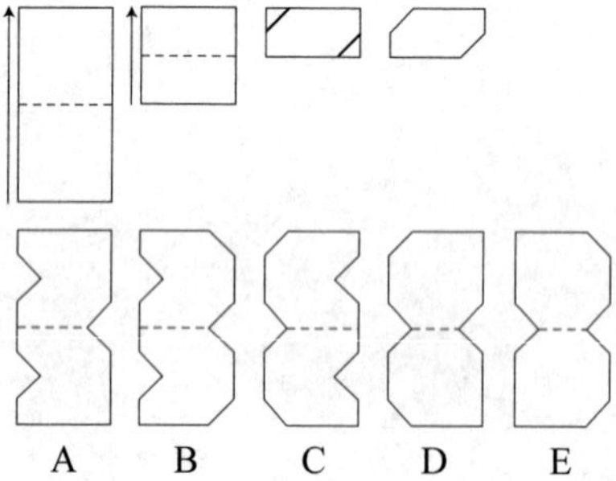

4.

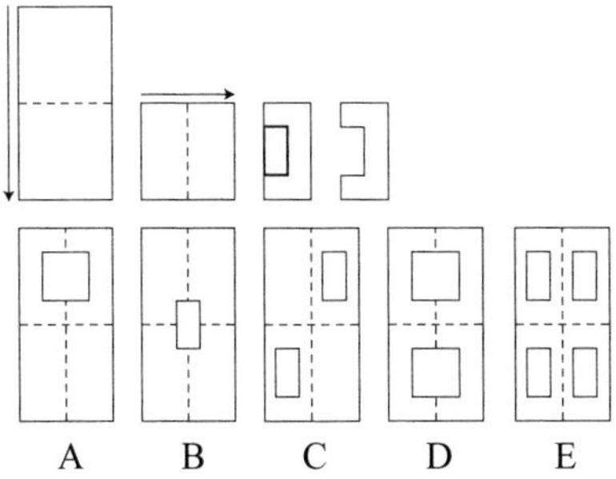

5.

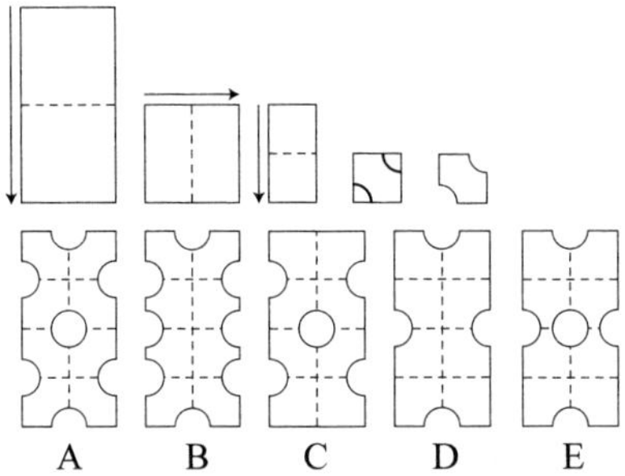

6.

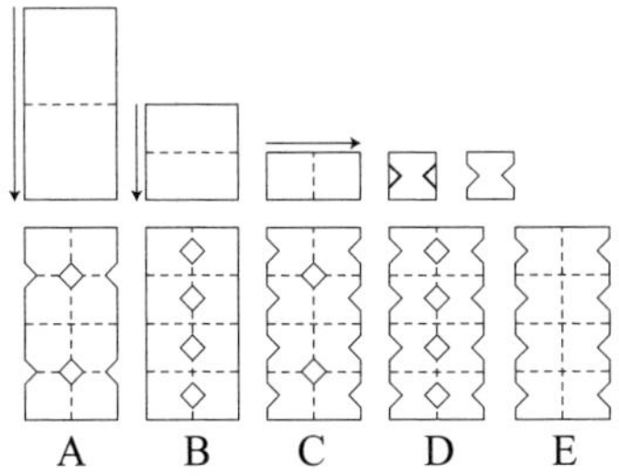

唷，是不是很难！

在我们查看结果之前，请继续另外六项测试。不过首先，我希望在测试开始之前你能够安安静静地坐 10 分钟，如果你愿意也可以听一段比较舒缓的音乐。（这两者效果不会有什么太大差别）。

完成了吗？

好吧，现在让我们转到第 3 部分，完成第二批也是最后一批六项测试。

第3部分

1.
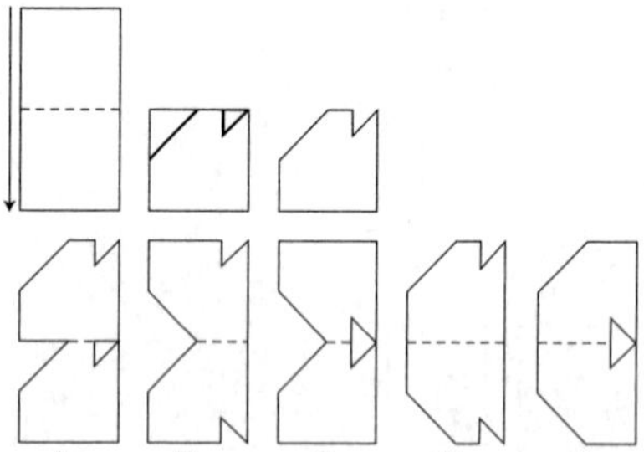
A B C D E

2.
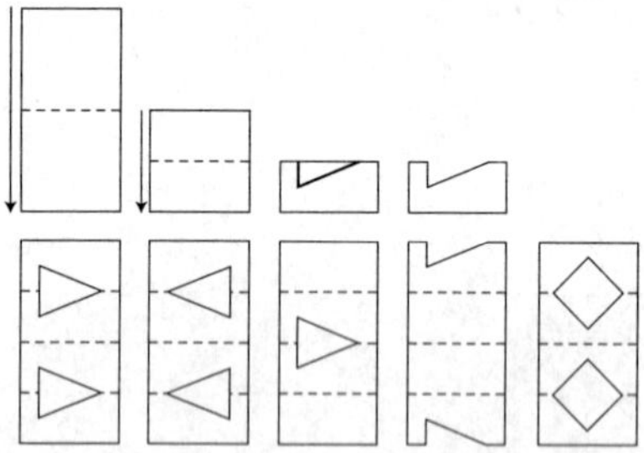
A B C D E

3.
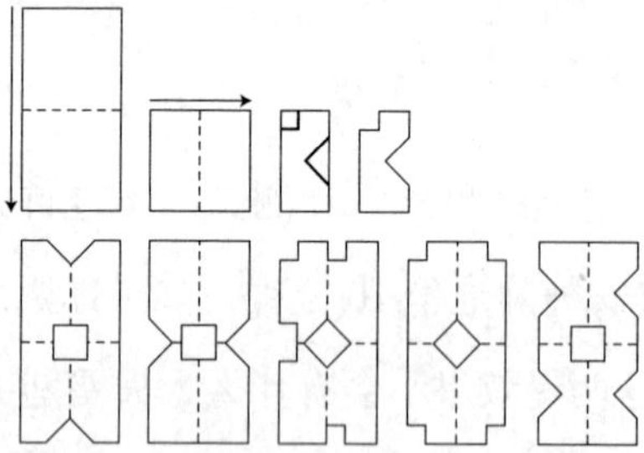
A B C D E

4.

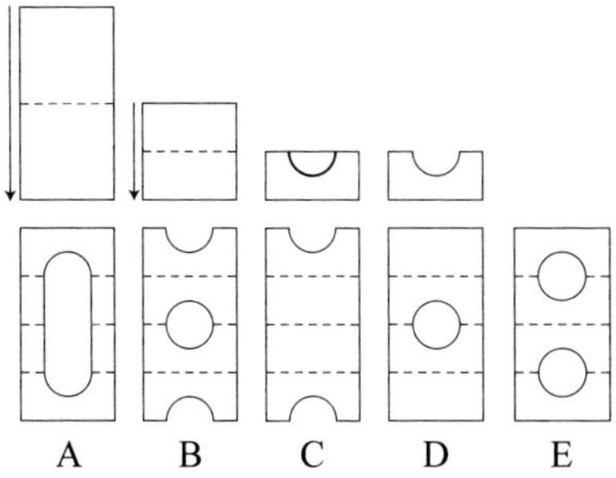

5.

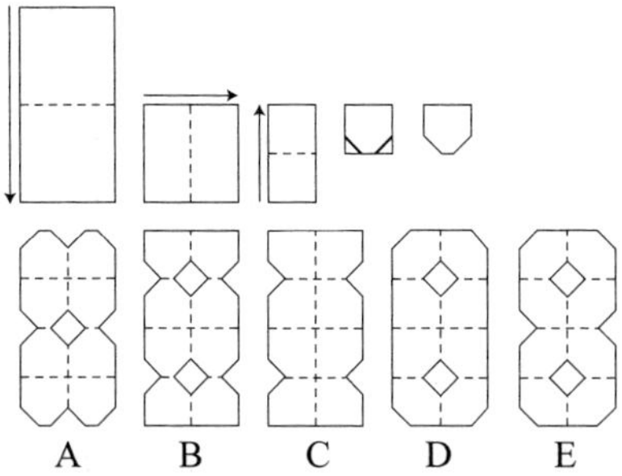

6.

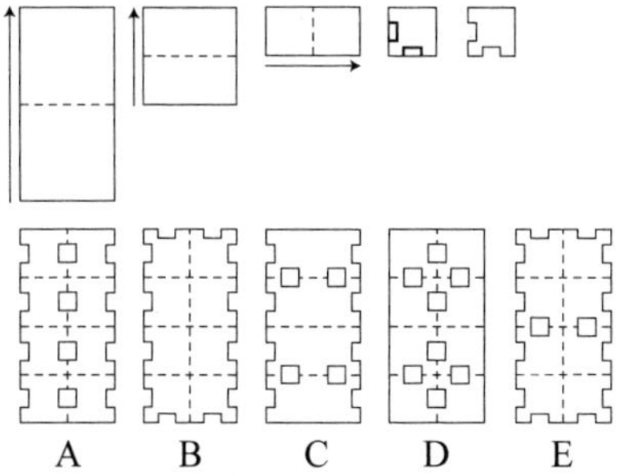

现在可以翻到下一页查看答案了。

答案

莫扎特系列：B, D, C, D, A, D

安静 / 舒缓系列：C, A, E, E, B, D

在满足测试条件情况下进行的这项研究（包括更多的折纸和剪切问题，以及另外一些空间推理测试）发现，同一参与者在聆听莫扎特音乐的情况下，测试的结果要好过静坐或聆听舒缓音乐情况下进行的测试（后两者间的表现没有差异）。[①]

研究结果公布后立即引起轩然大波。虽然试验是在成人（主要是大学生）中进行的，作者也没有宣称此结果是否适用于儿童或婴儿，但美国佐治亚州州长泽尔·米勒（Zell Miler）颁布法令，向全州内有新生儿的家庭发放免费的古典音乐 CD，希望能借此刺激儿童的大脑发育；一位自称精通莫扎特效应的大师唐·坎贝尔（Ton Campbell）为儿童、婴幼儿甚至未出生的胎儿制作了 CD，还写了一本名叫《莫扎特效应：用音乐的力量去治愈你的身体、强健你的精神、放飞你的创造力》的书，通过这两项他赚了几百万美元。如书名所示，坎贝尔的内容已经远远超过了空间思维的范畴。（具有讽刺意味的是，莫扎特本人的身体并没有被他的音乐治愈，音乐家长年罹患多种疾病，包括天花、支气管炎、肺炎和风湿。）

还有人在这方面走得更远。英国报纸上曾经有一篇文章介绍了很多寻找类似莫扎特效应的举措，这些效应包括（先深呼吸一下吧，下面的单子很长）：改善学生在教室内的行为，让喧闹的行人变得

① 参与者不管在三次测试中的哪一次开始之前听莫扎特音乐，结果没有什么不同。不过为了保险起见，我没有在最后一次测试之前才让他们听莫扎特，以保证这一组在测试中表现更好不是完全由于他们已经进行了更多的练习而带来的结果。

平静，让街上不再有毒品交易，让火车站等地的暴力和破坏行为减少，让狗狗不再乱吠，让牛奶或者鸡蛋产量增加（很明显这一条是针对农场里的动物们）。除了最后一条，其余的都取得了显著成效。

随着莫扎特效应越来越走红，现在大多数人分成了两个阵营：一部分人认为该效应已经证实确实存在；另一部分人则认为这只是个已经被揭穿的彻头彻尾的骗局。与大多数类似的事情一样，事情的真相要有趣得多，而且介于上面两个阵营的判断之间。

莫扎特效应的存在，总体上得到了后续研究结果的有力支持（至少对成人折纸和剪纸问题来说是如此）。而且也并不是所有的经典音乐都会有这样的效果；如果你用威尼斯作曲家阿尔比诺尼（Albinoni）的悲伤慢板来替代莫扎特的欢快小调就起不到同样的效果。不过，认为莫扎特的音乐具有可以使人变得聪明的独特之处是错误的。一项支持莫扎特效应的后续研究同时还发现，只有在那些喜欢莫扎特音乐的人身上才能产生这种效应，并且莫扎特音乐使他们变得警觉和愉快。如果你不是莫扎特的粉丝，那么很遗憾莫扎特效应不会青睐你。同样的研究团队又进行了另一项后续测试，发现如果用另一首同样轻快、乐观的乐曲（比如舒伯特的《钢琴狂想曲》），甚至是斯蒂芬·金的故事（《最后一级阶梯》）取代莫扎特的奏鸣曲也会取得同样的效果。实际上在测试中，更喜欢故事的参与者在听故事后的表现与听奏鸣曲后的表现相比，前者得到的提升要大得多。那么，借用一篇总结该领域主要研究成果的分析报告题目：要获得莫扎特效应，我们应该听序曲还是催眠曲？答案是，视情况而定。听自己喜欢的作品——你喜欢听莫扎特就听莫扎特，你喜欢听斯蒂芬·金，就听斯蒂芬·金——可以让你振作，并给予你短时的提振，至少在解答小范围的空间推理问题时是如此。但是没有理由认为它会让你因此而变得更聪明，或者认为如果你是一只母鸡，它会让你下更多的蛋。

说到这里，我不知道莫扎特有没有对着母鸡演奏他的音乐，但事实上莫扎特的确养过鸡。但是后来因为没有耐性又杀掉了它们。为什么会这样？因为他不能忍受它们整天围在他的身边转，叫着“巴赫！巴赫！巴赫！”（Bach! Bach! Bach!，鸡叫声，听起来像另一位音乐家的名字——译者注）

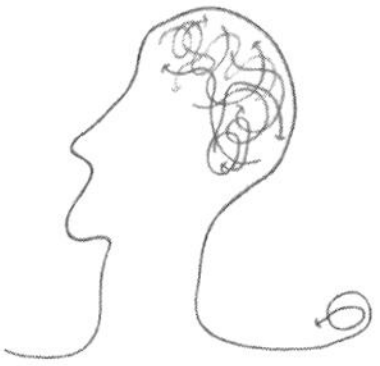

28. 患 者

紧急事件！科学家们发现了一种新型疾病正在全国范围内蔓延。坏消息是，这种疾病可以诱发各种癌症。好消息是，这种疾病的发生极为罕见：1 万个人中只有 1 个人会感染。因为此病并无明显的症状，政府的科学家们发明了一项测试来检验哪些人已经被感染。测试本身还有一点缺陷，但是每 100 名测试者中，有 99 人的结果是准确的（即准确率 99%）。

在测试开始后的一周内，100 万名群众接受了测试，其中也包括你。真是一场灾难呀，测试结果表明你已经染病。但是请记住，测试本身是有缺陷的。根据你的测试结果来看，你的实际染病几率有多大？

（1）99%

（2）98%

（3）10%

（4）1/102（0.98%，尚不足 1%）

答案

差不多所有人都会选择第一个答案，因为除了测试准确率为99% 这个事实之外，他们根本无法看得更远，但这个选项是错误的。因为我们不仅要考虑测试本身的准确率，还要考虑你实际患病的几率。如果你选择（4），或许你选它的原因是这个选项看起来最不像正确答案，而你怀疑这个选项的设置是一种双重诡计，那么恭喜你，答对了！

在我们一头扎进纯数学计算（其实计算很简单，不过非常不符合直觉）之前，让我们先试着理解一下——用简单的术语——为什么我们患病的几率要远远小于大多数人选择的 99%。

首先我们一定要记住：这种疾病的发生非常罕见。也就是说，在考虑测试结果之前，记住你受感染的几率只有万分之一。出现测试错误的几率虽然也只是个小概率事件（只有百分之一），但它出现的几率明显要大大高于患病的几率（万分之一）。打个比方（这个比喻来自于一部比较流行的动画片，参见“网页链接”），假设你有一台机器，它会告诉你明天太阳是否会升起，这台机器的准确率是99%。如果它告诉你明天太阳不会升起，你觉得是太阳不会升起的几率大，还是机器出现那百分之一误差的几率大？

现在，再次回到那道题上，让我们用数学的方法来解释一下看起来不太可能的正确答案 1/102 是怎么来的。

一百万人参加了此次测试，就是说只有 100 个人真的感染了此种疾病（因为疾病的感染率是万分之一，一百万除以一万就是一百），而测试的结果是 99 个人准确，1 个人不准确……

◎ 99 名感染了疾病的患者会得到正确的答案，他们确实感染了

（100×99%=99）

◎ 1 名感染了疾病的患者会得到错误的答案，说他 / 她未被感染（100×1%=1）

这意味着剩下的 999,900 人没有被感染（1,000,000–100），又因为测试的准确率是 99%……

◎ 989,901 名没有感染上疾病的人会被正确地告诉他们没有疾病（999,900×99%=989,901）
◎ 9,999 名没有感染疾病的人会被错误地告知他们被疾病感染了。

那么有多少名测试者被告知他们罹患了疾病？答案是 10,098（99 名实际感染者加上 9999 名实际未感染者），这些人里面真正患有疾病的人有多少？ 99 名。

那么被告知患病而实际上也确实患病的几率有多大？99/10,098=0.0098=0.98%，也就是 1/102。

如果你对此感到困惑，那么请不要担心：很多心理学家也都有同样的困惑。实际上，不止是绝大部分心理学统计测试，几乎所有自然科学的统计测试都基于导致多数人选择 99% 作为正确答案的同一个错误推理。让我们再回到“茶水测试”的例子。统计测试告诉我们，你的结果究竟是因为你真的能够区分茶里面是先加奶还是后加奶，还是因为全凭幸运。我们说，如果你对全部 8 杯茶的判断都正确，那么你不太可能是完全靠运气蒙对的。

但是，我们没有考虑，一个人实际能够区分茶里面是先加奶还是后加奶的可能性（相当于上例中实际患病的可能性）有多大。比如说，如果我们在测试前有理由相信，100 万人中只有一个人能够区分出茶里面是先加奶还是后加奶，那么我们就会希望看到你连续判断准确的数量要远远超过 8 杯，才会开始相信你就是那些极为罕见的品茶大师中的一员，而不是只因为运气好才全猜对了。

那么，为什么心理学研究（更可怕的是还有大多数医学研究）都选择了错误的测试方式？原因之一就是，我们经常得不到必须的信息来运用正确的测试方式（相当于说，事前我们并不知道有多少人能区分出先加奶的茶和后加奶的茶，或者说有多少人实际罹患疾病；事实上，这个信息反而常常是我们需要发掘的），另一个原因纯粹是心理学家们喜欢使用固定的模式，而不习惯去改变。

网页链接和推荐阅读

下面的网页链接提供了一些相似的案例：

http://www.cs.ubc.ca/~murphyk/Bayes/bayesrule.html

http://www.cs.ubc.ca/~murphyk/Bayes/economist.html

http://yudkowsky.net/rational/bayes

德润·布朗（Derren Brown）在他的著作《思维的小把戏》（*Tricks of The Mind*）中给出了一个清楚、出色的解释。你可以在线进行自动计算：

http://www.gametheory.net/Mike/applets/Bayes/Bayes.html

在下面的动画片中，对频数统计（比如茶水测试）和贝叶斯（Bayesian）统计（如本节描述的内容）进行了对比：

http://xkcd.com/1132/

29. 放射线医师

又有一名确定感染的患者被立即送往医院，怀疑他患有肺癌。为他拍摄的 X 线片被送到了放射线医师面前。假设你就是那位放射线医师，你的任务是提供一个诊断。那些小斑点（直径约 3cm 或 1.5 英寸）是我们常说的无害的“结节”，但是如果斑点过大就会成为潜在的癌症病灶“肺部肿块”。提醒大家一下，因为书的篇幅有限，X 线片的比例被缩小了，请仔细检查图片，计算潜在的癌症病灶。

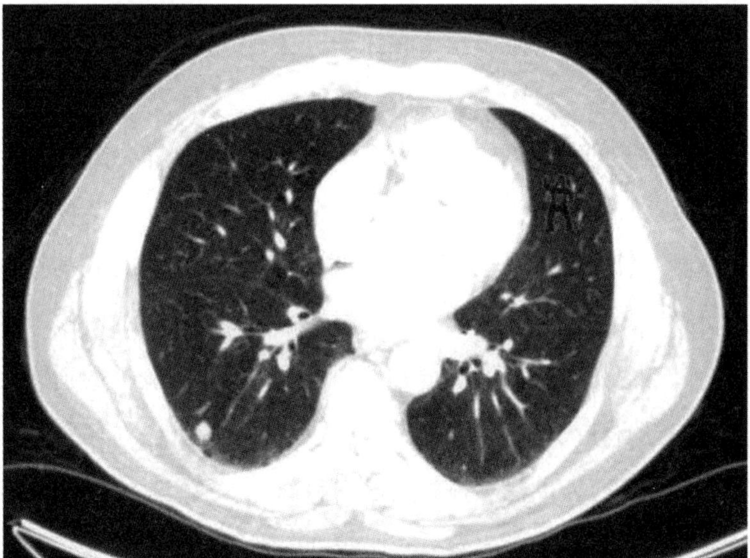

检查完了吗？翻到下一页看看你的诊断。

答案

先不要考虑癌症的问题。你能看见大猩猩吗?

这句话之所以能风靡世界，要感谢理查德 · 怀斯曼（Richard Wiseman）、克里斯多芬 · 查比斯（Christopher Chabris）和丹尼尔 · 西蒙斯（Daniel Sinmons）的大作。虽然是查比斯和西蒙斯创作了“看不见的大猩猩”，但最初的创意却是来自于20世纪70年代心理学家乌尔里克 · 奈瑟（Ulric Neisser）进行的一项并不那么广为人知的心理学研究。参与者们首先观看一段六人视频：其中三人穿黑色T恤衫，三人穿白色T恤衫，这些人在一个篮球场里传球。参与者们的任务是数清楚白队一共传了多少个球。视频开始几秒钟后，在队员传球的过程中，有一个女子打着伞从屏幕前随意走过。而参与者们正忙着数球的数目，绝大多数人都忽略掉了女子的存在。听起来好像难以想象，但是如果你真的注意看视频（参见“网页链接”），就会发现如果真的把注意都集中在运动员身上，确实很容易忽略那个女子。

闻名遐迩的看不见的大猩猩的视频被创作出来本身就是一个偶然。查比斯和西蒙斯最初只是复制了女子打伞的视频（不过与奈瑟拍的幽灵一般的影像相比，他们拍摄的质量更高一些），在某些镜头中用大猩猩代替了打伞的女子。在影像拍摄即将结束的时候，还有一点时间和录影带，他们决定看看到底能把这个试验推进到什么程度。他们没有让大猩猩直接从镜头前走过，而是让它在场景中央暂停了一会，并且不断用力捶打自己的胸部。令他们吃惊的是，结果并没有明显的不同。大多数人还是没有注意到大猩猩的存在，虽然它面对镜头捶胸而且在屏幕前停留了足足9秒钟。现在大多数人都听说过看不见的大猩猩的故事，如果你能找到一个没有听说过的人

（也许这个人是个孩子），为什么不试着给他看看查比斯和西蒙拍的影像呢（参见“网页链接”）？这个更新的影像版本效果更好的原因之一是，它聚焦于白队，从而诱使观看者对穿着黑色的角色“视而不见”，即同时忽略黑队和“看不见的”大猩猩。

好了，你已经看见了“看不见的大猩猩”，但你听到了“沉默的大猩猩”吗？

参与者们被要求关注两位女性之间的对话，同时忽略掉在同一场景谈话的两位男性的对话。结果是参与者们成功地屏蔽掉了男性的声音，甚至当第三位男性开始重复地说“我是一只大猩猩”，并且一直持续 19 秒时，大多数人也都没有听到。（请再次参考“网页链接”自行试验。）

这些研究揭示的现象称为“无意盲视”（或许，在后面这个例子中是“盲听”）的现象。当我们特别专注于一个视觉或听觉场景中的某个特定部分时，我们不会注意到那些其实特别显眼的事情（当你向一位朋友展示“看不见的大猩猩”或者“沉默的大猩猩”影像时就会亲身体会这个效果）。无意盲视的缺点很明显，例如，一位司机在过十字路口的时候，就可能会因为过于注意其他汽车而忽视掉行人和骑自行车的人。无意盲视的优点虽然不明显，但在总体上说还是要超过缺点。

想象一下，如果我们无法把注意力完全集中在某个对话上，而是不停地转变焦点；真要是这样，我们几乎无法完成自己的日常工作，更无法适应任何形式的社会活动。或者说再想象一个比较极端的例子，比如说想象一下你正在接受外科手术，而主刀医生不断因为周边的每个细微的声音、场景和气味而分神是什么样的情形。我永远会选择一位“患有”极度盲视的外科医生。

现在再看回我们的 X 线片。你发现猩猩了吗？如果没有，请不用担心，你的行为并没有问题，83% 的放射线专家也没看出来。

网页链接和推荐阅读

看一下奈瑟的原始视频：www.youtube.com/watch?v=wcjnJ1B7N0E

看不见的猩猩版在：www.theinvisiblegorilla.com/videos.html；沉默的猩猩版在：www.pc.rhul.ac.uk/sites/attentionlab/auditory-gorilla/

罗伯特·怀斯曼在他的著作《你能看见大猩猩吗？》（*Did You Spot the Gorilla*？）里，克里斯多芬·查比斯和丹尼尔·西蒙在他们的著作《看不见的大猩猩》（*The Invisible Gorilla*）里都讨论了“看不见的大猩猩”现象。

30. 外科医生

下面这段文字有什么错误？

一个男孩和他的父亲同时感染上疾病。很不幸，父亲迅速发展成肿瘤，不久就去世了。男孩虽然幸存下来，但仍然需要接受手术，现在被紧急送往医院。一位外科医生接到召唤，立刻赶到医院。进到手术室看到患儿后，外科医生说："哦！我不能给他做手术。他是我儿子。"

如果你此前从未接触过这个问题，试着想想这是怎么回事，然后再看下面的答案。

如果你对这个问题已经比较熟悉，直接翻到后面看看答案告诉我们我们是怎样思考的。小提示：答案是你绝对想不到的。

答案

这段文字里没有错误，外科医生是孩子的妈妈。

如果你以前从来没有碰到过这个问题，但仍然答对了，那么恭喜你！如果你答错了，不要灰心，很少有人能得到正确答案。

从 20 世纪 70 年代开始，这种类型的问答题就已经开始出现。通常，它被用来揭示人们思维过程中固有的性别歧视倾向。不过从实际来说，研究语言的心理学家表示，这个问题可以告诉我们一些关于表达词义方式的有趣现象。

我们用来表达词义的可能方式之一，是使用一个对照单来列举事物的必要特征。比如，我们表达“祖母”这个词义的对照单可能是：

- 有两个 X 染色体（即是说，从遗传学角度讲，她是女性）
- 从生物学角度讲她有一个儿子或女儿，这个儿子或女儿本身也有一个儿子或女儿

而另一种表达方式是使用原型模板：即有关这个词所代表的一类事物的总的概念。与前一种方式相比，我们所谓的“祖母”的概念更有可能是指“一位头发灰白的和善老妇人，她的孙辈认为她是他 / 她的祖母”。在上面那个带有女权主义色彩的问题中，人们头脑里使用的是表达词义的第一种方式（“外科医生”定义对照单中并没有必须是男性这一条）。实际上，第二种表达词义的方式似乎更为准确。例如，大多数人可能更乐意用“祖母”一词来指：（1）一位其女儿后来生养了孩子的老年女性；而不是指：（2）一位她本人也不知道她是否可能有孙辈的 35 岁捐卵者。

因此，大多数人被开头那个问题难倒的事实并不意味着我们都是

性别歧视者，而只是因为我们倾向于会参考原型模板来解释词义，而不是使用对照单式的定义法（毕竟，大部分外科医生还是男性）。

上面的故事其实还有一个喜剧性的结尾。虽然时至今日女性在外科医生中所占的比例仍然极低（英国和美国都是20%左右，但与这个脑筋急转弯问题开始流行的20世纪70年代相比仍然要高得多，而且正在快速上升。或许未来的人想也不想就会说，“她当然不想给她的儿子做手术。”

31. 医 生

公众中又有一人感染了疾病，引起了胃癌。现在他已经被送到了医生——也就是你的前面。

如果不迅速切除肿瘤，患者很快就会死去。但是现在还无法马上做切除手术，也无法注射任何药物。但是有一种放射线可以从体外杀死患者体内的瘤体。问题在于当放射线的强度足以毁灭瘤体的时候，它也能够杀死经过之处的所有健康组织，最终导致患者死亡。有什么解决办法吗?

答案

这是一个很难解答的问题，很少有人能给出解决方案。我会给出答案，但在此之前要先给大家讲一个神话故事。

很久以前，有一个邪恶的国王住在巨大的城堡里。王国里的每一个人都很憎恨国王，他们组织了一百位勇士打算袭击城堡，杀掉国王。虽然城堡的防守很严密，但是勇士们知道，如果他们能够准确地在同一时间发起进攻，就能够突破防线，攻入城堡。但是勇士们面临着一个问题，虽然通往城堡的道路很多，但因为道路狭窄，每条路上任何时间同时只能容纳 20 个人。勇士们的首领很聪明。他把手下分成五个小组，每个小组从不同的道路接近城堡。只要头领一发出信号，所有的一百名勇士就冲向城堡，并在同一时间一起攻城。他们果然轻松突破了防线，杀掉了邪恶的国王，所有人从此以后都过上了幸福快乐的日子。

好了，现在让我们重新回到肿瘤的问题上。先等一下，你已经有答案了，是吗?

心理学家们有时会把这两个故事配对使用来考察类比法在解决问题时的作用。虽然从表面看故事的内容与进退维谷的医生并没有什么关系（城堡不是肿瘤，勇士也不是抗癌的射线），但两个故事潜在的结构是一样的。分散的勇士如果能在指定时间准确汇聚到城堡中就可以攻破城堡的防线，分散的射线如果能够集中到瘤体上就可以杀死肿瘤。就是这种彼此之间潜在结构的相似而非简单的表面相似，才能构成一个真正有用的类比。如果我不说城堡的故事，只是说某个患者手臂上的肿瘤被医生用同一种射线轻而易举地杀死，无论怎么看好像对别人都没有什么启发。

因此，当下一次你面临难题的时候，试着想一想是不是有其他类似的解决方法（在后面的“心理学能拯救世界吗？”一节我会再次使用这个方法来讨论全球面临的环境灾难）。在后面的两节（“我没招了”和“承受压力”）中，我会列出更多的策略来帮助大家刺激发散思维。

32. 卫生部长

政府的统计学家和流行病学家们经过艰苦的工作后，已经计算出这种疾病可能会导致600人死亡。政府的科学家们也在努力工作，他们想出了两套可以实施的治疗方案呈送到卫生部长面前——嗯，又是你！

两种方案只能采纳一种，你会选择哪一种？

◎ 如果选择A方案，可以挽救200人的生命；

◎ 如果选择B方案，有三分之一的可能挽救600人的生命，有三分之二的可能使所有人丧命。

答案

我猜你一定会选A方案，对吗？我想你会认为确定挽救200人的生命要比为了救600人去冒一个相当没有成算的风险更划算。实际上，当我们陷入这种进退两难的境地时，70%的人会选择方案A。

但再等一会。你还不知道吗？政府的科学家们把计算搞错了。尴尬之余，他们又给你提交了一份更正后的方案：

◎ 如果你选择A，会有400人因此丧命；

◎ 如果你选择B，会有三分之一的几率保住所有人的命，三分之二的可能所有人都丧命。

时间到了，有新的选择吗？

答案

现在是不是觉得方案 B 更好一些？当我们有机会挽救 600 条生命的时候，我们就不能让 400 个人确定无疑地去死。

但你知道吗？政府的科学家们并没有搞错数字，他们只是搞乱了你的脑子。这两次呈给你的选择实际上是一模一样的，所有的不同只在于这两种结果“包装”的方式。（其实在前面“我就是等不及”一节里已经遇到过不同的包装效应问题）

让我们再看一次。下图的黑体字部分显示，不论是治疗方案 A 还是治疗方案B，第一种包装方式可以反推出第二种方式中的结果，反之亦然。

包装方式 1	如果选择治疗方案 A，会有 200 人得救（**即会有 400 人死亡**）	如果你选择治疗方案 B，会有三分之一的可能治愈 600 人（**即三分之一的机会不会死人**），三分之二的可能性全部救治失败（**即三分之二的机会 600 人全部死掉**）。

包装方式 2	如果选择治疗方案 A，会有 400 人死亡（**即 200 人得救**）	如果选择治疗方案 B，会有三分之一的可能不死人（**即三分之一的可能性将 600 人全部救治过来**），三分之二的可能性导致 600 人全部死亡（**即三分之二的机会导致没有人存活**）。

按照第一种包装方式，两个治疗方案的结果都是以“挽救”患者的数量，也就是以方案的潜在收益来呈现的。在面对潜在收益的时候，我们都会厌恶风险，极不情愿因冒险而失去近在咫尺的收益。（请参见“无法忍受失去你”一节，我们痛恨失去现有的一切，更甚于享受获得同样的东西）。接下来我们做了看似安全的选择，确定保住 200 人的性命，而不是进行一场豪赌。

按照第二种包装方式，两个治疗方案的结果都是以患者“死亡”的数量，也就是以方案的潜在损失来呈现的。在面对潜在损失的时候，我们都会追求风险。“拼了，”我们会想，“既然有 400 人不管怎样都得死（治疗方案 A），那么不如放手一搏或许会成为英雄，可以挽救 600 人的生命（治疗方案 B）。”

在大多数的书中，这个传统故事到这里就可以告一段落了。但是一些后续研究（包括 1998 年进行的一项由 3 万人参加的 136 个研究的荟萃分析）显示，包装效应至少有一部分与厌恶风险或追求风险无关，而与问题呈现时模棱两可的措辞有关。在以第一种方式来描述治疗方案 A（“200 人将会得救”）时，将会有 400 人死亡的事实并没有明说。在某种程度上，这个事实恰恰是关键所在。但是既然没有提到这些人将会死亡，它有可能使部分回应的人做出这么一个假设：即他们接受方案的结果其实并不清楚，说不定这 400 人中有些人还是会得救。如果题目的用词更加清晰（例如，“如果你选择治疗方案 A，肯定会有 200 人获救，但也必然会有 400 人死亡”），那么回答的人可能会五五开，一半支持 A 方案，一半支持

B 方案。[①]

如果我们只是娱乐一下，那么这个结果无关紧要。但可怕的是，对于医生和患者来说，当他们面临抉择的时候，包装效应会对他们产生影响。幸运的是，上面提到过的荟萃研究为我们提供了一个克服包装效应的好方法。这个方法很简单，当下次你听到有人说某种避孕药 95% 有效，某种治疗方法治愈率 95% 或者说某种甜点的成分中 95% 不含脂肪时，那么请用一分钟的时间做一个切换思考：你有 5%（即二十分之一）的可能会怀孕或者治疗出错。

还有，那诱人甜点的 5% 可是纯脂肪啊。

---

① 注意，如果说应该有一个“正确的”回应的话，那么这个比例就应该是五五开。因为从最终的结果来看，100% 挽救 200 人（治疗方案 A）和三分之一的机会挽救 600 人（治疗方案 B）其实是一样的，因为 100% × 200=200 而 1/3 × 600=200。如果你把这个情境反复推演足够多的次数，那么无论是你每次都选 A，或者每次都选 B（或者甚至选择将 A 与 B 混合），你挽救的患者的数量几乎都是一样多的。

33. 红还是黑?

不幸的是，因为你的拙劣表现，你被解除了之前的一系列职务，包括放射线医师（你怎么没看到那只大猩猩？）、医生和卫生部长(我也不清楚你怎样混上这个职务的)。

但是，事情有了转机，你找到了一份新工作——这个工作报酬并不丰厚，但也不是没有吸引力：到赌场、游戏机室和赌博商店检查轮盘赌博机，看看它们是否公平。

老板给了你一份关于游戏的基本说明：旋转的轮盘会在某个红口袋或者黑口袋处（和/或在某个特定的数字处）停止，而客人要做的就是下注轮盘会在哪个位置停下来。只要保证机器得到了良好的维护，传统的木质轮盘通常都能百分之百公平。而计算机控制的电子轮盘就不一定了，因为它永远存在这样的风险：那就是一些野心勃勃的黑客可能已经在软件上做了手脚……

现在你来了。因为你接到了一家赌场的报告，有些电子赌博机的表现极为可疑。你选择了四台机器，让每台机器都转 20 次，然后记下了结果。其中两台看起来还不错，另外两台却引起了你的怀疑。哪两台机器是你应该深入调查的?

机器 A	机器 B	机器 C	机器 D
红	红	红	红
黑	黑	红	黑
黑	黑	黑	红
红	黑	红	红
黑	红	黑	红
黑	黑	红	红
红	黑	黑	红
红	黑	红	黑
黑	黑	红	黑
黑	黑	黑	黑
红	黑	红	黑
黑	红	红	红
红	红	黑	红
黑	红	黑	黑
红	红	红	黑
红	黑	黑	黑
黑	红	红	黑
红	红	黑	红
红	红	黑	红
黑	红	红	黑

答案

机器B和机器D看起来很可疑，是吗？机器B一下子出现了六连黑，在最后又出了一连串八个红，只在中间夹了一个黑。机器D出现了五连红，还有两次四连黑。这看起来好像是机器被编了程，给赌客一种假象，觉得进入了安全区，结果却是倒霉！当你很以为会出黑时……结果还是红！

机器A和C看起来更诚实，是吗？它们的确很好，黑红交替出现，没有连红或连黑的可疑现象。

但是，如果你说机器B和D是需要调查的，那么……你是大错特错了！

B和D才是真正的随机产生。A和C的结果是我手工输入的，它们只是看起来更随机。

为什么大多数人都会犯这样的错误？答案是人脑看起来已经过于习惯寻找可预测的规律：以至于在没有规律的时候也能找出规律来。实际上真正的随机结果看起来往往是“连续的”。除非人工干预，否则一个随机序列必然会在某些地方呈现连续性，而这个结果完全随机产生。毕竟轮盘是没有记忆的，也就是说，即使已经出现了三个黑，也不妨碍下次继续出黑的可能性。而那两个看起来随机的列表，却完全不是这样的，为了看起来更随机，我们故意避免在连续的位置上出现连红或连黑。这种看似随机的表现，反而给你一个暗示，它们不是随机的：因为在真正的随机队列中不可能没有三个或更多个连续色彩出现。

人们用来猜测机器是否随机的方法是一种特定的捷思法。所谓捷思法，指的是当我们无法完全获得必要的信息（或者我们已经获得了信息但不知如何使用）时，我们用来做出判断的一种快捷思维方式。例如，如果我们必须仅从外表上猜测两个人中哪个人是图书管理员，那么我们通常会选择戴眼镜的人。这就是代表性的捷思法。戴眼镜更能代表我们头脑中图书管理员的形象。就是这种捷思法导致我们在轮盘机的问题上得出了错误的结论。红、黑、黑、红、黑的系列与红、红、红、红、红的系列比起来，前者更符合我们头脑中对随机模式的认知，虽然它出现的可能性并不比后者大。

类似的错误认知无处不在。例如，在篮球场上球迷和体育评论员就经常会讨论某个从不失手的运动员有“热手效应”。实际上，一批心理学家在对几个队的表现进行分析时发现，球场上明显的连胜连败现象只不过是随机现象体现在球场上的一个变种而已，与轮盘中的随机现象毫无二致。

有趣的是，尽管苹果公司一再否认，但一些人宣称，iPod/iPhone shuffle的模式不是完全随机的。某些阴谋论者（这里我绝无提倡之意）的版本还说，苹果是在故意反复播放某些流行歌曲，就是希望旁人能够无意中听到，从而去购买手机。上面讨论过的研究表明，一种更为有趣的可能性是：我们可以假设，音乐播放器制造商可能会刻意避免真正的随机性。这是因为，（当真正的随机性导致）同一个乐队的少数歌曲不可避免地连续播放时，购买者会抱怨播放列表不够随机。

最后一个案例，公交车。你一定经历过等半个小时没来车，一来就来三辆的情景。根据你已经掌握的知识，你可能会推测这只不过又是一种错觉，公交车接连抵达的现象实际上并不比完全随机的情况下更容易碰到。但事实是，这并不是错觉；公交车确实会接连抵达。其原因是，一辆公交车进站后，它必须等很久让所有人都上车，从而让在它后面很远的车有足够的时间赶上来。避免这种现象的唯一办法是预先定好公交车乘客的上车时间，过了这个时间即使人们还在上车也必须开动。但只有极少数公交公司试过这么做，这并不令人意外，可能它们担心这样做会激怒乘客。

下次等公交车的时候，为了打发时间，为什么不试着观察一下随机效应产生的“连续出现”的现象？再看看候车的队伍：他们的性别、发色、鞋子的类型是不是都有“连续出现”的现象？如果你观察得足够认真，你肯定至少能发现一个这种现象。

34. 追踪袭击者

我们在“谁比谁更牛”一节中看到法医心理学家致力于研究犯罪行为，并经常借此帮助警方追踪嫌犯。让我们看看，在这个行业中你的表现如何。下图显示了一些暴力袭击发生的地方（黑点所示之处），警方相信这些袭击应该系同一人所为。在地图上用 X 标示出你推测的犯罪分子居住地。

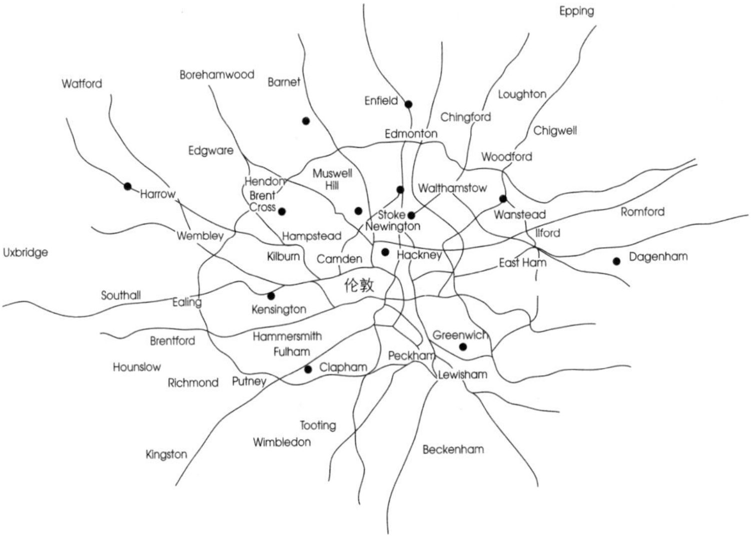

答案

袭击者可能居住在 Stoke Newington 地区。

要想找到这个区域，必须了解犯罪行为中涉及的两条黄金规则。第一条是画圈规则：大多数暴力犯罪分子都会居住在一个以两次相距最远的犯罪地点为直径画出的圆形区域内。为了进一步缩小范围，我们需要了解第二条黄金规则：犯罪分子通常不会到离居住地过远的地方实施犯罪。你也许会认为，对他们来说更明智的做法是在离家很远的地方作案，既尽可能地不被认出，又扰乱上述的地理画像技术。但就他们的本性而言，多数暴力犯罪分子都很冲动，压根不会考虑自己被捉住的问题，根本不会更不用说做出周详的计划以减少被发现的机会。根据第二条规则，我们画 X 的位置就是要尽可能地保证该点与所有黑点的距离最小，从而将嫌疑人精准定位在伦敦时尚的 Stoke Newington 地区。

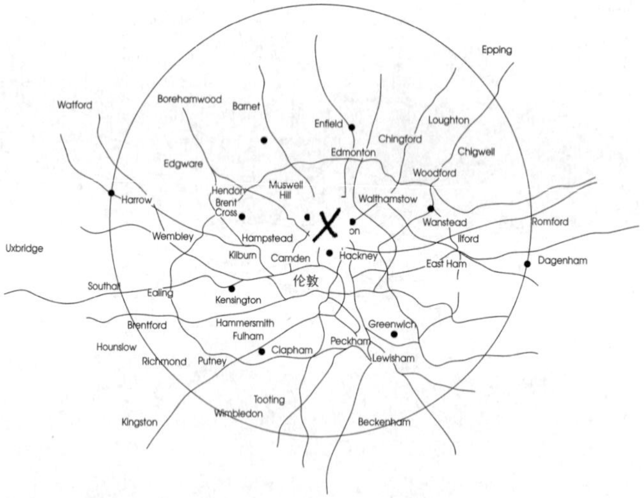

这两条“黄金规则”也许看起来显而易见；或许你已经凭直觉判断他就住在那里或者附近地区。但是，有一项研究发现，向没有

这方面知识的志愿者讲解这两条看似简单的规则后，他们的预测准确率有明显上升：这两条规则就像许多法医心理学家所运用的正规的数学算法一样有效。

虽然地理画像技术毫无疑问用途很大，但当你想象一位正在帮助警察追踪罪犯的心理学家的时候，你脑子里是不会出现地理画像技术这个概念的。你不得不承认的是，你脑子里会出现一个侦探的形象，他对罪犯心理有着无比敏锐的直觉了解，只需一些看似不起眼的证据，他就能完整地勾画出嫌疑人的形象。(我们正在追踪一个男子，大约33岁半，驾驶一辆2007款福特·蒙蒂欧，他的前妻在银行工作，很可能是巴克莱银行。)当然，这种虚构的故事你只能在电视上看到。

当然你也可能在FBI的案例记录上看到。没错，该局的行为科学组里有很多侦探认为他们是专家，善于用犯罪现场发现的线索来勾绘出杀手的完整形象。马尔科姆·格拉德威尔（Malcolm Gladwell）报道过一个著名案例，一位罪犯心理画像专家准确地描述出了投放炸弹者穿了一件双排扣的西服……扣子是扣着的。但是，且不说其中的偶然成分有多大，很多学术评论已经得出结论，称这个案例完全是虚构的。虽然许多犯罪分子有固定的习惯做法，但犯罪细节与罪犯的个人背景之间根本不存在任何相关性。

希望你在追踪袭击者的游戏中玩得高兴，不过如果你想知道犯罪分子喜欢穿什么样的衣服，对不起，你得先把他抓住。

网页链接

如果你喜欢玩扮演业余侦探的游戏，这里有一个用于地理画像定位罪犯的专业软件CrimeStat，可以从www.icpsr.umich.edu/CrimeStat上下载。

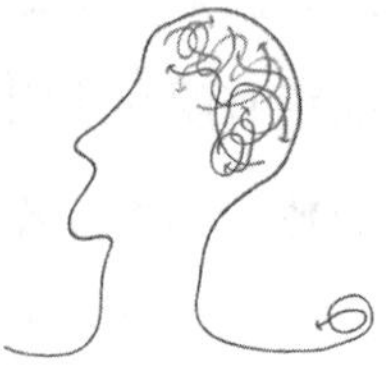

35. 道德游戏

我想大家都认同这些暴力袭击者属于道德低下的人。但是很多时候，我们的道德标准都是极为微妙的。填写下面的问卷，测试一下你自己的道德价值观。

下面列出了八项基本的道德准则。你的任务是判断自己在多大程度上同意每一项准则。请在下页的判断框里写出你对每道问题的答案（强烈反对，反对，支持或强烈支持）。

（1）如果有一项行为会伤及无辜，那么从道德上讲是绝对不允许去做的；

（2）对和错并不是绝对的，要因地因时而宜，甚至对不同的人也要有不同的标准；

（3）要想判断一项行为从道德上看是好是坏，最好的方法就是权衡它可能带来的积极的和消极的后果；

（4）某些行为不论怎么看都是不道德的，无论实际上是否引起其他人身体或心理上的伤害；

（5）遵守本国法律在道德上是正确的，无论你是否赞同这些法律；

（6）采取一项行动，如果把其他人暴露在危险面前，哪怕只是很微小的危险，也是不道德的，即使你可能会得到很大的利益；

（7）从道德上讲，在社会中保护个人不受伤害比保持公义更重要；

（8）无论在什么情况下，撒谎都是不道德的。

答案纸

问题	强烈反对	反对	支持	强烈支持
（1）				
（2）				
（3）				
（4）				
（5）				
（6）				
（7）				
（8）				

请按照下面的说明，找到如何评价你的答案。

如果在问题（1）的答案中，你选择了“支持”或“强烈支持”，那么请翻到 140 页（“道德游戏：支持 / 强烈支持”）。

如果在问题（1）的答案中，你选择了“反对”或“强烈反对”，那么请翻到 152 页（“道德游戏：反对 / 强烈反对”）。

答案

其实，除了问题（1）之外，其余的问题都是用来转移读者的注意力的，我们真正感兴趣的只有你对问题（1）的回答。

你注意到了这其中的变化吗?

首先你被问及是否同意或反对“如果有一项行为会伤及无辜，那么从道德上讲是绝对不允许去做的”这个论断。之后再要求你判断一下，为什么你同意或者不同意相反的论断：“即使一项行为可能会伤及无辜，有时候采取行动也是道德上允许的。”

或许，你已经注意到了其中的变化，并且猜想它只是一个笔误。或许你粗略地看了一下后面如何评价你的答案的部分（第二部分），觉得这些问题只是为了让你做魔鬼代言人，为一个有违自己立场的表述找出可能的理由。如果你确实这么做了，那么你是少数派。在瑞典兰德大学进行的一项稍微复杂一些的研究显示，有三分之二强的人没有注意到至少一项这类立场前后转换的问题，可能不久之前才被他们拒绝过的观点现在反而变成真心支持。

是人们误解了这项任务？还是他们已经注意到了这些变化仍然决定继续参与下去？看起来似乎不是这样的。即使试验者明白地指出了其中的障眼法，并且让参与者回头看看有没有注意到这项研究中的奇怪之处，大多数人仍承认他们没有注意到。如果细究的话，上面提到的数字（三分之二）实际上还是低估了，因为它没有把那些“事后诸葛亮”包括进去。那些人虽然在回答后面的问题时心甘情愿地推翻了自己前一刻刚刚选择的立场，但他们会说自己注意到了那些障眼法。

正如作者所指出的，这项研究提出了一个有趣的哲学难题。对那些没有注意到前后问题发生变化的参与者来说，他们的“真实”

观点究竟是什么？一个很容易得出的回答是，他们的“真实”观点是在所有试验障眼法还未设置前，他们最开始选择的观点。现在的问题是，这些参与者最后几乎都非常雄辩地驳斥了先前选择的观点，那么要说服他们相信自己的“真实”观点其实是正确的，可得大费口舌了。但是如果我们要说服一个人相信自己“真实”观点的正确性，还要遭到他本人的反驳的话，那么这个人的观点究竟在多大程度上可算作他的“真实”观点？如果说参与者的“真实”观点是他们在研究问卷最后选择的观点，似乎也不能令人满意。这就意味着：（1）如果有人点击了“强烈支持”框，他实际上可能是“强烈反对”的，反之亦然；或者说（2）对一个非常重要的话题，也只需用一个小把戏就可以让一个人真心改变自己的立场。

要想摆脱这个悖论，方式之一是做出一个假定，即一般来说人们是在直觉或者情绪“直感”的基础上做出道德判断的，任何事后给出的所谓合乎逻辑的解释或理由只不过是为了自我辩护的夸夸其谈而已。（在“情人节：大崩溃？”一节里我们已经看到，我们内心的信念与公开表达的信念经常不一致。）例如，大多数人都强烈感到兄妹乱伦是有违道德的，但我们实际上很难从逻辑上为我们的立场找到理论支持（我们假设兄妹都有不育症，而且他们的行为没有人会发现）。正如作者所问的，做出这种假定的问题是，如果我们真的有某种道德“第六感”，那么在看到问卷调查中的问题发生变化的时候，这种“直觉”不应该已经发出警报了吗？

摆脱这个悖论的第二种方式是关注我们争论问题的本质：我们人类天生喜欢争论。你肯定会发现自己经常与家人围绕到哪里去度假之类的琐事而争吵不休，一直到对方同意你的方案才肯罢休，并意识到双方都是在为了赢得争论而争论。而且，你也可以轻松地站在相反的立场上来争论。同样的事情也可能发生在这项研究中。当给定一个立场并要求为其辩护的时候，人们会毫不犹豫地去辩护。毋庸置疑，这可以部分解释这种现象，但它似乎仍不足以解释人们为什么会没有注意到问题发生了改变。

这也就将我们引向第三种摆脱悖论的方式，而这也许是最令人满意的方式。除了律师（可能还有科学家），大多数人并不习惯处理绝对化的道德或不道德问题。当我们使用“绝对不”这个词语时，通常我们更可能是指“在允许的最低程度、极为罕见，或只在极不寻常的情况下”，而不是指“在可能想象得到的任何情况下都不”。例如，我可能会非常坦然地说我绝对不吃蘑菇(嗯，它太黏糊糊了)，虽然我没有说明我会吃蘑菇的罕见情况，面对枪口的威胁，我绝对可以吃下一盘子。所以，如果一个人持有这样的观念：伤害一个无辜的孩子“绝对不”（第一种意义）符合道德，但如果在可以因此挽救一群孩子生命的罕见情境下，这样做是正确的，那么这个观念其实并不矛盾。也许上面要求画勾作答的问卷更多涉及的是我们对“绝对不”和“不符合道德”这类绝对化问题的一般的理解，而研究的第二部分具有推理性质，这些问题鼓励参与者考虑更不寻常的情况，那些情况可能颠覆我们对绝对道德的普通观念。

如果我们能从中获得什么教益的话，那就是关于道德问题的思考不能太过教条。不论你对自己的观念持有多么强烈的信念，也不论它们（在你看来）多么逻辑严谨，都可能存在着同样强有力的理由支持与之截然相反的观念——在不同的环境下你也可能最终用这些理由来支持相反的观点。

36. 艺术评论家

在下面的图中你会看到一些很有创意的作品。你的任务是按照1~7分的标准为每一幅画评分（1= 没有创意；7= 极有创意）。

绘画

安娜·斯科特（Anna Scott）

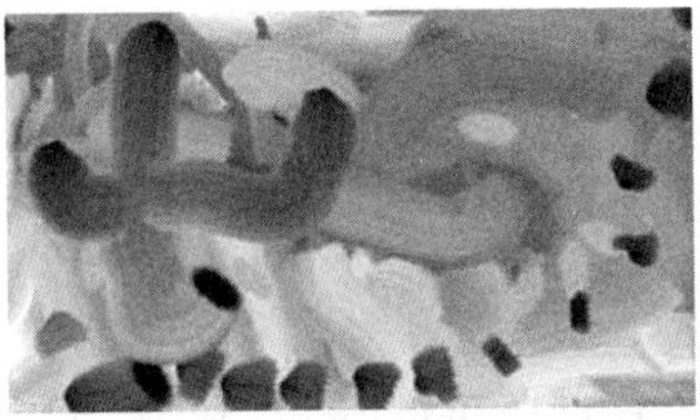

利亚·爱德凡（Leah Edevane）

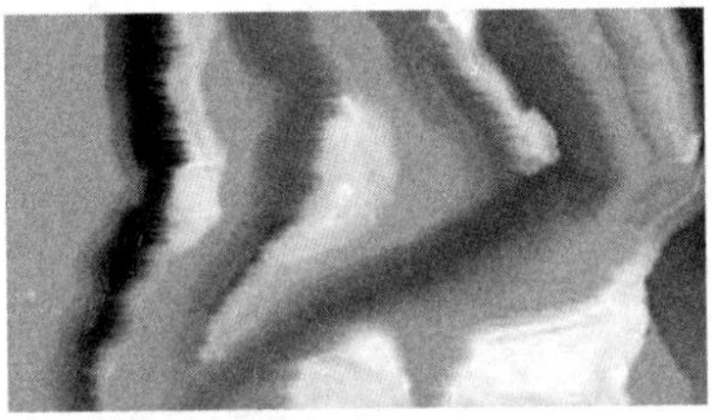

戴维·琼斯（David Jones）

艾略特·李·弗尔（Elliot Le Feuvre）

日本俳句

万物皆由尘埃组成
棕色的阿勒格尼河咆哮着
宽广、平坦、布满灰尘的路
（爱尔·凯蒂 Aira Cady）

工厂幽灵
树上藏着一个女人
她有蓝色的羽毛
（简·克拉克 Jane Clarke）

音乐

（请到网页 www.Psy-Qbook.com 点击‘Psy-Q Companion Site’）
第一段（© Emma Moore 爱玛·莫尔）
第二段（© Jonah Dissanayake 约拿·迪萨纳亚克）

答案

如果你跟大多数人一样，你给予最高评分的可能会是，利亚·爱德凡（Leah Edevane）的画，爱尔·凯蒂（Aira Cady）的诗，和约拿·迪萨纳亚克（Jonah Dissanayake）的音乐。

我是怎么知道的？答案是当对艺术品进行评分时，我们发现几乎不可能将艺术作品与艺术家分开，也同样难于将我们对于通常认为具有创造性的那类人的先入之见抛开。具体说来，我们发现很难摆脱对于（1）性别和（2）常见与少见的名字这两方面所持有的模式化看法。

关于音乐方面，模式化的看法是，男性要比女性更有创意，姓名古怪的人要比姓名普通的人更有创意。这两点都表明作曲者约拿·迪萨纳亚克（Jonah Dissanayake）的作品比爱玛·莫尔（Emma Moore）的作品会获得更高的创意评分。如果你还没有猜出这两位作曲家是谁，我告诉你，这两个名字是虚构的；两部作品都是同一个"作曲家"的作品（也就是我和我的同事）。在一项研究中，我们让不同的人听同一段乐曲，但是告诉他们不同的作曲者姓名，如果这个名字属于比较罕见的男性，那么创意分会在6分左右（满分为7分），如果名字看上去是比较普通的女性，那么创意分就只有4分。

至于诗词方面，对性别的模式化看法就不存在了，但对古怪姓名的模式化看法仍然存在，这就是为什么我会预测你选择爱尔·凯蒂（Aira Cady）的可能性要高于简·克拉克（Jane Clarke）。其实这些诗的创意是一样的，都是由网络上的三行诗生成器自动生成的。[①]

至于在绘画方面，性别与姓名产生相互作用，没有人能完全解释清楚。相比之下，姓名罕见的女性画家（比如利亚 · 爱德凡 Leah Edevane）会被认为比那些姓名普通的画家（比如安娜 · 斯科特 Anna Scott）更有创意。而对男性来说，这个结果似乎又完全相反，姓名普通的画家（比如戴维 · 琼斯 David Jones）被认为比姓名罕见的画家（比如艾略特 · 李 · 弗尔 Elliot Le Feuvre）更有创意。研究人员认为这个发现完全出乎意料，但没有对此进行解释。有没有可能因为现在流行工薪族男性艺术工作者（比如雕刻家达米安 · 希斯特 Damien Hirst、电影导演丹尼 · 波利 Danny Boyle 和设计师保罗 · 史密斯 Paul Smith），这种现象正在扭转我们脑海中的这种偏见？

网页链接

日本俳句生成器的网址在 http://poetry.namegeneratorfun.com/

为什么不试着自己写一首？

① 我们管这叫“单纯接触”效应（参见“对我来说这些都是汉字”），就是当我们反复不断地多次阅读这些诗作后，我们真的会喜欢上它们。第一首诗仿佛是包罗万象的，既有天然的河流又有人造的土路，它们由同样的原子和分子组成（每一样都是由尘埃组成的），第二首诗写出了制衣厂的兴衰，它们曾经为许多女性——特别是北英格兰地区的女性，提供了就业机会。

37. 卡片游戏 1

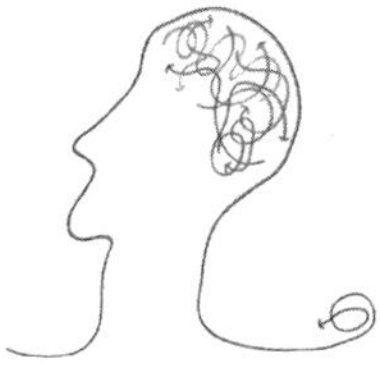

仔细观察下面四张卡片。每一张卡片都是一面有一个字母，另一面有一个数字。

D	K	3	7

老实人泰瑞说："每张字母是 D 的卡片，它的另一面都是 3。"

要想证明泰瑞的话是否正确至少需要翻几张卡片？需要翻的是哪几张?

答案

需要翻的是“D”和“7”。答对的人很少。你很可能会说是“D”和“3”，对吗？让我们依次把每一张卡片浏览一遍，然后再分析为什么正确的答案是D和7。记住，我们要检验的说法是：“每张一面有D的卡片，它的另一面必定是3。”

D：很明显我们需要把它翻过来看看另一面是不是3（这是所有人都能想到的，也是正确的）。

K：同样很明显，这张卡片不需要翻转过来，既然卡片的一面没有D，那么它的另一面是1、3还是33都不重要了（这也是所有人都能判断正确的）。

3：这个问题有点棘手。大多数人都会认为我们需要把它翻过来看看另一面是不是D，如果泰瑞的观点是“每张一面有字母D的卡片，它的另一面必定是数字3，反之亦然”，那么翻过来是必需的，但是泰瑞并没有说“反之亦然”。比如我们翻过这张卡后，它的字母是Z，而泰瑞并没有说一面是Z的卡片，它的另一面是不是3，所以这张Z卡并没有违背泰瑞的观点。如果我们把它翻过来后字母是D，也符合泰瑞的观点，也就是说无论我们翻出什么来，泰瑞说的都没错，那么这样做就是毫无意义的。

7：这是另一个棘手的问题。大多数人都没有想到我们必须把它翻过来，保证另一面不是D。如果这张卡的背面是D，那么泰瑞的说法“每张一面有字母D的卡片，它的另一面必定是数字3”就明显错误：这张卡片的一面有字母D而另一面是7，不是3。

为什么这个卡片游戏的欺骗性会这么强？主要有两个解释。

第一个解释，我们所做的揭示了所谓的求证陷阱（confirmation bias）。多数人——相当善意的人——主动翻开有数字3的卡片，发现背面是D，然后说：“真棒，泰瑞！”（也就是确认他是对的）。具有讽刺意味的是，真正能证明泰瑞的说法正确与否的做法其实是证伪，也就是找到证明他错误的证据（比如翻开数字7那张卡片发现背面是D）。只有从反面证明错误的现象不会出现，才能证明泰瑞是正确的。

求证陷阱并不限于出现在这类人为设计的试验中，它在我们的日常生活中也是无处不在（比如在前面“说谎者，说谎者”一节中我们也碰到过）。比如，为什么已经有无数的研究表明顺势疗法并没有效果，但仍然有不少人对此深信不疑？至少有一部分原因就是求证陷阱。那些相信顺势疗法的人会努力去寻找成功的案例（比如，某人在接受顺势疗法后被治愈了），而有意无视结论可能相反的证据（例如，对安慰剂控制研究的综合性评估报告）。

这就是卡片游戏中的小把戏极具欺骗性的原因之一。要想找到第二个原因，我们还需要进行一个稍微不同的试验……（请转至“卡片游戏2”）

网页链接

本书作者与影片制作人乔·龙森（Jon Ronson）制作了一段关于求证陷阱的非常有趣的娱乐性音频，欢迎收听：http://jonronson.com/Jon_Ronson_Confirmation_Bias.mp3

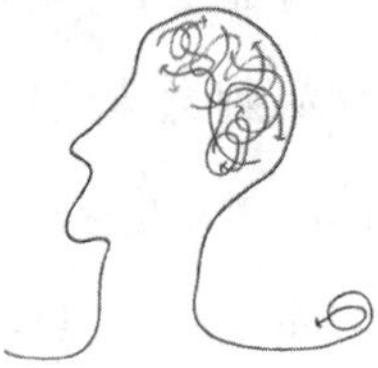

38. 道德游戏：支持 / 强烈支持

（上接第 128 页）

你选择了支持（或强烈支持）“即使一项行动可能伤及一个无辜者，有时候这样做也是道德许可的”这个论断。

在下面的空白处，你必须写出五个处境案例，证明有的时候道德也允许我们做一些损害无辜者的事情。

1. ______________________________

2. ______________________________

3. ______________________________

4. ______________________________

5. ______________________________

现在请翻到 130 页，看看你的答案揭示出你是怎样的人。

39. 卡片游戏 2

（上接 137 页）

这一次四张卡片代表了酒吧中的四个人。卡片的一面是代表人物年龄的数字，另一面是代表他们正在饮用酒类的图标。现在你的角色是一位酒吧里的酒保（相比当卫生部长，不用说当酒保是降了级，但可能与轮盘赌博机修理师相比算是升级了）。

突然，酒吧经理一脸焦急地走了进来，他收到消息说，过一会儿警察要来这里检查。因此，他要求你再确认一下喝酒的人都已满 18 岁。当然，如果不是十分必要，你并不希望打扰客人。那么请问，如何检查惊动的人最少？要惊动哪几个人？

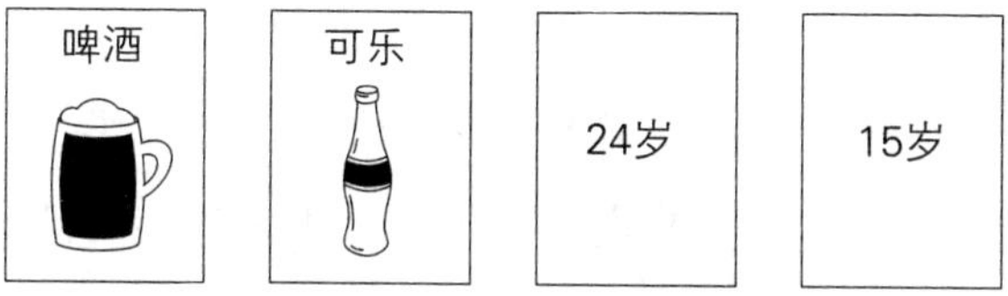

答案

这一次的答案相当明显，我们要做的是翻转啤酒卡片的背面看看饮酒的人是否超过 18 岁，再翻转一下 15 岁卡片，看看另一面是不是酒精饮料。这道题的性质与卡片游戏 1 是完全一样的，唯一的区别是我用饮料和年龄代替了字母和数字。为什么这次大家都觉得简单，而上一次却觉得很难呢？

原因之一就是我们只是把问题重新包装了一下，避免了求证陷阱。这次要判断的是一项规则，我们知道人们有时候试图破坏这项规则（“必须年满18岁才能饮酒”），所以我们知道要进行判断，我们需要用证伪的方式，检查任何可能会破坏规则的人：亦即那个15岁的顾客。我们不会想到要去“确认”那个24岁的顾客确实在饮酒，虽然多数人在这个游戏的原始版本也就是卡片游戏1中做了完全同样性质的事情。

在前面的章节中我曾经承诺过，要解释一下大家都觉得第一个卡片游戏很难的第二个原因。对比前后两个版本，线索已经昭然若揭，你猜到了吗？……

考虑一下两个版本之间的差别。第二个游戏简单，是因为我们可以运用在酒吧饮酒的亲身经历所获得的思维捷径也就是捷思法（参见“红还是黑？”）来解决问题（“核实喝酒的人都已满18岁”）。与之相反的是，第一个游戏很难，是因为我们没有任何现成的捷径可循。要想回答第一个问题唯一的方法就是靠逻辑思维。

但是当我们使劲通过逻辑推理去解决问题的时候，大多数人的结果却很糟糕。这告诉了我们一些关于人类推理能力的深奥知识：虽然我们认为自己是很严谨的逻辑思维者，但事实上，当我们真正面临问题的时候，大多数人甚至无法运用最基本的逻辑推理，而是只凭经验和直觉做事。我们已经见到一些例子，证明思维捷径、直觉和逻辑错误可能会使我们得出错误的结论（见“解除锚定”“胡萝卜还是大棒？”“患者”“卫生部长”“红还是黑？”），我们后面还会有更多的案例。

40.“我要做的就是做梦”

埃弗里兄弟（the Everly Brothers）和后来的罗伊 · 奥比森（Roy Orbison）以及科密特青蛙演唱组（Kermit the Frog）如此唱到。如果他们是在说关于学习的事（实际上不是），他们说的可能是正确的。

没错，人们会在睡梦中学习。

试着让你自己做下面的简单练习，最理想的时间就是上床睡觉前。把你平时不太习惯使用的那只手（比如你是左撇子就放右手，反之亦然）的四根手指放在下面打印出的计算机键盘的D、F、G和H上。

只移动手指，不要让手抬起离开纸面，然后在30秒内尽可能多地依照HDGFH的顺序反复按键。请一位朋友帮你计时，并统计顺序正确的组数。如果你手头有实体的计算机键盘或笔记本电脑甚至电话，你可以在文本处理或者记事本之类的应用程序里敲出这组字母，然后计算准确率。

现在可以上床睡觉了。

到了清晨请再重复上面的试验，你有什么发现?

答案

没错——你的输入水平有明显的提升。

参与者们被要求在对照条件下进行两次同样的试验（比如晚上 10 点和第二天早上 10 点），结果发现在准确率没有变化的情况下，速度提升了 20%。另一位参与者在早上 10 点和接下来的晚上 10 点进行了相同的实验，但他的输入水平并没有提高。我们知道关键的因素是睡眠，而不是 12 个小时的时间差。

那么在睡眠期间我们是怎样进行学习的？大脑通过调整神经元之间的联系强度来存储信息——不管是记忆、事实，还是在上面这个例子里的肌肉运动方式。在同一时间，当两个神经元一起放电时，它们之间的联系强度就会增强。我们在清醒时学习敲击这组字母时会增强某些神经元之间的联系。我们睡着后大脑似乎仍然会重复白天出现的神经元放电模式。也就是说，当我们睡着后相关的细胞仍然在继续进行练习，[①] 就跟你醒着的时候一样。

这样一来可以产生一个很有趣的推论。如果你只是在大脑中反

① 在记忆事实方面这种工作模式同样有效。2013 年进行的一项关于各种复习技巧的评估报告指出，最有效的复习方法之一是将材料分散在几天之内记忆，而不是在一天之中把脑子塞得满满的，人们猜测这是因为在睡眠的时候大脑会帮我们继续复习。（顺便说一句，学生们最喜欢的复习方式如在重点内容处做标记、画下划线和重复阅读等是效率最低的方式，这可能是因为这些方式只会促使学生肤浅地接触材料）。

复想象某个按键模式（只是想象，不需要真正去做），那么，就像在你睡眠的时候大脑依然会重复按键模式一样，你的表现应该也同样会得到提升。一些研究显示的确如此，不只对输入字母组来说如此，对一些复杂的肌肉运动比如画一幅很复杂的图像也是如此。

如果你是一位音乐家，想做练习又怕吵到对声音敏感的邻居，那么不要紧：你可以进行静默练习，只要考虑演奏时必须的手指移动就可以了。

现在，让我来弹一段空气吉他如何？

41. 梦的解析

《梦的解析》是弗洛伊德在 1899 年出版的一本里程碑式的作品，这本书主要是对梦境进行分析。下面的图中，左侧是弗洛伊德对一些需要讨论的梦境的描述，右侧是他给出的解释。你的任务是将每个梦境与它对应的解释匹配起来。我要提醒你，这里的解释可不像现如今流行的解梦词典里那些让人感觉愉悦的无聊说法（彩虹代表着希望与成功）：弗洛伊德关注的重点是性与死亡。生性敏感的读者现在应该离下面的内容远点为好。

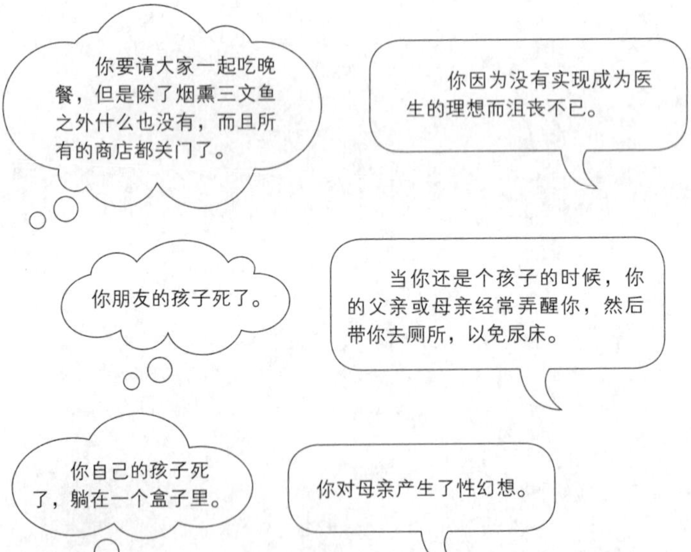
你要请大家一起吃晚餐，但是除了烟熏三文鱼之外什么也没有，而且所有的商店都关门了。
你因为没有实现成为医生的理想而沮丧不已。
你朋友的孩子死了。
当你还是个孩子的时候，你的父亲或母亲经常弄醒你，然后带你去厕所，以免尿床。
你自己的孩子死了，躺在一个盒子里。
你对母亲产生了性幻想。

你因为杀了一个新生儿而被捕。

你正在嫉妒你的一位朋友，因为你觉得你的伴侣对他/她一见倾心。但是按照你伴侣的标准，他/她有点瘦。

你收到一份税收官开出的罚单，因为你没有如实上报收入。

你对朋友的一位朋友一见倾心，你希望他/她出现在葬礼上。

你看到在两个城堡中间有一个小房子，你的配偶带着你沿着一条小路走到房子那里，然后打开门。

你有了外遇，现在很焦急你们采取的预防怀孕的措施可能没有发挥作用。

你是一个男人，你现在正置身于一个不熟悉的地方，但是你有一种很强烈的感觉，这里你以前曾经来过。

你不想怀孕，但你已经有孕了。

黑夜中你一个人站在湖边，苍白的月亮倒映在水中，你纵身一跳跃入湖中。

你想采用后位式进行性交。

有盗贼或幽灵在追逐你。

你想有一个孩子。

答案

下面是弗洛伊德给出的解释，大部分都直白易懂。不过，对有些需要了解弗洛伊德运用的象征手法才能看得懂解释的地方，我们给出了注释。

你要请大家一起吃晚餐，但是除了烟熏三文鱼之外什么也没有，而且所有的商店都关门了。

你正在嫉妒你的一位朋友，因为你觉得你的伴侣对他/她一见倾心。但是按照你伴侣的标准，他/她有点瘦。（因此你不喜欢因为请客吃晚餐而把他/她养肥）

你朋友的孩子死了。

你对朋友的一位朋友一见倾心，你希望他/她出现在葬礼上。

你自己的孩子死了，躺在一个盒子里。

你不想怀孕，但你已经有孕了。（在这里，盒子并不是指棺椁，而是指母亲的阴道）

你因为杀了一个新生儿而被捕。

你有了外遇，现在很焦急你们采取的预防怀孕的措施可能没有发挥作用。

你收到一份税收官开出的罚单，因为你没有如实上报收入。

你因为没有实现成为医生的理想而沮丧不已。（因为医生通常代表着高收入）

你看到在两个城堡中间有一个小房子，你的配偶带着你沿着一条小路走到房子那里，然后打开门。
你想采用后位式进行性交。（这里的象征意义十分明显）
你是一个男人，你现在正置身于一个不熟悉的地方，但是你有一种很强烈的感觉，这里你以前曾经来过。
你对母亲产生了性幻想。（这是弗洛伊德最著名的“恋母情结”理论；你最熟悉的地方就是母亲的阴道）
黑夜中你一个人站在湖边，苍白的月亮倒映在水中，你纵身一跳跃入湖中。
你想有一个孩子。（纵身入水代表着从水里出来，也就是出生。月亮代表母亲的臀部）
有盗贼或幽灵在追逐你。
当你还是个孩子的时候，你的父亲（盗贼）或母亲（幽灵穿着她的白色睡袍）经常弄醒你，然后带你去厕所，以免尿床。

这些解释有什么共同点？根据弗洛伊德的理论，所有梦境都与愿望及其实现有关。大多数人可能都会对这个理论有点熟悉，当我们梦到朋友或亲戚去世的时候多少会有点负罪感。不过，弗洛伊德理论中的一个重要内容是，梦境常常与伪装的愿望有关。例如，你并不是真的希望朋友的孩子去死，但你却希望能有一场葬礼让你们

见面。此外，梦所代表的愿望有可能不是现在才有的，而是儿时就形成的。很多这类愿望——比如对母亲的性幻想——一直受到压抑：它已经从意识里消除，但却在潜意识里一直保留着。

在弗洛伊德的心理分析中，心理治疗师应该为患者分析他们的梦、幻想和联想（例如，“野生鲨鱼测试”）。这样做的目的是帮助患者能够直视内心的问题，只有这样才有可能解决问题。当然，没有人知道治疗师提供的解释是否准确或者说有意义，尤其是患者本人更无法知道，可以想见，他们不仅一直压抑着内心最重要的想法和渴望，而且还会自觉地启用防御机制。

这也正是弗洛伊德方法的问题所在。它过分强调主观上的解释，这些解释既无法证实也无法证伪，因此就无法测试其准确性。任何无法证实的科学理论都不具有应用价值。例如，“吸烟可以致癌”的理论就是可以证实的。我们可以对根据下面的断言所作的预测进行调查，以检验其真实性：例如，确保其他因素都固定不变，而吸烟者与不吸烟者相比癌症的发病率有显著提升。弗洛伊德关于梦境代表着经常被压抑的愿望通过伪装而实现的理论，是无法用这种测试来证实的。要了解其中的缘故，让我们考虑一下这个理论：梦见熟悉的地方表示做梦者对母亲产生了性幻想。我们不能通过直接去问做梦的人这个梦是不是代表了他那个被压抑的愿望，来对这个理论进行检验：因为这个愿望被压抑了，所以做梦者也不知道。[①]

借用物理学家沃尔夫冈·泡利（Wolfgang Pouli）的一句口头语，弗洛伊德的理论“连称为错误的资格都没有”。我们都知道太阳绕着

① 这一点让我想起所有航空公司的乘客都被迫宣称已经“知道”，没有他们同意，没有人能把任何东西放进他们的行李箱。

地球转——即地心说是不正确的，但是这个理论至少具备可检验性的优点。因此弗洛伊德的理论甚至谈不上是错误的理论，因为要成为理论，需要它做出一个可以检验的推断。

网页链接与推荐阅读

在写这一节的时候我在网上找到了这段录音，这是唯一一段确认是弗洛伊德的录音：http://www.youtube.com/watch?v=5jJ6Lhk1pNg。因为我不会讲德语，所以一句也没听懂，（其实也不能这么说，我听他说“Psychology”了），此外我还发现他的声音很轻柔，甚至有点怯怯的。

现在弗洛伊德的书已经过了版权保护期，可以在网上找到免费的或者极低廉的电子书。要研究弗洛伊德，《梦境心理学：写给心理学分析的初学者们》（*Dream Psychology*：*Psychoanalysis for Beginners*）是一个不错的选择。

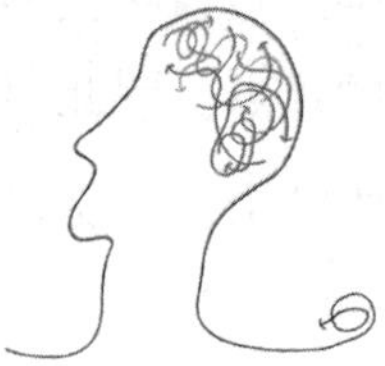

42. 道德游戏：反对 / 强烈反对

（上接第 128 页）

你反对（或强烈反对）“即使一项行动可能伤及一个无辜者，有时候这样做也是道德许可的”的论断。

在下面的空白处，你必须写下道德绝不允许可能会伤及无辜的行为发生的五个理由。

1. ____

2. ____

3. ____

4. ____

5. ____

现在请翻到 130 页，看看你的答案揭示出你是怎样的人。

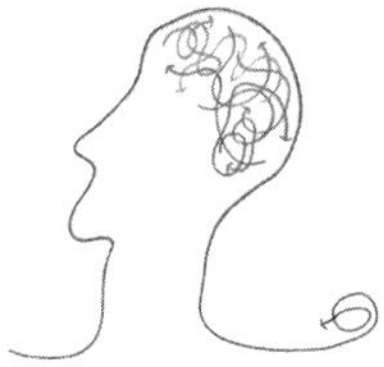

43. 时间之旅

第 1 部分

在阿根廷作家豪尔赫·路易斯·博尔赫斯的作品《时间新解》(*A New Refutation of Time*)中，他只用一句话就对时间进行了概括，他称时间是一条河、一只凶猛的老虎和一团吞噬一切的火焰。或许是因为时间的概念过于抽象，在谈到它的时候，我们会情不自禁地打一些比喻：时间是一个大洋、一个盗贼、一个吝啬鬼、一所监狱、一位教师、一位治疗师；时间就是金钱。但是我们在谈论时间时所引用的比喻有没有这么大的威力，会影响到我们对于时间的认识？

要想找出真相，你必须完成一个“真或假”的三段测试，同时用秒表计时，具体问题在下一页中。下面的图片只是一个例子。

○ ● 黑色圆在白色圆的下面	■ □ 白方块在白色圆的上面	3 月在 4 月的后面

在这个例子中，从左到右的答案是真、假、假。

关于日期的问题，我们指的是在同一个特定的日历年中的月份。所以，虽然你可能很自然地觉得 1 月在 12 月的后面（新年在圣诞节后面），但为了这儿的答题，规定 1 月在 12 月的前面（比如 2015 年的 1 月在 2015 年的 12 月前）。

很明显这些问题都很容易，大多数人都能答对。（我不会在后面公布答案的！）最重要的是速度，在问题之间要迅速切换，然后大声说出你的答案。如果你答错了，不要停下来纠正自己，继续下面的问题。

第2部分

 黑猫在白猫的前面	 白狗在黑狗的后面	2月在4月的后面
 白狗在黑狗的后面	 白牛在黑牛的前面	7月在5月的前面
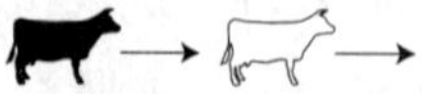 白牛在黑牛的前面	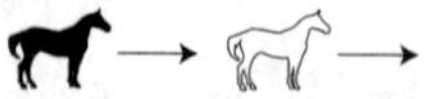 黑马在白马的后面	4月在9月的前面
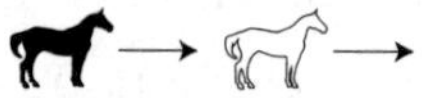 黑马在白马的后面	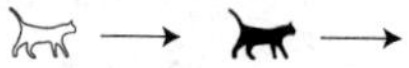 黑猫在白猫后面	5月在7月的前面
 黑猫在白猫的后面	 白狗在黑狗的前面	6月在10月的前面
 白狗在黑狗的前面	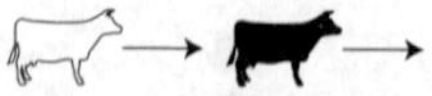 白牛在黑牛后面	1月在8月的后面
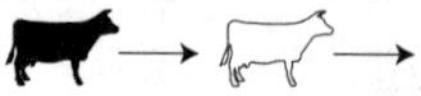 白牛在黑牛的后面	 黑马在白马前面	8月在3月的后面
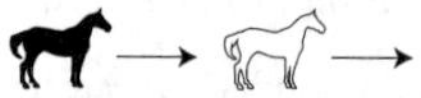 黑马在白马的前面	 黑猫在白猫的前面	3月在6月的后面

停止计时！

在回答下面八道题之前请先休息片刻。

第3部分

 黑猫在白猫上面	 白狗在黑狗下面	2月在12月的前面
 白狗在黑狗下面	 白牛在黑牛上面	10月在11月的前面
 白牛在黑牛上面	 黑马在白马下面	11月在5月的前面
 黑马在白马下面	 黑猫在白猫下面	3月在11月的前面
 黑猫在白猫下面	 白狗在黑狗上面	12月在9月的后面
 白狗在黑狗上面	 白牛在黑牛下面	1月在7月的后面
 白牛在黑牛下面	 黑马在白马上面	9月在8月的后面
 黑马在白马上面	 黑猫在白猫上面	2月在12月的后面

停止计时!

记下时间，两次相比，哪次更快?

大多数人都是第一次比第二次更快。至少在斯坦福大学进行的一项计算机版的试验中结果是这样的。

你知道为什么会这样吗?

答案

两次测试之间的主要差别在于第一批图片间的位置关系术语都与水平空间有关（前面和后面），而第二批图片中的位置关系术语都与垂直空间有关（上面或下面）。

那么为什么我们会认为水平关系比垂直关系更能帮助我们比较月份的前后？答案在于英语当中很多谈论时间的比喻都是以水平关系为基础建立的。例如，我们解释未来时会说在我们前面，解释过去时会说在我们身后。像“前面”和“后面”这些术语已经深切地融入到了我们谈论和认识时间的方式中，以至于很少有人会想到这只是个比喻。即使如此，比喻终究只是比喻，上周在我们“后面”，但这个“后面”的意义与一个孩子可能藏在沙发后面，或者一个通勤者在报纸后面的意义并不相同。但我们在提到未来时说“向前看”只是一个比喻，我们把回忆以前的事情叫做“向后看”同样是一个比喻。

如果说我们沿着水平方向穿越时间——过去在我们后面，而未来在我们前面——这个概念真的只不过是一个比喻（它与时空连续体的一些真实属性相反），那么就应该有别的语言用不同的方式来谈论时间。难道就没有一种语言使用垂直轴做比喻来描述时间的进程吗，例如，把过去称为“上”把未来称为“下”？答案是有的。中国的官方语言汉语就是这样一种语言。这是否意味着如果我们让土生土长的中国人来完成同样的测试，他们可能会在第二轮测试（图片以垂直位置居多）中取得好成绩？而答案也确实如此。斯坦福的研究证明，即使整个试验的过程都是用英语来进行的，说汉语的人在回答垂直位置关系的问题时用的时间要少于回答水平位置关系的问题，这可能是因为他们更习惯于按照垂直的顺序来思考时间问题，而不是水平顺序。换句话说，虽然他们是用英语来回答问题，他们仍然习惯于汉语的思维方式来思考问题。

为了更好地理解这些研究对我们的意义，现在我要让大家“后退到”（如果你说汉语，那就是“上溯到”）1984 年，乔治·奥威尔曾经发表过与该年度同名的小说《一九八四》。在这个虚构的反乌托邦式作品中，政府当局创立了一门新的语言叫“新语”，从字典里抹掉了“民主”和“自由”等字眼。奥威尔在书中写道，“创立新语的目的，不仅是为了提供一种表达工具，用来表达符合英社（英格兰社会主义，指政府的政纲）拥趸身份的世界观和思维习惯，同时还为了让所有其他的思维模式变成不可能。

由此可见，奥威尔接纳了语言决定论的激进观点，这个观点认为，一个人的语言对其思维方式具有巨大的影响力，因此如果一种语言中没有用来表达某个特定概念（比如“民主”）的词汇，那么人们几乎不可能理解这个概念。虽然这类观点在 20 世纪 50 年代得到了一些心理学家的重视，但它很快被一些研究所推翻。这些研究显示，有的语言只有两个用来描述颜色的词汇（“明亮”和“黑暗”）——比如新几内亚高原地区的 Dani 语——但是那里的人仍然能够区分不同的颜色，虽然这些颜色在他们的语言中并没有名称（如蓝和红，或绿与蓝）。这些研究（参见 www.Psy-QBook.com 中的 The Reddest Red）证明，在一个语言中缺乏描述某个概念的词语（比如绿色）时，人们仍能理解这个概念。即使对那些与颜色无关的概念如“猫咪”“三角形”或“民主”等，稍加思考就会发现，肯定是先有概念，然后才取名的。反之，如果“猫”“三角”“民主”等词语已经存在，却在等待人们赋予它们对应的概念，显然是很荒谬的。

时至今日，已经没有人至少不会有心理学家或语言学家，会相信语言决定思想。你刚才做的测试是斯坦福大学一项研究的简化版，设计这项研究的目的是调查一种更为适度的可能性：语言塑造思想。这个观点看起来得到了研究结果的支持。现在，大多数心理学家和语言学家都认为语言塑造了思想，不过起作用的方式与奥威尔描述的方式完全相反。一种特定的语言并不会阻止你去思考你希望思考的东西（比如民主）。而是，一种特定的语言有时候迫使你去思考你可能忽略掉的东西（或者可能不愿意具体说明的东西）。

例如，居住在澳大利亚边远地区的原始群落人讲的土著语 Guugu Yimithirr 中就没有前、后和左、右的概念。他们描述所有位置都用纯粹的地理学术语。因此，一个说 Guugu Yimithirr 语的土著想告诉你身后有人时，他可能会说，在你的东 / 南 / 西 / 北方向有人；或者直接让你抬起“南”手。因此，Guugu Yimithirr 强迫说话的人考虑很多东西——比如听说双方的地理位置关系，从而塑造他们的思想。这在讲英语的人中是很少见的。

再回到离我们近点的事，讲英语的人会说，“我一会儿要去会个朋友”，“朋友”这个词并没有给你任何关于朋友性别之类的线索，但是说法语的人就没有这个好处。他必须说出会见者是 un ami (男性) 还是 une amie（女性）。法语迫使讲话的人在思维上要考虑更多的东西，而说英语的人则完全不需要（“如果我一会儿要见的是位女性朋友，我要不要撒谎说是 un ami？”）。

但是我们不能过于夸大这些特点；我们通常谈论的都只是倾向，而不是绝对的概念。例如，水平和垂直的比喻方式分别在英、中两国语言对时间的描述上占据主流，但是每一种语言中都含有一些非主流的文字，特别是在某些特定的背景环境下。

说到这里，请大家准备好进行另一项关于心商的测试。

44. 这个感觉真不错

在本书的所有测试中，这一项是最简单的，只有三道直截了当的问题。你还在等什么？

1. 1本笔记本和1支铅笔总计1.1英镑，笔记本比铅笔贵1英镑，问铅笔的价格是多少？

2. 如果5台机器5分钟可以制造出5只锤子，那么100台机器，用多长时间可以制造出100只锤子？

3. 树林染上一种怪病，树木会因此而死掉。每天死树的面积都是前一天的2倍。如果整个树林染病而死需要30天，那么半个树林染病而死需要多少天？

答案

所有问题都有一个很明显的答案：（1）10便士（0.1英镑）；（2）100分钟；（3）15天。

但是正如老话所说的，天使畏途，傻子闯入。这些明显的答案全部是错误的，正确的答案是：

（1）5便士（也就是0.05英镑，笔记本的价格是1.05英镑）

（2）5分钟（当用X台机器来生产X只锤子时，永远只需要5分钟）

（3）29天（30天全部死亡，那么29天的时候就会死亡一半，这样才符合“每天死树的面积都是前一天的2倍”）

如果停下来稍作思考，每一个答案看起来都很简单，然而事实并不如此。因为有一个“明显的”答案——虽然它是错误的——很多人都不会停下来加以思考。

这项测试主要用来测试你的认知方式（或者思维方式）。那些情不自禁地给出“感觉正确”的答案的人采用的是直觉型的认知方式；这些人性格冲动，感觉常常压倒理智。能够识破陷阱的人，使用的就是分析型认知方式，他们在得出结论之前一定会认真思考。

目前我还不能断定哪种认知方式更好。但是，我知道有分析型认知方式的人：

◎ 在测试中作弊的可能性更低；

◎ 更聪明，更有可能上名牌大学；

◎ 更有耐心（参见“我就是等不及”），而耐心本身就是一个预测指标，可以预测对于毒品成瘾、赌博和肥胖的抵抗力度（参见“蛋糕成瘾者”）；

◎ 更不易受包装效应（参见“卫生部长”）和沉没成本效应影响。关于沉没成本效应会在后面有所介绍（这里我就不破坏这份给大家的惊喜了）；

◎ 信仰宗教的可能性更低；

◎ 更有可能是男性。

的确，在测试中，男性的表现要优于女性（他们回答的平均准确率分别为 1.5 和 1），即使以标准化的数学能力测试成绩来计分也是一样的。实际上这些题与数学计算能力的关系并不大，因为题目本身的计算并不复杂。真正困难的是要在一开始就跳出陷阱。男性给出的错误答案也是花样百出，而女性的错误答案多是直觉但错误的答案（如果测试“纯 IQ”，两性之间差别不大）。当然，还没有人认为这些差别与遗传有关。或许社会更鼓励女性用直觉思维，而不是转向分析型思维。这可能是因为在我们日常生活的环境中，直觉思维比分析型思维更有用。

不过，一个令人意外的结论是，所谓“女性直觉”的概念似乎确实合乎实际，虽然你可能一直对这个概念嗤之以鼻，认为这不过是心理学的无用之词。不管是不是好事，女性确实比男性更依赖直觉思维。

这样就带来一个问题……

45. 男人来自火星，女人来自金星

一说到两性的心理，你可能听说过这样一句话，“男人来自火星，女人来自金星。”但是男女之间真有这么大的差别吗？你的看法是什么？

在绝大多数的心理学特质上，男性与女性之间并没有显著性的差别。当性别不同时，哪怕只有极细微的差别，也会被无限夸大，然后被编成有趣的故事。当在某项特定的测试或测量中男性与女性的平均成绩有显著差异时，往往会掩盖两性之间真实存在的很多共同之处：同性之间的个体差异其实比两性之间的差异更为巨大。

要明白这到底是什么意思，让我们进行一场男女差别的确很大的测试：看看他们可以把球扔出去多远。

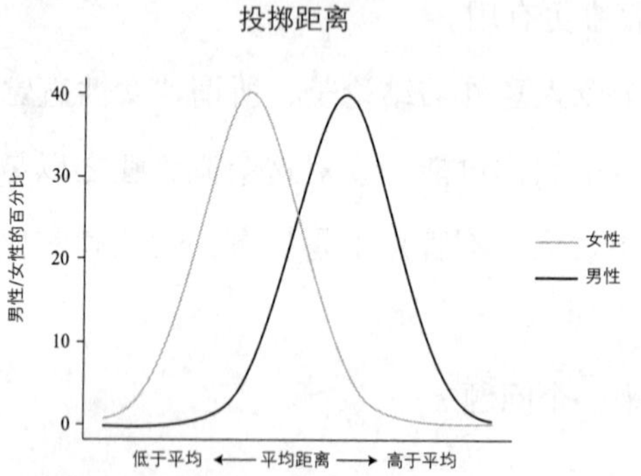

描述男性和女性投掷距离的曲线符合正态分布曲线或钟形曲线。大多数男性可以把球投到平均距离，极少数男性可以投到极远

的地方，另外极少数男性投到距离极近的地方；女性的表现也比较相似。两条曲线的尖峰部分代表各自的平均值，可以看出男女的数值差别相当大，而且两条曲线重合的面积较小。实际上，一位成绩平均的男性不仅比成绩平均的女性投得更远；他投的距离还超过了98% 的女性所投掷的距离。

现在让我们使用同样的评价方法来测量一些与心理学相关的性别差异。

每一位心理学家都会告诉你在空间认知方面男性比女性更优秀。[①] 的确如此。但到底好多少？

在空间认知测试中的表现

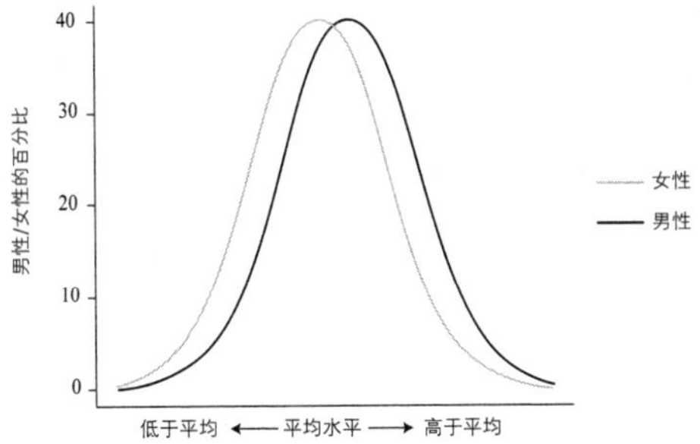

很明显，虽然有差距，但是差距并不明显，而且有 33% 的女性的表现要优于男性的平均表现。

还有一点要说明，我之所以会选择空间认知项目做测试，是因为在所有心理学项目中男性在这一项目中的性别优势最大。让我们看一个男性优势更为普通一些的项目：数学问题的解决能力。

① 一项相关研究发现女性在行经之后空间认知能力会有所提升。这个发现很有趣，因为如果它是正确的，就说明两性之间在空间认知方面的差别（虽然很微小）与男性和女性之间不同的激素水平有关（特别是与睾丸激素和雌激素有关）。

在数学测试中的表现

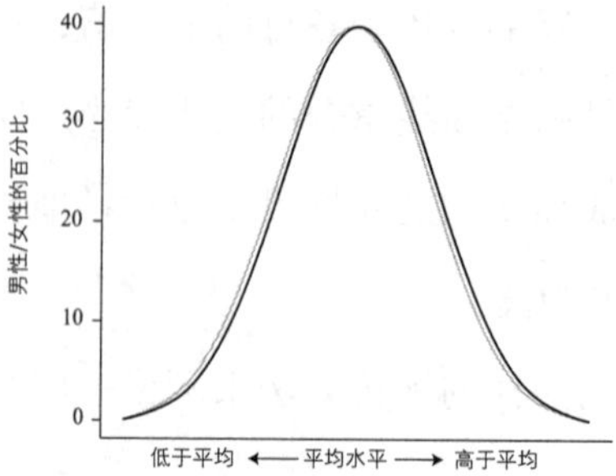

是的，男性的表现确实优于女性[①]，但是这种差距是极微小的，而且有47%的女性的表现优于男性的平均表现（当然，如果这个值是50%，就意味着男性和女性的表现完全一样了）。

现在让我们来看一项女性表现要优于男性的测试：语言（在这个案例中，要进行的是一项与查找文法错误有关的标准化测试——其中一部分被称为资质差异测试）。这种测试与空间认知测试的结果恰好相反。女性的平均表现要优于男性，但有33%的男性要优于女性的平均表现。

语言测试的表现

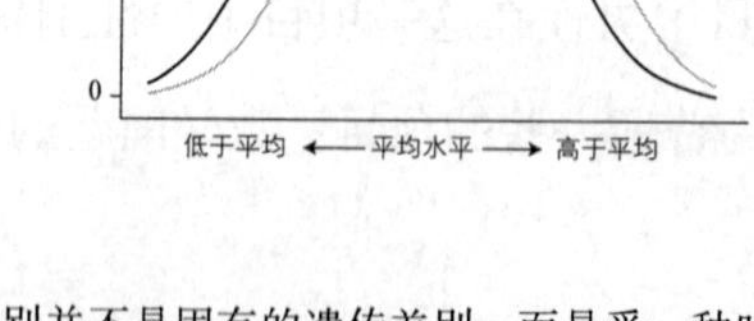

---

① 实际上这种差别并不是固有的遗传差别，而是受一种叫自我实现预言效应的影响：女性表现不佳可能是因为她们预期自己在数学测试中的表现要差于男生。当然如果事先告诉她们进行的是一项特殊的"性别平等的"数学测试（当然，实际上是不会有这种测试存在的），那么女性的表现要优于男性。

我之所以会选择这项测试是因为在所有心理学测试中这一项测试是女性优势最明显的。另一项女性优势更普遍的测试是自我评价幸福感测试，这项测试的结果与数学测试的结果恰好相反：女性虽然平均值较高，但优势并不明显，47% 的男性的表现要优于女性的平均表现（同样，如果这个值达到50%，就代表两性表现完全相同）。

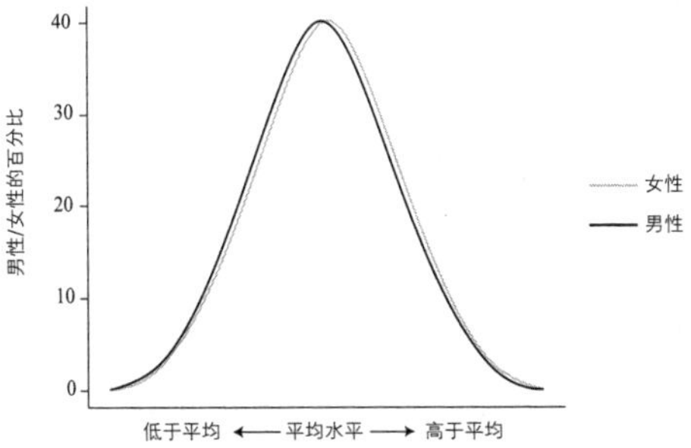

这些并不是独立的案例。最近有人进行了一项 124 个性别差异研究的回顾性分析，在 124 项研究中，30% 的研究显示的性别差异与数学 / 幸福度研究的结果相似，15% 的研究显示的差异与空间认知 / 语言测试结果相似，48% 的结果介于这两者之间。[①] 其中只有 8% 的结果显示了较大的差距，但是即使两性差距最大的心理学测试（关于手淫和滥交的看法），其差别也没有超过投掷能力测试差别的一半。

综上所述，以下所有的"性别特征概述"（都是体现"男人来自火星，女人来自金星"说法的主要内容）是合乎实际的。但是每一

① 在"这个感觉真不错"一节中我们讨论了一项测试，研究人员在提交结果的时候没有采用可以用来等量换算的格式。两性的平均成绩显示差距较大，但可以肯定的是这个差距要远小于投掷能力测试的差距。

个方面的差异都比上面谈到的数学 / 幸福度测试体现出来的差异（无论如何也说不上是非常大）要小得多。

- ◎ **男性**……更喜欢将成功归功于自己的努力……更喜欢打断别人的谈话……更倾向于语言攻击……在谈判中竞争心更强，也更成功……更容易被情色文学所蛊惑……更加武断……在使用计算机时更有自信。他们还有更强的自尊心，对自己的身体更自信。
- ◎ **女性**……更喜欢把成功和失败归因于运气……更擅长拼写……更爱说话……更喜欢向陌生人泄露自己的信息……遇到问题更容易产生焦躁的情绪、有神经质的倾向，但是也更善于反思……更喜欢群居……更有责任心……更擅长控制面部表情(参见www.Psy-QBook.com中的The Eyes Have It)……更擅长延迟满足（参见“我就是等不及”）。她们比男人更常微笑，特别是知道有人观察她们的时候。

但在你开始小题大做地说这些确实意味着男性和女性来自不同的心理星球之前，我还是要强调，两性之间的差异极小极小：男女两性在心理上的确存在组间差异，但在同性之间巨大的组内差异面前，这点微小的组间差异基本可以忽略不计。

总之，如果说男人来自玛氏，那么女人就来自士力架，其中一种比另一种可能稍微硬一点，但本质上两者是一样的。（玛氏此处指玛氏糖果公司，公司名也是Mars，与“火星”同名；士力架是玛氏生产的巧克力牌子——译者注）

46. 专心做一件事

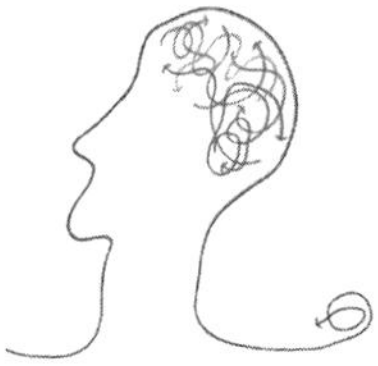

现在我们已经知道，与传统观念相反，在大多数的智力测试中男女两性的表现极为接近。但是如果面临的是多任务测试，情况又会怎样？是不是像最近的电视广告里说的那样，“如果说有一件事女人可以做得特别好的话，那就是她可以同时做很多事”？

很快我们就会知晓答案。

首先，让我们来测量一下自己处理多任务的能力。你需要请一位朋友帮忙。

这项测试有五个组成部分，每部分中包含 3~7 道判断对错的数学题。由你的朋友把题目读出来，然后你来回答“正确”或者“错误”。请尽可能大声并且尽可能快地给出答案。每完成一道题，你的朋友还会读出一个字母，你要记住它。当该部分所有题目都完成后，要按照正确的顺序说出你听到的字母。

题目如下：

练习区

朋友阅读部分	你的回答	朋友阅读部分
2 × 3 × 1=6	对	G
4–1–2=0	错	P
1+4+7=11	错	D
请按顺序说出你听到的字母。（由朋友填写在这里）	G, P, D.	

现在转过身去开始测试吧。

测试

练习区 A

朋友阅读部分	你的回答	朋友阅读部分
17+2+8=28	对 / 错	T
7 × 2 × 2=28	对 / 错	N
3 × 11 × 0=33	对 / 错	P
29–8–7=17	对 / 错	H
请按顺序说出你听到的字母。（由朋友填写在这里）		

练习区 B

朋友阅读部分	你的回答	朋友阅读部分
7 × 6 × 2=84	对 / 错	S
2+1+7=11	对 / 错	N
54+4+14=72	对 / 错	K
5–4–1=0	对 / 错	T
4 × 3 × 4=48	对 / 错	H
2+4+8=10	对 / 错	L
67–8–7=50	对 / 错	Y
请按顺序说出你听到的字母。（由朋友填写在这里）		

练习区 C

朋友阅读部分	你的回答	朋友阅读部分
2 × 3 × 3=18	对 / 错	Q
2 × 5 × 5=50	对 / 错	N
23−7−2=14	对 / 错	L
3−0−3=3	对 / 错	Y
26+6+6=38	对 / 错	J
请按顺序说出你听到的字母。 （由朋友填写在这里）		

练习区 D

朋友阅读部分	你的回答	朋友阅读部分
1 × 3 × 2=5	对 / 错	F
8−1−2=5	对 / 错	Q
3+11+7=20	对 / 错	Y
请按顺序说出你听到的字母。 （由朋友填写在这里）		

练习区 E

朋友阅读部分	你的回答	朋友阅读部分
1 × 6 × 6=36	对 / 错	J
3+73+7=103	对 / 错	F
54−6−8=40	对 / 错	P
12 × 2 × 3=72	对 / 错	N
0−1−1=−2	对 / 错	S
2+8+13=23	对 / 错	Y
请按顺序说出你听到的字母。 （由朋友填写在这里）		

答案

要想计算你的得分，首先要数一下你在每个练习区内回答对了多少个字母。例如，A 区的正确答案是 T、N、P、H，如果你的回答是 T、N、P、H，那么你可以拿 4 分。如果你的回答是 T、N、B、H，那么你只能拿 3 分。

在下表中填写你在每个练习区中的得分，然后把它们加在一起就是你的总分（满分 25 分）。

练习区	得分	满分
A		4
B		7
C		5
D		3
E		6
总分		25

平均得分是 19 分，大多数人的得分都在 15 至 23 分之间。如果你得到 24 或 25 分，那么恭喜你：你是一个非常优秀的多面手！如果你的得分小于 15 分，那么很遗憾，你是一个单打一的人。

有趣的是，近期进行的一项研究发现（那些刚才在测试中被证明是）单打一的人在现实生活中往往更喜欢去尝试完成多任务工作。这是为什么？因为那些试图去同时完成许多项任务的人往往性格冲动，喜欢寻求刺激（参见“你的性格特征”）：而这恰恰是一位多面手不该有的特征。如上面的测试所见，高效完成多项任务需要付出很多脑力和高度集中的注意力，而这往往是性格冲动、喜欢刺激的人缺乏的。

那么女性真的比男性更擅长完成多任务吗？但是一直到最近，心理学家们出人意料地似乎不太喜欢研究这个问题。例如，上面的测试就没有分别报道男女的得分，其实要想分开男性和女性的得分是个轻而易举的事。

还好，最近进行的三项多任务研究的作者终于勇敢地直面这个问题。在第一项测试中，参与者们同时观看三个独立的时钟，还要记下一张写着名字的名单。结果发现，男性实际上做得比女性更好，但是这个差距只有10%左右[①]。第二项测试让参与者们完成词语搜索和数独游戏，结果是男女之间没有性别差异。无论是男性还是女性，当他们被要求不断在不同的任务间切换时，他们的表现都比完成一项再做下一项的更差。第三项测试的结果是女性更具优势，这项测试可能是三项测试中最有说服力的，因为它涉及了一些日常生活中的多任务内容：在地图上找餐馆、接听一通电话、寻找一把丢失的钥匙。尽管如此，测试中体现出来的女性优势相对微小，与前面“男人来自火星，女人来自金星”一节中语言测试所体现的差距相当。

那么女性是不是真的比男性更擅长处理多任务事件？最公平的说法是，“是的，稍有优势，但并非所有的多任务类型都是如此。”

但是有一点比较确定。如果你特别喜欢一心多用……那么你恰恰可能就是不应该尝试多任务的那类人。

① 有意思的是，该作者还发现，男性之所以会表现优秀与他们在空间认知方面稍占优势有关（参见“男人来自火星……”），所以男性在看时钟的任务中也有优秀表现，因为我们习惯用空间方位来描述时间（参见“时间之旅”）。

网页链接和推荐阅读

这一节的题目来自苹果公司前CEO史蒂夫·乔布斯的一段忠告，据说是写给Facebook的年轻CEO马克·扎克伯格的："专心做一件事，不要试着去做每一件事。把一件事做好。"见http://allthingsd.com/20111107/zuckerberg-says-amazon-and-apple-are-allies-while-google-building-their-own-little-version-of-facebook/

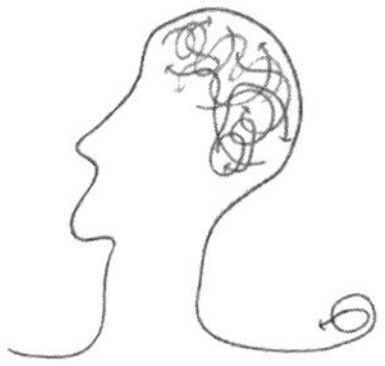

47. 女心理学家

你应该怎样称呼一位女性心理学家？

答案

就是心理学家啊，你这个男性至上主义者。

48. 你的智商到底是多少?

IQ（智商）测试的口碑一直可不怎么样。现在经常会听到有人在讨论，认为我们并不懂什么是“智商”，现在的许多测试手段根本没有任何意义，它们表现的多半是参与者的教育水平。从某种程度上说，这是正确的。因为“智商”并不像其他参数（比如高度）一样可以有一个广为接受的客观的定义：即使专家也不知道如何定义“智商”这个概念。而且，确实许多测试的项目都可以通过教育得到改善，比如词汇量、知识面和发现不同物体之间相似之处的能力（比如，桌子和椅子的相似之处是它们都是家具）。

但是从更为重要的意义上来说，这些评论都没有说到点子上。虽然我们永远也不可能就“智商”确切是什么达成一致的看法，但IQ 成绩却能很好预测一个人的学术成就和收入水平。所以，无论 IQ 测试测量的东西到底是什么，我们还是在意它。虽然很多 IQ 测试衡量的是或多或少在学校里清楚地教过的东西，但也有很多这类测试衡量的不是这些东西。

现在让我们来看看“瑞文推理测试”，这是心理学家约翰 · C. 瑞文（John C.Raven）在 20 世纪 30 年代发明的。许多专家都认为它是最好的单一衡量智商的方法，因为它是一个非语言测试，与受试者的语言水平无关。[①] 这意味着所有能在学校学到的东西比如词汇、基础知识或者不同事物之间的“相似性”都不会对我们的测试结果产生影响，这是一项相对纯粹的智商测试，与受试者的教育程度完全无关。对不同种族不同社会—经济人群来说，这项测试也是相对公平的。比如，它至少比词汇测试更公平，因为后者可能包括一些受试人群并不常用的词汇。

请注意我两次强调“相对”这个词。没有一个测试是完全不受教育影响的，哪怕原因只是学校教育提供了许多重要的测试技能练习，比如坐下来停止说话，集中精力做要求你做的事情。同样，也没有测试能完全不受文化影响，因为不同种族和不同社会—经济群体对于抽象推理和逻辑思维的重视程度不同，他们在这些方面鼓励孩子重视的程度也不同。总之，没有测试是完美的，但是推理式的方法测量智商仍然是目前最好的方法。

让我们从下面的图开始来试一下。这里有 25 个问题，没有时间限制。每一个问题都会占据一个 3×3 的格子（矩阵），其中有一项是缺失的。你的任务是对从右边 8 个对应的图形 A~H 中选择一个，让左侧的格子变得完整。（我不能再给你更多的提示了，你必须自己搞明白“让格子最完整”是什么意思。）

---

① 此外还有许多更全面的测试方法比如著名的韦施勒（Weschler）智商测试标准成人版和儿童版，这些测试都由 10 到 15 个单独的测试组成，最后的总得分就是受试者的 IQ 值。不过，有趣的是，不同测试项目（语言、短期记忆力、思维敏捷度和视觉思维）的得分有极强的相关性，也就是说如果你在某个类型的得分比较高（或低），那么你在其余各方面的得分都不会很低（或高）。也因此，大多数心理学家都不太屑于理会那些说某个测试不公平的反对观点。如果说瑞文测试只是一个很糟糕的智商测试，那为什么它却能很好地预测受试者的语汇量、说话的条理性以及短期记忆力呢？

1.

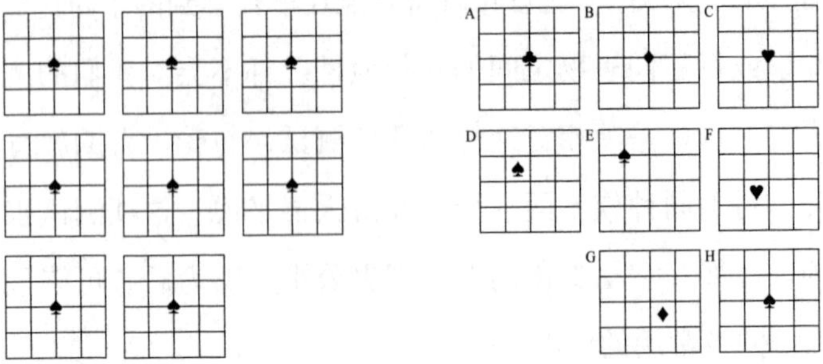

2.

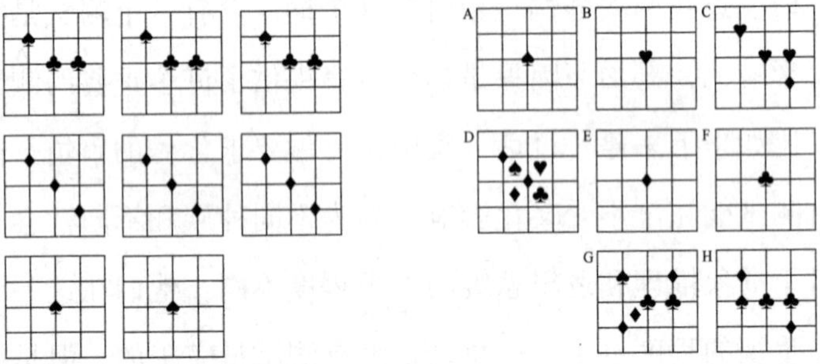

3.

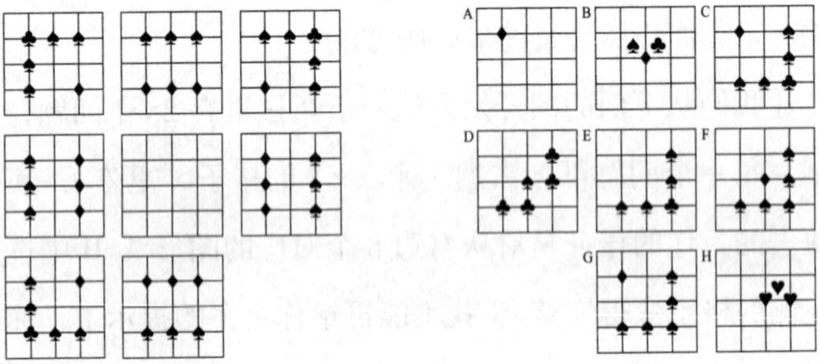

4.

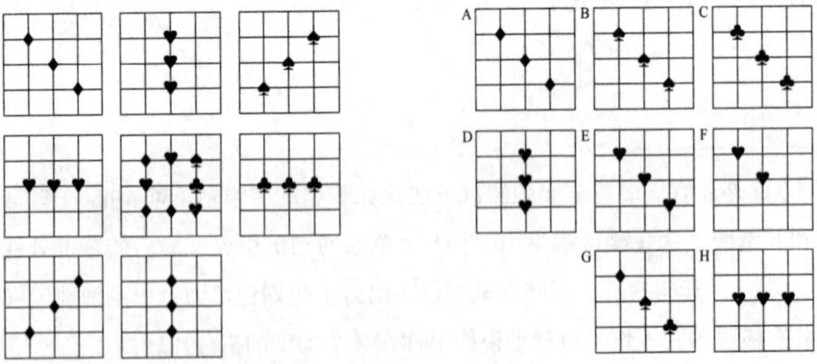

5.

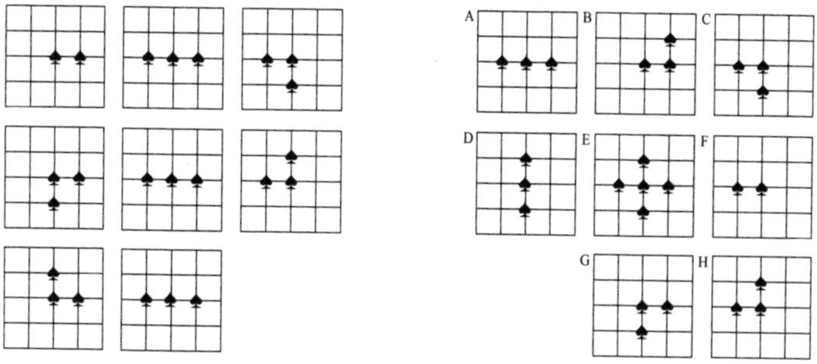

6.

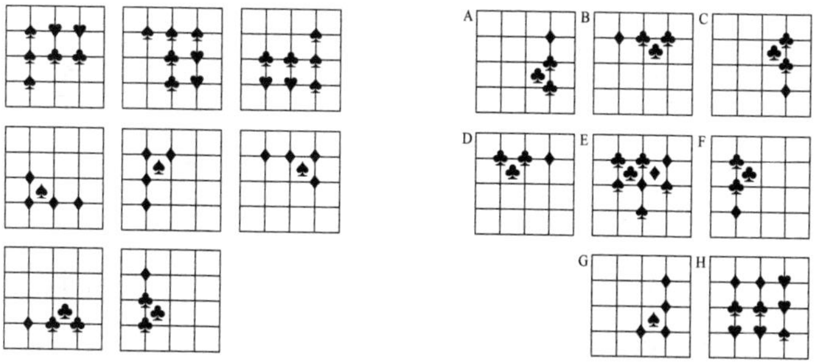

7.

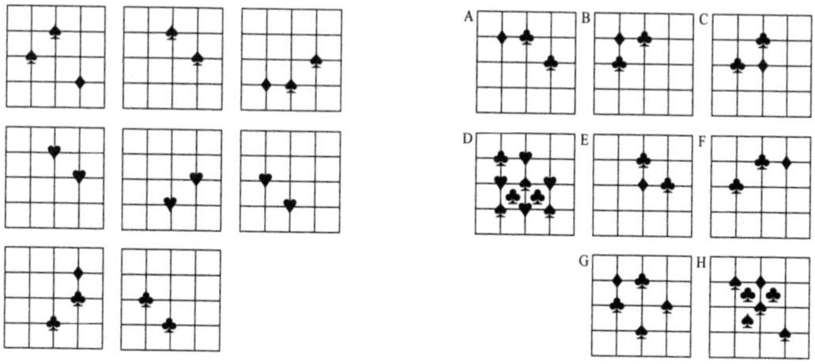

8.

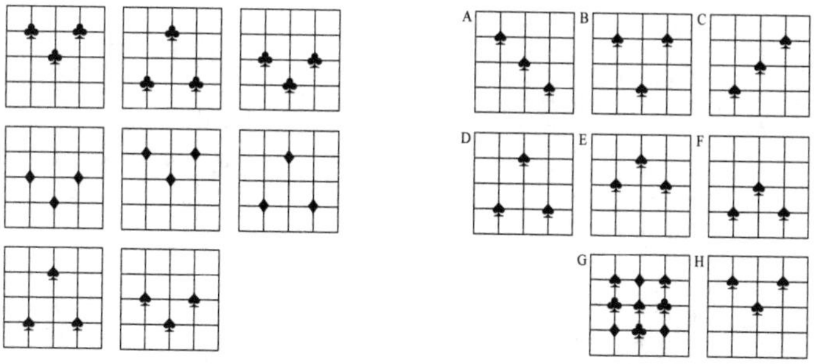

9.

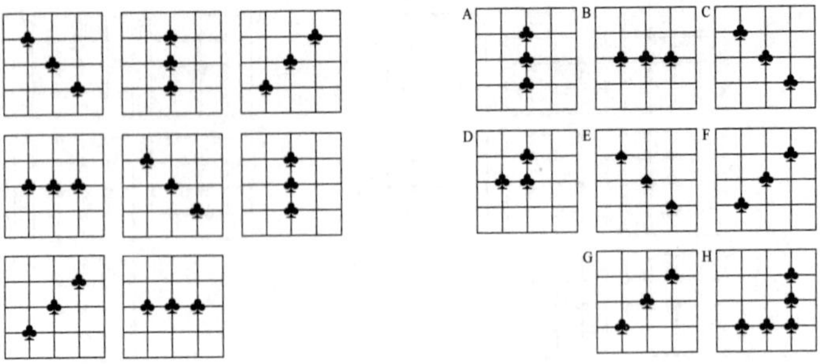

10.

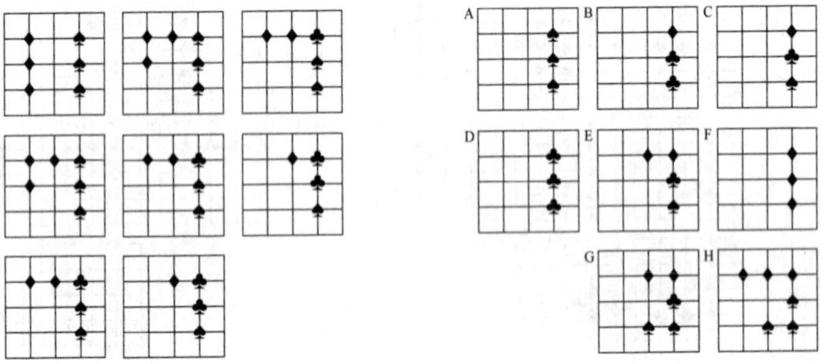

11.

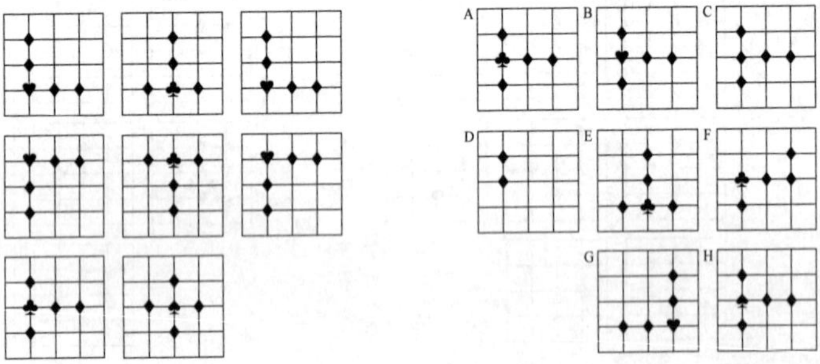

12.

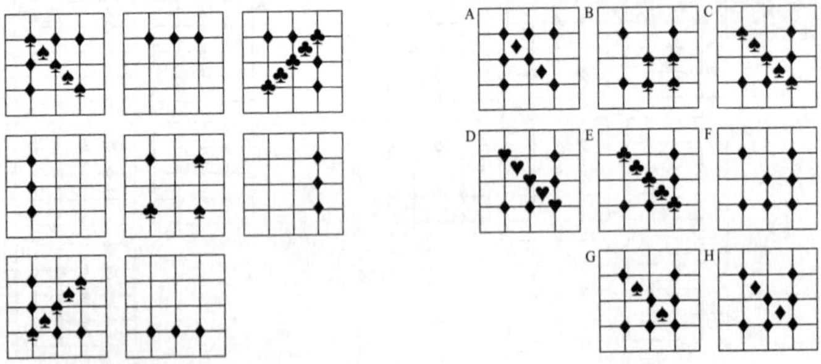

13.

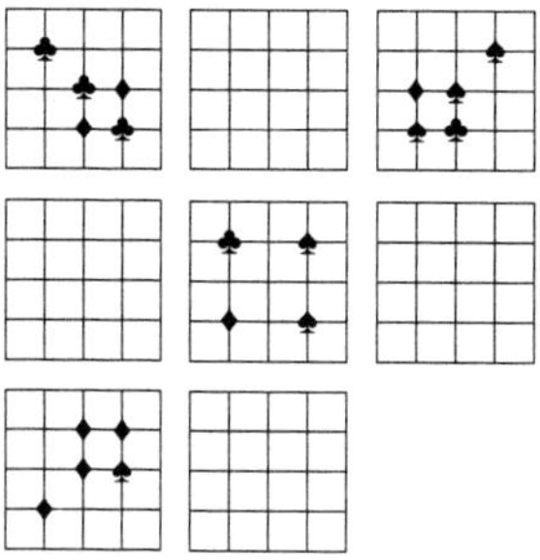

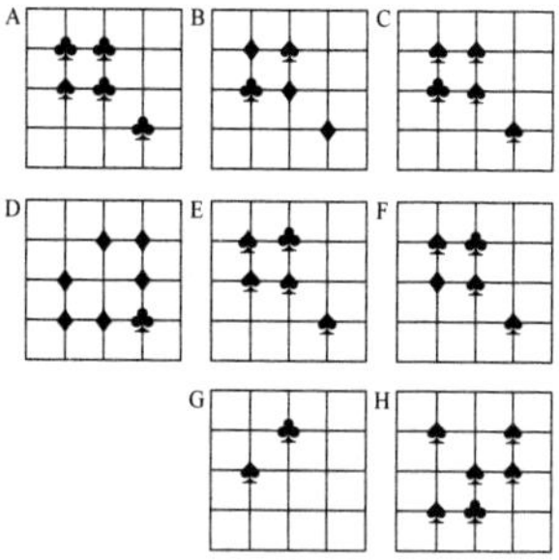

14.

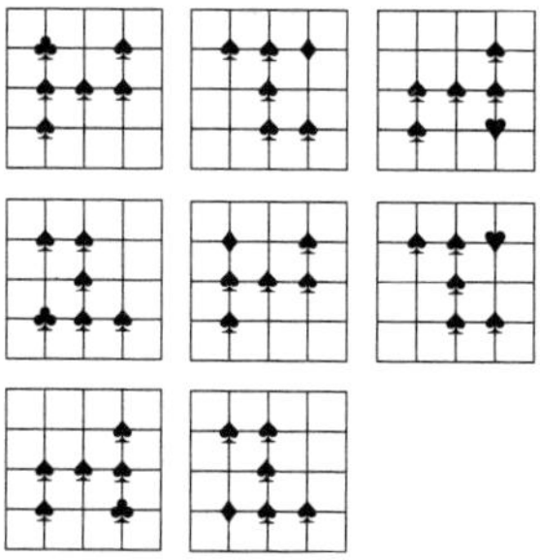

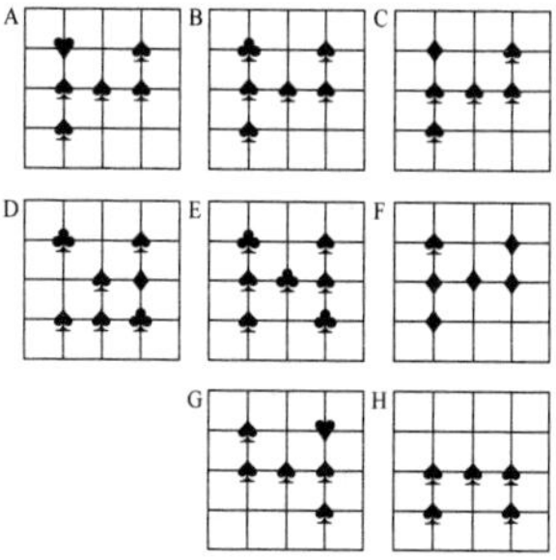

15.

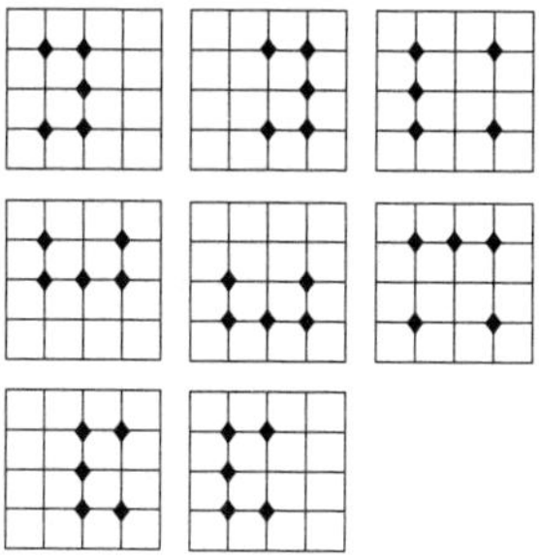

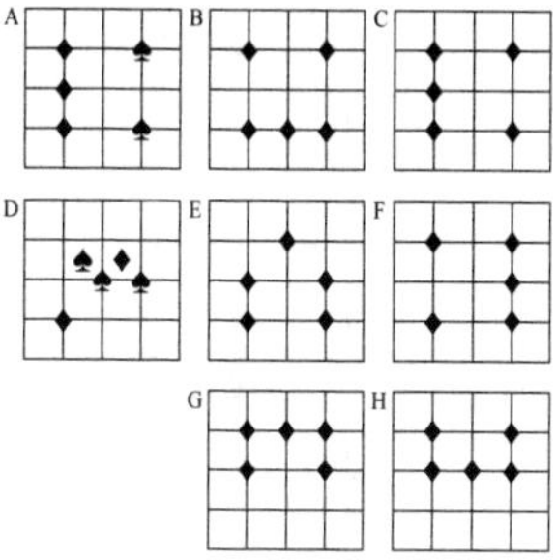

16.

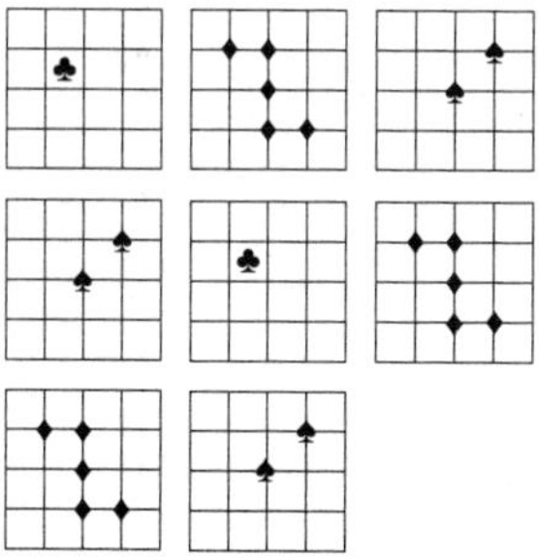

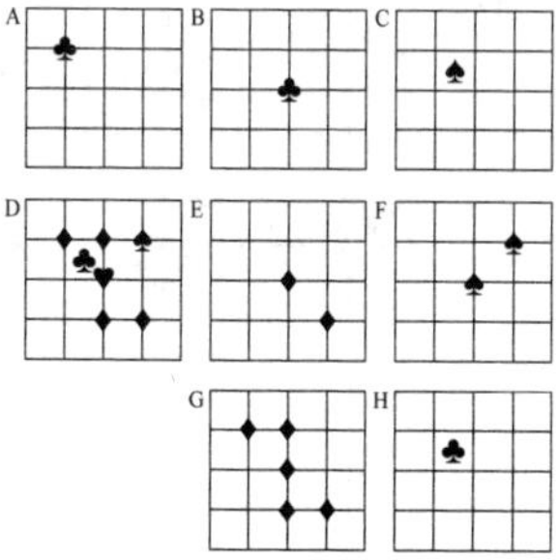

17.

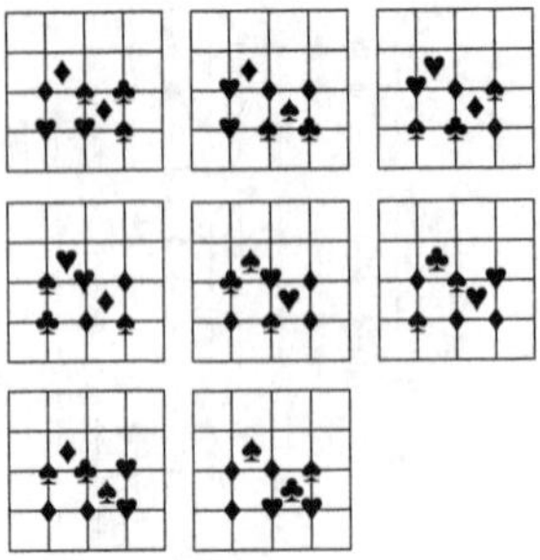

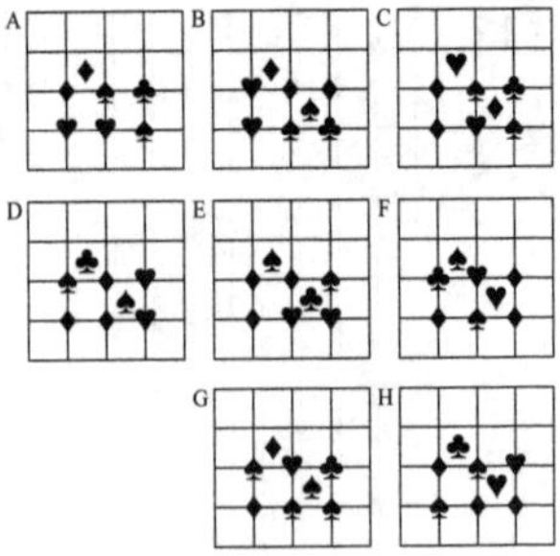

18.

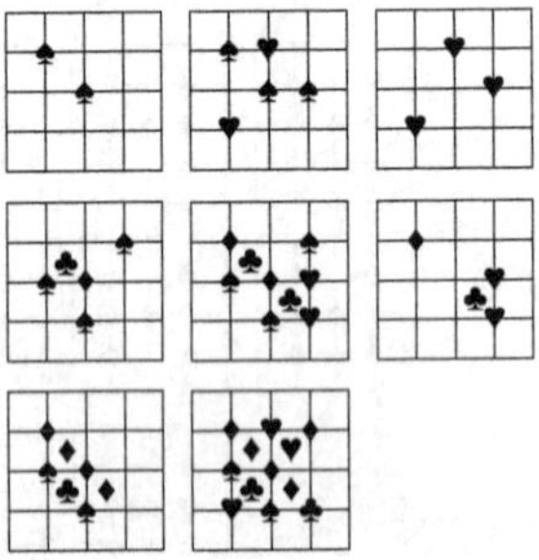

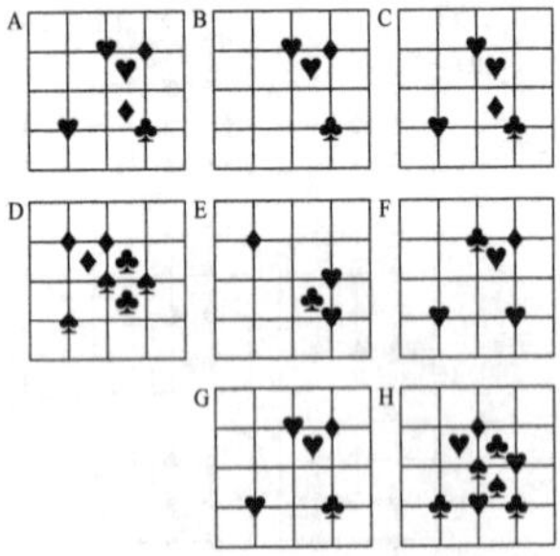

19.

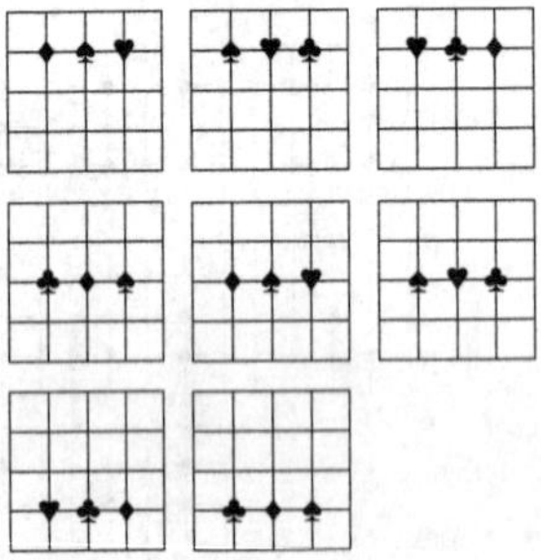

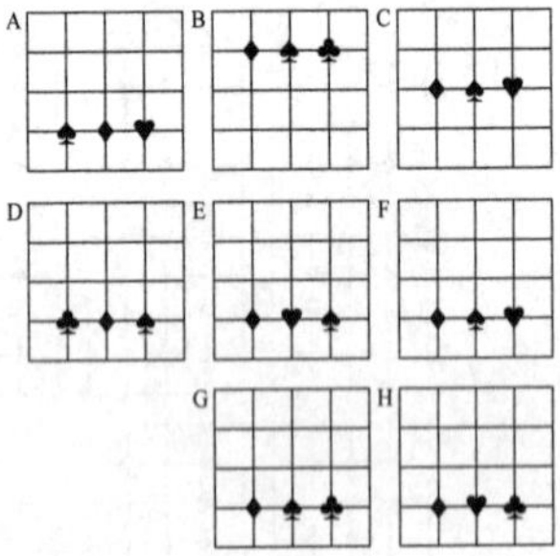

20.

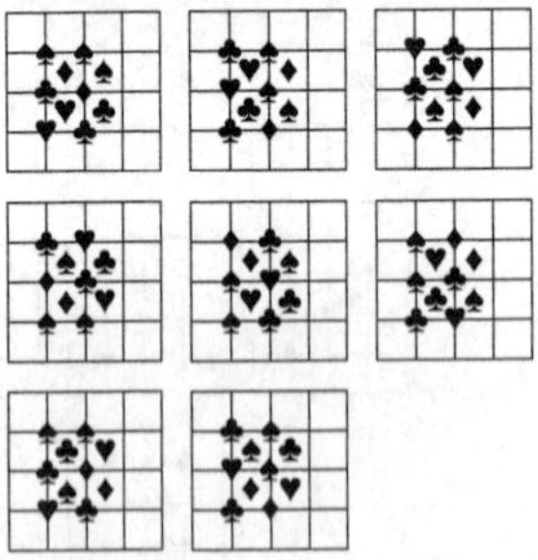

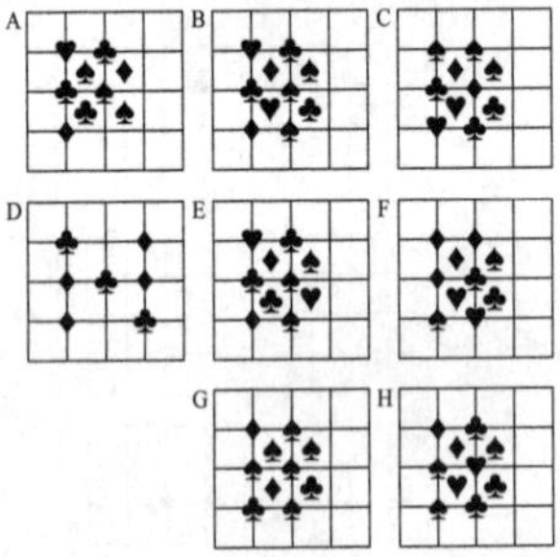

21.

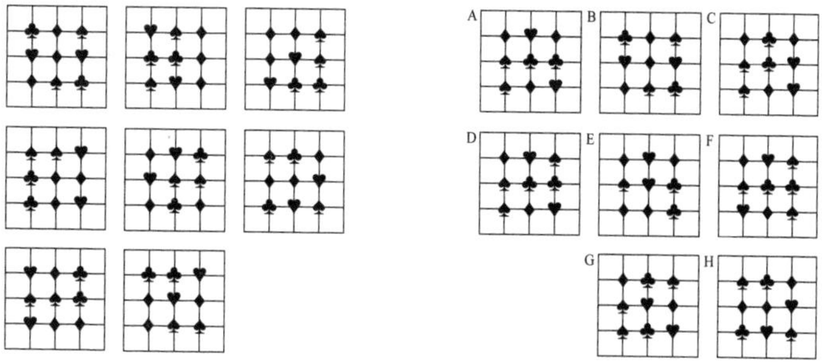

22.

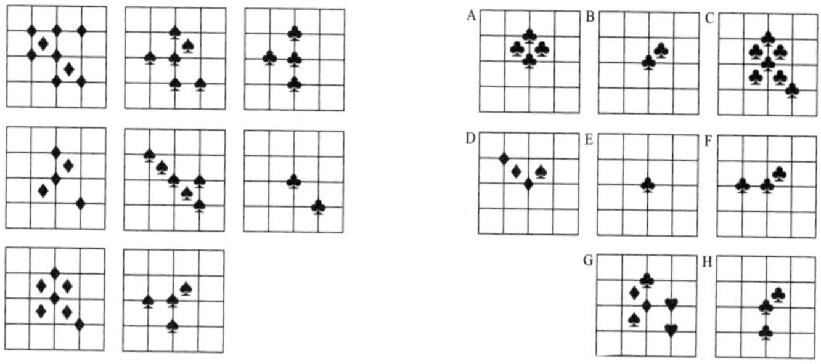

23.

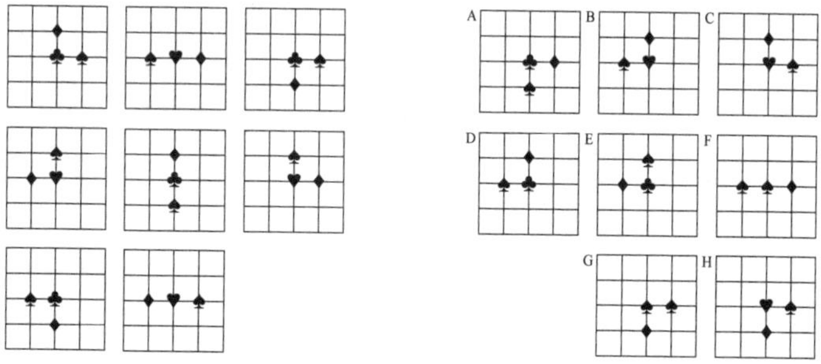

24.

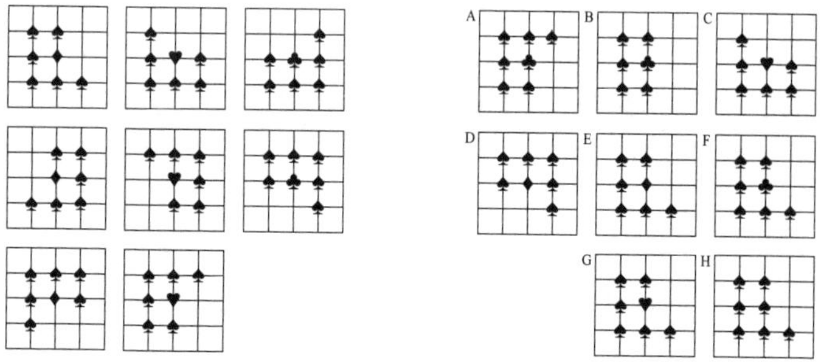

25.

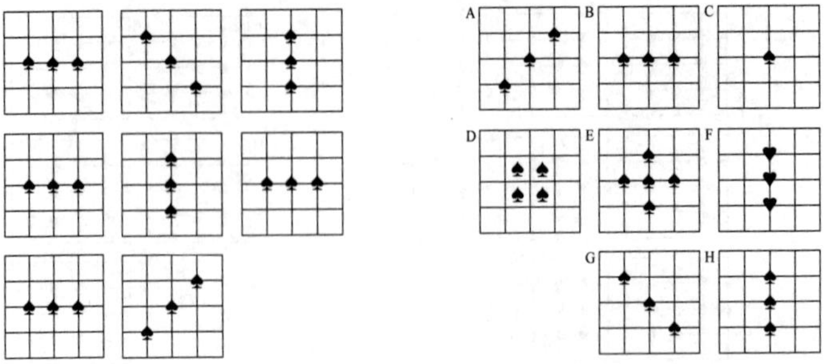

现在可以看看你的 IQ 值了。

答案

每答对一题可以得到 1 分：

1.H，2.A，3.C，4.E，5.F，6.D，7.B，8.H，9.C，10.D，

11.A，12.H，13.E，14.A，15.F，16.H，17.A，18.G，19.F，20.B，

21.F，22.B，23.D，24.F，25.H。

在计算出 IQ 值之前，很重要的一点你必须知道：唯一能够正确衡量你智商的方法是完成整个测试，并且在合格的临床心理学家或者教育心理学家的监督下完成。不过尽管如此，你刚才进行的测试比你在网上下载的那些免费心理学测试质量要高得多，而且，虽然你不应将结果视为圭臬，但可能大致不差。①

记住了上面的忠告之后，对照下表计算你的得分，并换算成IQ值。

得分	IQ	百分位	分类
≤ 5	≤ 73	3.59	边缘值（70~79）
6	77	6.26	
7	79	8.08	
8	84	14.31	低于平均水平（80~89）
9	88	21.19	
10	92	29.69	平均值（90~109）
11	94	34.46	
12	98	44.69	
13	101	52.66	
14	104	60.51	平均值（90~109）
15	108	70.31	
16	111	76.83	高于平均值（110~119）
17	114	82.47	
18	119	89.74	
19	123	93.74	优秀（120~129）
20	125	95.85	
21	132	98.36	超级（≥ 130）
≥ 22	≥ 139	99.53	

① 不过请记住，这些标准来自于一项 400 人参加的在线测试，通常来说参加在线 IQ 测试的人，他们的智商要比普通人高出一些，因此这些测试可能会低估了你的智商，但是差别不会太大（不超过 10 分）。

IQ 成绩的设计以 100 分为平均分。因此大多数人的平均成绩是答对 12 道（相当于 IQ 为 98 分），或 13 道（相当于 101 分）。通过百分位柱状图（可以自己画）你可以看出你比多少人更聪明。例如你在 25 道题中答对了 19 道，那你差不多比 94% 的人更聪明；如果只对 10 道就只比 30% 的人更聪明（换句话说，就是有 70% 的人比你更聪明）。

听起来不错，但是这对你来说意味着什么？关系大了，IQ 值跟下面很多方面相关，也跟我们后面将要介绍的许多其他方面有关（不过我现在还不会透露）……

- ◎ 在学业上的表现。不过最近有一项研究认为自律比智商更重要。
- ◎ 收入。当然影响收入的因素还有很多，包括父母的收入，社会等级和……
- ◎ 职业。毫不奇怪的是，有些职业更适合比大众平均水平更高 / 低智商的人。例如，医生（121），大学教授（115），高中教师（110），初 / 中学教师（107），全美橄榄球联盟的四分卫（105），还有警官（101），这些都高于平均值（100）；相比之下，农夫（96）、水道工（96）、木工（94）、保洁员（90）的得分相对较低。当然这些只是平均值，例如在调查过程中最聪明的农夫（121）要远远强于最差的大学教授（110）。顺便提一下，有些名人据传 IQ 值也很出众，比如斯蒂芬 · 霍金（160）、昆廷 · 塔兰提诺（160）、莎朗 · 斯通（154）、夏奇拉（Shakira，140）。目前，世界上 IQ 最高的人是韩国的土木工程师金恩荣（210）。
- ◎ 死亡率。是的，人越笨寿命就越短。最近的一项研究显示这种效应似乎确实存在，而不是由于干扰因素的作用[①]。因为以疾病以例，它在夺走人的生命之前会先降低他们的智商。相反，聪明的人更善于避免得病或者受伤，而且即使生病或受伤也会处理得更好（部分原因是他们有更高的挣钱能力），还更可能吃健康食物，进行体育锻炼（虽然社会等级的影响很难从中剔除）。另外一个可能性是两者之间根本没有因果关系，拥有聪明的大脑只不过是身体总体健康的标志之一。

◎ 出生顺序。第一胎生出的孩子会比后面几胎更聪明（即使在他们相同的年龄接受同样的测试）。这好像与两个因素有关。第一个因素是，只有第一胎才能在一段时间内得到父母全身心的爱，没有任何分心；第二个因素是看起来自相矛盾但实际并不矛盾的“教学效应”：年长的孩子有教导弟妹的责任，在教学活动中，教的人智商的发育要比学的人更快。这可能是因为要想解释清楚某件事必须自己先想清楚。

◎ 父母的 IQ。在大千世界中，聪明的父母（而且正如我们已经看到的，往往他们也更富有）就一定会有聪明的孩子这个说法也许相当有争议。但是基因可以部分影响 IQ 的观点已经被研究者们所接受。许多研究都证明了这个观点，例如，双胞胎（他们有百分百相同的基因）的智商基本相等，即使一出生就分开也是一样的；而普通兄弟姐妹（他们有 50% 相同

① 干扰因素是指当我们研究两种事物之间的关系时，与这两种事物均有关联的第三个因素会使这两个事物的关系变得更模糊。例如，我们想调查饮酒（我们所关注的第一项事物）与心脏病（我们所关注的第二项事物）之间的关系。这时候的干扰因素可能会是饮食习惯：酗酒者通常更可能吃得很不健康，而这也是心脏病的另一个风险因素。后面的章节中还会有另一个案例做更详细的解释。

的基因）的智商则存在不同程度的差别。但是要想分清基因和生长环境哪个的影响力更大却很困难。这一方面是因为聪明的孩子自己会寻找对智商更有刺激作用的生存环境，另一方面是因为母亲的子宫也是一个极为重要的“环境”。但是子宫“环境”与基因各自的作用也很难区分（双胞胎不但共享了相同的基因，也共享了同一个子宫）。

总的来说，你的生活怎么样部分取决于你的基因带来的智力，没错，但同时也取决于你的环境与自己的行动；因此，唯有努力奋斗，增强自律，并抓住一切机会提升自己的智力，才能充分发挥你自身已有的条件。

网页链接

本节中包含的测试已经得到了埃里克·乔根森（Eric Jorgenson）的复制授权，他还提供了该测试的网页版。读者们还不抓紧机会去尝试一下？

http://en.iniq.org/

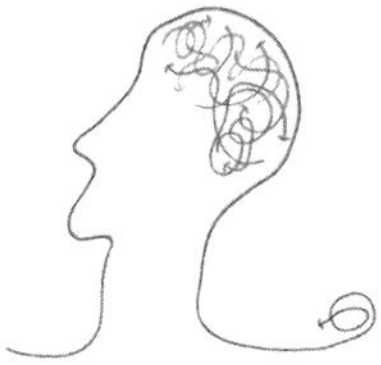

49. 愚顽人心里说，“没有神”

根据圣经（诗篇 14：1）中的说法，无神论者都是“蠢人”。而当今社会的许多无神论者，比如理查德·道金斯（Richard Dawkins），则给出了相反的论点：有宗教信仰的人比无神论者的智商要低。孰是孰非？

现在我不想争论“信仰”与“智商”的定义是什么。在讨论这类问题的研究中，基本只是发一些调查问卷让人们自己填写他们的信仰。而智商是通过类似我们前一节里刚刚完成的测试方法衡量的，其结果似乎并未显示有信仰和没有信仰之间哪个更具优势（也请记住，某一项 IQ 测试得出的结果往往会与另一项 IQ 测试差不多）。因此……

有信仰的人比无神论者的智商低，对还是错？

答案

对。2013 年一份对至少 63 项研究结果的分析报告表明，宗教信仰与智商之间呈负相关。[①] 相关系数虽然不大，但在统计学的显著性却极为明显。让我们用一分钟的时间对每一项进行量化。

统计学使用相关系数（有时也简称为 r）来表示两个数值之间的关系。r 这个数的值介于 0（相当于表示宗教信仰和 IQ 没有关系）和 1（亦即你可以通过询问参与者的宗教信仰来准确预测他们的 IQ 水平）之间。用相关系数来衡量，信仰与 IQ 之间的相关性是 0.25[②]：这个数值很小——反映出还有许多其他因素（包括遗传）对 IQ 的影响更大——但是它又绝对不容忽视，具有明显的统计显著性。

关于统计学中显著性的概念我们已经在“茶水测试”一节中进行了详细的描述，但这儿的关键信息是：如果宗教与智商之间实际上没有相关性，而研究人员发现了两者存在明显的关系（相关系数为 0.25），这种情况完全偶然出现的可能性小于千分之一（即 $p<0.001$）。诚然，几乎所有研究的对象都是美国人，那么这里所说的宗教几乎等同于“基督教新教”。但是另外一项针对不同国家而不是不同个体的调查（调查对象共 137 个国家）也发现信仰与平均智

---

① 眼尖的读者肯定已经发现，这种说法并不完全等同于说有宗教信仰的人比无神论者的智商低。因为研究者们并没有把参与者们按照这个标准分成两组。这种相关性显示的是，参与者的宗教信仰越强烈，他的智商得分就越低。为什么说这两个结论并不完全相同？想象一下有两个人都有宗教信仰，一个人极为强烈，而他的智商也极为低下；另一个人只是稍有信仰，因而他的智商只稍微偏低。这两个人都符合“参与者的宗教信仰越强烈，他的智商得分就越低”的论断，但不符合“有宗教信仰的人比无神论者的智商低”的论断（因为这里没有无神论者）。虽然这项研究的作者并没有明确给出两个论断之间的区别，但从大多数实际情况来说，二者可能相当接近。

② 实际上这个值是 −0.25，它所代表的关系是负相关：宗教信仰越强烈，智商越低。

商之间存在类似的关系。

这样一来，宗教信仰与智商之间的统计学关系就很明确了。更重要而且分歧更大的问题是，产生这个关系的原因究竟是什么。一个统计学奉为圭臬、现在几乎已跨越学科成为通用原则的说法是：相关性不等于（不一定等于）因果关系。这是什么意思？总的来说，无论什么时候我们发现两个参数之间有关系，比如这个案例中的宗教信仰与智商，那么存在三个基本可能性（注意，从原则上讲，前两个可能性可能都正确）：

（1）低智商引起高信仰（低智商的人更容易接受宗教信仰）；

（2）高信仰引起低智商（你宗教信仰越虔诚，你就越无法通过抽象的科学推理和接触进化论之类的理论来锻炼你的智力）；

（3）智商与宗教信仰之间根本没有因果关系。低智商与高虔诚度都可能是由第三方因素或者叫做“干扰因素”所引起的，比如年龄（例如老年人更容易有宗教信仰，并且——在下面的章节里就会看到——往往在IQ测试中得分更低，因为每一代人的智商都在提升）。

第三种可能性可能最不可能存在，因为那项分析性研究的作者对年龄、性别和教育水平等因素都加以了控制。其中涉及的数学计算很复杂，不过实际上只是按照这些参数进行分组，然后看看宗教与智商之间的关系是否仍然存在。如果对于：（1）受过高等教育的老年女性；（2）未受过教育的年轻男性；（3）受过中等教育的中年女性等等群体，宗教与智商之间的关系仍然存在，那么就可判断这种关系不是由于年龄、性别或者教育水平引起的。

第二种可能性（高信仰引起低智商）并没有真正检测过，但似乎合理，虽然可能只适用那些信仰更为极端的人。许多信仰度适中的人并不排斥科学思维（包括关于自然选择的进化论），因此他们可能有足够的机会进行抽象思维。

第一种可能性（低智商引起高信仰）直接得到了许多前瞻性研究的支持，这些研究结果显示，对儿童进行 IQ 测试，将有助于预测他们以后的宗教信仰（有些研究预测长达 25 年之后的信仰）：儿童期越聪明，长大后信仰宗教的可能性越小。

但是为什么会这样？作者讨论了三个可能性。第一，智商高的人往往更少从众，对于宗教信条更有抵触力。第二，智商高的人更多的是采用分析型认知法而不是直觉思考法来认知事物。他们用脑来管心，而不是用心来管脑（参见“这个感觉真不错”）。最后，智商高的人可能更不需要宗教信仰。宗教可以帮人提升自控（参见“我就是等不及”）和自我价值（“我是一个有价值的人”），战胜生活苦难的韧性（“这是上帝的旨意”）：而这些特质高智商的人往往本来就具备。

如果你是一位无神论者，也不要高兴得太早，我特意为你准确了一个还没有人成功的挑战（参见“希特勒的毛衣”）。

如果你是有宗教信仰的人，那么也不要沮丧。那项分析性研究发现，宗教信仰虽然是预测智商的良好指标，但它无法预测学业成功的可能性，而学业成功从长远来说可能更为重要。此外更重要的是，这些发现没有（实际上也确实不能）证明或否定任何一个信仰体系。或许所谓的分析型思维只是一个咒诅，它让“聪明的”无神论者看不见只能“感知”而不能“想清”的真理。或许“聪明”人在大多数事情上都是对的，而在唯一至关重要的事情上是错的。

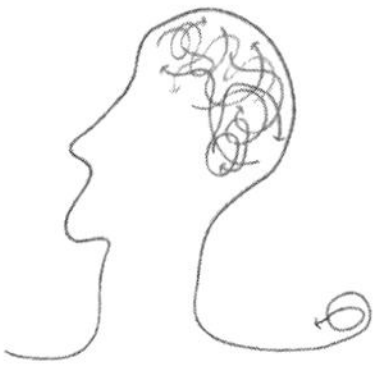

50. 蠢蛋进化论?

现在是 2505 年。美国排行第一的电影是《屁股》：一部时长 90 分钟的某人臀部特写。它获得了 8 项奥斯卡奖，其中还包括“最佳剧本奖”。业界领先的快餐连锁店的广告是：“× 你，我正在吃饭。”典型的 IQ 测试题是：“如果你有一个桶可以装 2 加仑的油，另一个桶可以装 5 加仑油，那么你有几个桶？”

当然，这只是一部电影中的情景[迈克·乔治(Mike Judge)的《蠢蛋进化论》(*Idiocracy*)]，但是在现实生活中我们到底是变得越来越聪明还是越来越笨？从长远来看，答案是确定无疑的“更聪明”；不太可能有人会非常严肃地辩论说现代人类不如山顶洞人聪明。

但是如果只考虑近代，比如与一百年前的人相比呢？

请大家想象一下：与维多利亚时代的人相比，我们是更聪明了还是更愚蠢了？

答案

虽然听起来有点疯狂，但这两种可能性都有良好的证据支持。

让我们先看高兴一点的答案。从人们进行 IQ 测试（比如“你的智商到底是多少？”）的结果来看，我们发现至少自第二次世界大战后每隔 10 年，人们的平均 IQ 得分会提升 3 分。这个效果在心理学上很出名，称为“弗林效应”，这是以它的发现者詹姆斯·弗林(James

Flynn）教授的名字命名的。而且该效应并不仅限于西方发达国家，全球范围内 IQ 增长速度都差不多。关于此事也有许多不同的解释，比如营养水平上升，教育普及程度上升，参与者对 IQ 测试越来越熟悉，以及书籍、电影、电视、计算机等对人类智力发育的刺激作用等。[①] 此外，随着农业与制造业所占的比例不断下降，越来越多的人从事服务业，他们工作的内容不再是操作工具或机械，而是转为更加抽象的理论和概念：而这些内容正是 IQ 测试中的常见题。

不过，从某种程度上说，这正是使用 IQ 测试来衡量人类是否变得更聪明的问题所在。或许 IQ 测试考察的并不是纯粹的“智商”，而只不过是人们对抽象思维、测试技巧等方面的熟悉程度。因此，有些研究者辩称，更好的 IQ 测试指标是反应时间：例如当灯光亮起后，人要花多长时间才能按下对应的按钮。本书的“网页链接”中提供了一个网址，你可以试一下自己的反应时间（你可以用来与下面给出的平均值比较）（不过现实中的研究使用了更先进的方法，使研究者可以把反应时间与按动按钮需要的时间区分开）。

使用反应时间测试智商并不像听起来那么不靠谱。首先，它与传统方法具有良好的相关性。也就是说，在按钮测试中反应快的人通常在纸笔测验中的得分也高。其次，一些研究人员辩称，“智商”最合适的定义应该是大脑中电位的震荡速率：换句话说，智商高的人就是脑子快的人。因此脑电传导快的人反应时间就短，反应时间测试正是直接应用了这个概念。

当采用这种方法进行测试后，我们发现自己非但没有变聪明反

---

① 有些评论家辩称：“谷歌让我们变得越来越笨”，因为它鼓励我们快速阅读广泛的材料，而不是更深入地阅读和研究。但是很少有直接的证据支持这个观点，弗林效应已经延续至 21 世纪，尤其是在发展中国家，在这些国家里，互联网是一个相对较新的现象。

而更愚蠢了。“二战”后的平均反应时间是250毫秒[①]（相当于0.25秒），维多利亚时代只有190毫秒，大致换算成传统的IQ标准相当于平均每10年IQ值下降1.2分。这个观点也有各种解释，比如环境变化带来的神经毒性增多，人口平均年龄上涨（老年人的反应时间自然要慢一些）。

或者最好的解释方法应该是电影《蠢蛋进化论》开头旁白者给出的说法：智力低的人往往有两个特点：（1）会生更多的孩子；（2）孩子的智商会更低。[②]那么代代相传，平均智商越来越低自然就是不可避免的。

因此，IQ测试显示我们变得越来越聪明，而反应时间测试显示我们变得越来越笨。这两种明显矛盾的说法有没有可能变得统一？一个可能性是我们原始的与生俱来的智商，我们的脑电速度——或者说我们的反应时间——的确在下降。但是这个效果被健康、教育及智力环境方面的提升抵消，而且后者的效果更大，所以现在的IQ测试分数更高。这种说法或许猜测的成分多，但如果这个可能性是真的，那么我们就不用担心会出现《蠢蛋进化论》中的景象。唷！

网页链接

测试一下你自己的（大致）反应时间：

http://getyourwebsitehere.com/jswb/rttest01.html

---

① 我在网站上的测试结果是267毫秒。很明显我不是天才。

② 在“你的智商到底是多少？”一节我们讨论了一些支持智商部分来自遗传的证据（也就是说，普通来说，智商低的人生的孩子智商也低）。

51. 刻板印象

STOMP 是一个享誉世界的打击乐队的名字（中文译为“破铜烂铁”）。它还是一个测试人们音乐喜好的调查问卷的名字：音乐偏好的简短测试（the Short Test Of Musical Preference）。许多心理学研究发现，只要简单问几句关于他或她在音乐方面的偏好，就能发现大量重要的信息。填写下面的调查问卷，找出你的性格特征。

下面列出了各种音乐类型，请根据你对每种音乐的喜好程度进行打分。

1. ________古典音乐
2. ________蓝调音乐
3. ________乡村音乐
4. ________舞曲 / 电子舞曲
5. ________民谣音乐
6. ________说唱音乐
7. ________黑人音乐 / 饶舌音乐
8. ________宗教音乐
9. ________另类音乐
10. ________爵士乐
11. ________摇滚
12. ________流行音乐
13. ________重金属
14. ________电影配乐/主题音乐

答案

使用STOMP研究发现，人们对音乐的偏好自成体系。例如，喜欢蓝调的人也喜欢爵士乐和古典音乐，喜欢电影配乐的人也喜欢宗教音乐和流行音乐。也就是说，虽然测试中列出了14种流派（当然可能还会有更多的流派），但我们可以把它们总结为“四大流派”：

- ◎ 反省和纠结流派：涉及蓝调、古典、民谣和爵士4项音乐。（要测出自己有多喜欢此类音乐，把它们的平均分加起来除以4即可。）
- ◎ 激烈和叛逆流派：涉及另类、重金属和摇滚3项音乐。（要测出自己有多喜欢此类音乐，把它们的平均分加起来除以3即可。）
- ◎ 乐观和传统流派：涉及乡村、流行、宗教和电影配乐4项音乐。（要测出自己有多喜欢此类音乐，把它们的平均分加起来除以4即可。）
- ◎ 活力和韵律流派：涉及电子舞曲、说唱音乐、黑人音乐3项音乐。（要测出自己有多喜欢此类音乐，把它们的平均分加起来除以3即可。）

这只是一个有趣的开始。我们要做的第一件事是找出你的品味在多大程度上符合你的性别和种族对音乐的偏好（没错，我觉得老套的说法可能是对的：白人喜欢摇滚和重金属，黑人喜欢说唱音乐和黑人音乐）。后面的表格显示了不同种族群体对四大流派的平均打分（注意，此试验是在美国进行的，若在其他国家进行则可能会有不同结果）。每种人群中最受人喜欢的音乐种类被标记为黑体字。跟你的喜好一样吗？

	男性				女性			
	反省和纠结流派	激烈和叛逆流派	乐观和传统流派	活力和韵律流派	反省和纠结流派	激烈和叛逆流派	乐观和传统流派	活力和韵律流派
白人	4.08	**5.10**	3.40	3.65	3.71	**5.07**	3.90	3.99
西班牙人	4.23	**5.16**	3.60	4.22	3.66	**5.03**	4.04	4.57
亚洲人	4.22	**4.75**	4.03	4.44	3.96	4.59	4.21	**4.75**
黑人	3.82	3.28	3.66	**5.03**	3.55	3.39	4.18	**5.30**
其他人种	4.26	**4.94**	3.43	3.97	3.69	**4.99**	3.75	4.25

更有意思的是，我们可以使用你在音乐上的偏好来预测你的性格，甚至你的智力。如果你还没有测试你的性格和智力，请先返回“你的性格特征”和“你的智商到底是多少？”两节完成测试，以便观察测试结果是否准确。下面的预测主要基于以往进行的研究，参与者们要完成STOMP测试和一个性格特征测试（以及各种其他的自我评价测试和IQ测试），以确定这些成绩之间的关系。[①]

◎ 喜欢反省和纠结流派音乐的人（蓝调、古典、民谣、爵士）在外在体验的开放性方面得分高，他们自认不爱运动，属于政治自由派，并且聪明（实际上，他们在客观的IQ测试中

① 一个有益的忠告：正如通常的心理学研究那样，我们讨论的是“统计概述”，而不是硬性的规定。例如，几乎每个人都接受“男性比女性高”这个统计概述，因为把男女作为群体来看这是正确的。同时，这并不是说每个男性比每个女性高，所以用有些男人特别矮和有些女人特别高来驳斥这个概述是没有意义的。同理，“喜欢反省和纠结流派音乐的人”也应该按照同样的方式来理解：这个论断是对这个群体的概述，而不是对这个群体的每一个个体的描述。同样重要的是要记住，所有相关研究是在美国进行的，所以这些概述在其他地方可能并不成立（尤其是在音乐传统极为不同的国家）。

的表现也确实优秀）。

◎ 喜欢激烈和叛逆流派音乐的人（另类、重金属和摇滚）也显示了几乎一模一样的特性，除了他们更可能自视热爱运动之外。

◎ 喜欢乐观和传统流派音乐的人（乡村、流行、宗教和电影配乐）则走向了另一个极端。他们在对外在体验的开放性和智力方面得分低（无论是自我报告的问卷调查还是客观 IQ 测试结果都如此），但是他们多半为人随和，性格外向，有高度责任心，并且自认为有魅力、富有、好运动、在政治上比较保守。这组人最不容易得抑郁症。

◎ 喜欢活力和韵律流派音乐的人（电子舞曲、说唱音乐和黑人音乐）也是性格外向、为人随和、有魅力、好运动的人。但是他们与喜欢乐观和传统流派音乐的人相比，他们在政治上没有那么保守，不像前者那样自视富有，他们的智商测试得分也没有那么低。

需要记住的重要一点是：虽然研究人员发现的相关性（比如喜欢乐观和传统派音乐的人智商测试分数较低）具有统计相关性，但它们实际上相当低。在“愚顽人心里说，‘没有神’”那一节中，我们遇到了“相关性系数”的概念，这个数的范围从 0（完全不相关）到 1（完全相关），代表了两种变量之间的关系。以此来衡量，大多数测试结果之间的相关系数（包括喜欢乐观和传统流派音乐的人与低 IQ）都在 0.2 左右或者更低。

尽管如此，同一批研究人员进行的一项后续试验发现，在问卷调查中总结出来的对于某些群体的大部分刻板描述（比如喜欢古典、摇滚和宗教音乐的人分别具有聪明、开明和保守的特征）部分符合事实。由这些研究者们进行的另一项后续研究发现，当学生被给予一项任务，让他们在一个类似网上交友的场景中彼此了解时，他们不仅对各自音乐喜好的话题比其他话题讨论得更多，而且使用这些喜好成功地预测了对方的很多性格特征和个人价值观。

因此，你日后遇到一个陌生人，想了解她的政治观点，最好的方法就是跟她聊音乐，看看她喜欢爵士乐还是电影配乐。

52. 星象的闹剧?

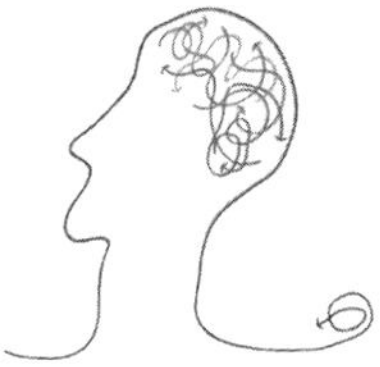

白羊座、金牛座和双子座的个头通常比天秤座和天蝎座更高。

对 □ / 错 □

双鱼座比其他星座更易患有精神分裂症。

对 □ / 错 □

天秤座和天蝎座活到100岁的可能性最大，双鱼座的可能性最低。

对 □ / 错 □

天秤座和天蝎座的学习成绩往往比巨蟹座和狮子座更好，也更容易成为职业足球运动员。

对 □ / 错 □

射手座女性比水瓶座女性更有可能成为青少年母亲（至少，瑞典人是这样的）。

对 □ / 错 □

答案

所有这些论断都是正确的。

这是不是说我们应该相信占星学上说的那些东西？当然不是；星座之说肯定是毫无意义的。那为什么说上面这些都是正确的？因为你的星座代表了你的出生月份，这些将直接影响你的生理和心理发育。

以身高而论，4 月出生的婴儿在对身体发育可能尤为关键的一个时点——出生后三个月（7 月）——接受的日照最多，而 10 月出生的的婴儿在关键时点（1 月）接受的日照则最少。没有人十分清楚为什么冬天出生的婴儿长大后患精神分裂症（2 月到 3 月出生的患病率最高）的风险（稍微）高一些，虽然这也可能跟他们在生长发育的最重要阶段缺乏日照有关（日照缺乏导致维生素 D 缺乏）。同样的，对秋季出生的孩子比冬季出生的孩子更容易活到 100 岁也有很多不同的解释。这可能跟他们在受孕和出生的时候避开了极高和极低的气温有关，或者说脆弱的小婴儿避开了某种疾病的高发季节（这种影响一直持续到成年和老年）。

至于在学校的表现差异，包括体育运动和主要文化课程方面的差异，则有不同的解释。在英国（许多这方面的研究都是在英国完成的），学校开学的截止日期是 9 月 1 日。因此，天秤座和天蝎座（甚至还有部分处女座）的孩子就是一个年级同学中年龄最长的，巨蟹和狮子座（同样有部分可怜的处女座）则是年龄最小的。由于最大和最小孩子的年龄相差差不多一整年，这让大孩子在体育方面有比较大的优势（因为他们更大更强壮）；在文化学习方面也一样，小孩子的智力发育很快，一个 5 岁的孩子明显比一个 4 岁的孩子更聪明。在瑞典，学校开学的日子是 1 月 1 号。一个 1992 年 12 月份出生的女孩子比 1993 年 1 月份出生的孩子，年龄上其实只大了一点点，但如果以年龄分就意味着她会是同年级最小的孩子，所以她的表现会“更幼稚”（也就是说她更可能会做一些荒唐的事儿，包括未婚先孕）。

那么星座学有没有可能还是有点意义？比如，或许白羊座的孩子个头较高，所以他们更富侵略性？答案是没有。记住，在所有这些情况下，真正发挥作用的是出生的季节而不是月份。比如，南半球中9月份才开始过春天，天秤座、天蝎座和射手座的个头比较高，相反白羊座、金牛座的个头会比较矮。

那么为什么会有很多人虔诚地相信星座学说具有未卜先知的威力？这是因为求证陷阱（参见“卡片游戏”）在作祟，如果你做出一大堆笼统的论断的话，总有一些会应验。如果你有相信星座学的朋友，那么请把下面这段话读给他/她听，告诉他们这就是为他/她而写的：

你需要其他人喜欢和崇拜你，但是你本人往往比较喜欢做自我批评。你的性格有一些不足之处，但是通常你能自我弥补。你具有相当多的潜能没有发挥出来，没有转化为优势。在外面你表现得很自律、自控，而内在却觉得很不安和焦虑。有时你会怀疑自己做的决定或者事情是否正确。你希望在某些方面做些改变，并在受到限制的时候会滋生不满。你对自己喜欢独立思考感到自豪，如果没有明确的证据不会接受别人的意见。但是你发现随意在别人面前坦露内心的想法是很不明智的。有时你性格外向、待人和善、善于交际，而有时你却性格内向、小心翼翼、思想保守。有时你的抱负有点相当不切实际。

他们上当了吗？这段标准文字从1949年起就开始流传，各种星座的人对其准确性的评价平均是85%。所以，出生的季节对人的影响是实实在在的，但就科学合理性来说，星座学说只能是一出彻头彻尾的闹剧。

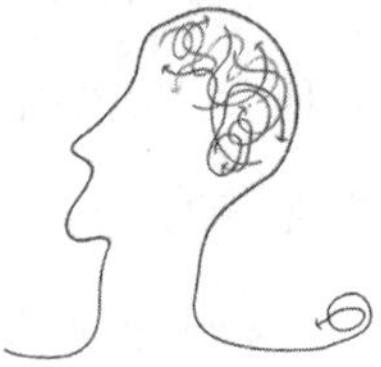

53. 你是阴谋论者吗?

请按照下面的标准对这些说法进行评价：

（1）非常不可能；（2）不可能；（3）可能；（4）非常可能。

	非常不可能	不可能	可能	非常可能
1985 年上市的“新可乐”口味故意设计得很差，这是可口可乐公司营销策略的一部分，最终目的是为了让经典版可口可乐强势回归。①				
艾滋病是由 HIV 病毒引发的。				
气候变化是一个人为的骗局。				
马丁·路德·金是被 FBI 和 / 或 CIA 特工暗杀的。				
戴安娜王妃死于英国皇室布置的一场交通事故。				
吸烟可以增加罹患肺癌的风险。				
登月是一个骗局。				
美国政府和 / 或武装部队（在罗斯维尔或 51 区）发现了外星人存在的证据，但把证据隐藏了起来。				
美国政府策划或至少默许了“9·11 事件”的发生，是为了制造借口出兵阿富汗，和 / 或限制国内的公民自由活动。				
美国政府故意让珍珠港事件发生，因为它需要一个理由介入第二次世界大战。				

① 不在美国的读者可能不了解“新可乐”的故事。可口可乐公司开发“新可乐”只不过是为了让马上把“经典可乐”重新推上市场这个事实没有人有异议。不过要求你进行判断的那个断言的意思是，可口可乐公司故意把“新可乐”的口味设计得比以前的差。

答案

其实我告诉你正确答案没有一点意义。阴谋论存在的目的就是断言公认的“正确”答案其实是错误的。

这份调查问卷也发给了 1377 位访问气候变化博客的网友，结果很有意思。[①]结果显示，持阴谋论者并不会只在某些问题上用阴谋论解释，一旦他们相信一个阴谋，他们相信其他的也是阴谋。

对某些事情来说这种态度是说得通的。比如你认为美国政府天生就是权力狂，缺乏诚信，喜欢暴力，不管谁上台都是这样，那么将珍珠港事件、“9・11 事件”以及对金博士的暗杀都视为阴谋，认为这些只不过是其内在卑鄙性的不同表现而已，这种想法是说得过去的。

但是对于其他的所谓阴谋，这种态度根本说不通。一个相信“新可乐”是故意推出的劣质产品的人，为什么也会相信气候变化是一场骗局，吸烟与肺癌之间其实并没有关系，英国皇室谋害了戴安娜？虽然有个别例外——万事都有例外——但总体来说，实际情况就是如此。大多数人要么绝对相信问卷中提到的每一个阴谋，要么就一个也不相信。这让阴谋论者看起来相当愚蠢。如果你问一位阴谋论者为什么他（其实这种人基本都是男性）不相信官方的版本，例如“9・11 事件”，他会说自己是一个有着自由思想的人，会用冷静、科学的观点来看待一切已有的证据，从而得出独立的结论。实际上，他可能真的认为自己就是这样的。

完全不相关的现象，比如登月和气候变化，都得出相似的结

① 研究的设计者将这些博客归纳为大致“持亲科学的态度，但是读者群很复杂”。研究人员也向很多怀疑气候变化说的博客作者和访问者发了问卷，但他们拒绝参加调查。

论，这不是有点过于巧合了吗？这项研究的结果表明——实际也是如此——阴谋论者接受了一个现成的无所不包的阴谋理论，用它来看待所有的问题。

换句话说——心理学理论派上用场了——研究结果表明，“阴谋论思维”更大程度上是一种个性特征或思维模式，而非对个别现象的理性反应。阴谋论者似乎尤为容易落入求证陷阱（参见“卡片游戏”），他们会特别兴奋地抓住每一个能支持他们基本已经预设好的阴谋论观点的证据，而不去寻找可能推翻他们观点或者支持官方说法的证据。

我不是一个阴谋论者，如果是的话，我就可能会忍不住暗示说，上面提到的“调查”根本不存在，我也会忍不住说报纸上的文章是美国政府写的，目的是为了抹黑那些发现了重大阴谋的勇敢的自由思想者，污蔑他们是“阴谋论者”。

但我不是阴谋论者，所以我不会那么做。

54. 形状也有声音?

下面画的两个形状，有一个是 *kiki*，另一个是 *bouba*。你觉得哪个是哪个？为什么？

答案

第一个图是 bouba，第二个是 kiki, 对吗？

虽然很明显这道题没有标准答案，但上面给出的答案是 95% 答题者的选择。不知怎么的，“bou”念起来像圆的东西，而“ki”念起来像尖锐而呈锯齿状的东西。

那么这种感觉是从哪里来的？也许是因为我们是在把这两个词与熟悉的英语单词联系起来。“bouba”念起来有点像“气球”（balloon）［或者甚至像——哦，对不起夫人——女人的乳房（booby）］，而“kiki”念起来几乎跟“钥匙”（key）一样，而钥匙一般都是锯齿状的（至少用来开锁的那一端是这样）。或者说这些联系来自书写？bouba 中的 ou 音是用圆形字母表示的，而 kiki 中的 k 有棱有角。

虽然在这个具体的例子中，这类联系可能在我们的判断中只起了一点小作用，但这并不是这类现象的全部。一方面，如果将这两个词用另外一些听起来不太像真正英语单词的词来代替（比如，上面图形哪一个是 takete，哪一个是 maluma?），我们还是会看到同样的效果。另一方面，如果我们换一种词汇和书写方式与英语完全不同的语言，对说这种语言的人进行测试，或者甚至对还根本不会阅读的两岁小孩进行测试，我们仍然能看到同样的效果。

那么为什么许多语言都存在这种将发音与形状对应的现象？想想你念 bouba 和 kiki 时嘴形是什么样的：念“bouba”时，你的嘴张得又大又圆；念“kiki”时，你的嘴张得很小，嘴唇向两边微微展开。一个流行的理论是，bouba/kiki 效应是由大脑中两个负责不同功能的区域之间的联系引起的。这两个区域中一个负责处理视觉输入信息——包括纸面上的形状和说话者说话时的嘴型，另一个负责理解和产生语音。像“bouba”这类词本身就给人以圆形的“感觉”，因为你在说些词的时候能够感觉自己的嘴唇形成了一个圆形。我们在真正的英语单词上也可以发现这类效应。例如“large、huge、enormous”（都表示“大”的意义）这些词都要求发音者张大嘴唇或者完全张开嘴巴；而“little、tiny、mini、petite、itsy-bitsy、teenie-weenie”（都与“小”有关）等词则要求你嘴唇向两边展开，形成一个很小的缝。这可能也是零售商标价时喜欢以 99 结尾的原因之一。比如说，当你说“one ninety-nine（1.99）”中的“ninety-nine”的时候，你不仅音量很小，而且甚至发出了“teenie（小）”的音（当然，只是大致来说），不像你说“TWO（2）”那样会发出响亮的爆破音。

那么我们其他的感官系统之间有没有可能彼此也有联系？既然形状有声音，那么它们有没有味道？……

55. 形状也有味道?

下面列出了几组食物的清单。在每一组中，一种食物通常被认为与更圆、棱角更少的形状（a）相配，而另一种通常被认为与更有棱角的形状（b）相配。你的任务是将这些食物与形状进行匹配。为了让本节的内容更有趣，建议你组织一次晚宴，让你的朋友们来试试（当然这不会是一次特别精美的晚宴）？

（a）圆润、更少棱角的形状　　（b）棱角分明的形状

- 蔓越莓果酱 / 蓝莓果酱
- 薄荷巧克力 / 布里奶酪
- 即食咸薯片 / 酸咸薯片
- 牛奶巧克力 / 黑巧克力
- 苏打水 / 不冒泡的水
- 乳乐儿巧克力 / 麦提莎巧克力
- 布里奶酪 / 蔓越莓汁
- 山羊奶酪 / 成熟的切达奶酪
- 甜品（例如，糖）/ 苦味食品（例如，柠檬）

答案

（a）圆润、棱角更少的形状：蓝莓果酱、布里干酪、即食咸薯片、牛奶巧克力、不冒泡的水、乳乐儿巧克力、布里奶酪、山羊奶酪、甜品（例如，糖）

（b）有棱有角的形状：蔓越莓果酱、薄荷巧克力、酸咸薯片、黑巧克力、苏打水、麦提莎巧克力、蔓越莓汁、成熟的切达奶酪、苦味食品（例如，柠檬）

你应该能注意到一个规律：人们往往将甜的食物与圆润、棱角少的形状（bouba）相配；而味道苦涩、酸或辛辣的食物和冒泡的饮料与有棱有角的形状（kiki）相配。在嗅觉方面其实也有类似的现象。树莓和香子兰容易与圆润、棱角少的形状建立关联；柠檬和胡椒，以及其他浓烈和/或刺鼻的味道，容易与有棱有角的外形建立关联。

与前面讨论的声音—形状效应不同，上面说的味道—形状效应似乎并不是在所有的文化中都存在，因此这种效应可能并非由大脑不同区域之间固有的联系引起的，而更可能是后天习得的。因此，一种可能性是，这些效应只不过是历史遗留的偶然现象，实际上人们说“sharp cheese（刺鼻的奶酪）”，跟“sharp（尖锐）”并没有什么关系：说“well-rounded wines(酒体饱满的葡萄酒)”，跟“round（圆的）”也没有什么关系。

不过这并不是说，因为某些味道—形状联系是后天习得的，或者只在某些文化中才存在，就意味着这些联系完全是武断的。比如，有可能人们认为有棱有角的形状比圆润的形状更加“活泼”，因此它们与更“活泼”的东西更为相配，如咕咕冒泡的饮料或者嚼起来嘎嘣脆的食物。另一种可能性是，人们认为圆润的形状比棱角分明的形状“更友好”，后者常常看起来像伤人的武器，因此会把它与更令人不快或者至少需要习惯了才不会反感的苦味食物联系起来。

无论这些联系是怎样产生的，有证据表明它们都被产品生产商有意或无意地加以利用。比如有些啤酒和至少一种碳酸饮料都用尖锐的星状作为产品标识的一部分（当然人们用星形勋章奖励优秀，这个象征意义可能也是原因之一），而果汁或者其他比较温和的饮料则往往偏爱用更圆润、更流畅的标识。我不是奶酪专家，但为什么味道温和的布里干酪总是圆形的，而味道浓烈的切达干酪总是长方形的？这里面有生产方面的原因吗？

因此，如果你想设计一款产品，让它风靡全球，为你带来数以百万计的收入，那么各种声音和形状的象征意义就是值得你认真思考的东西。

56. 辨脸识人？（1）

在“你的完美配偶”中我们了解到，面部是否具有吸引力是选择配偶的重要条件之一，对男人来说尤其如此。但是，是什么东西让一张脸看起来比其他人更有吸引力？看看下面的四组照片（a，b，c，d），你觉得哪一组的两张脸最有吸引力？翻到下一页，看看你选择的潜意识原因是什么，并判断一下你自己的脸长得怎么样。

（a）

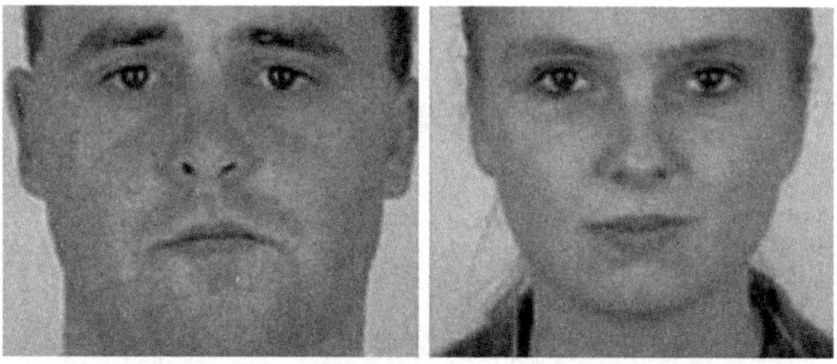

（b）

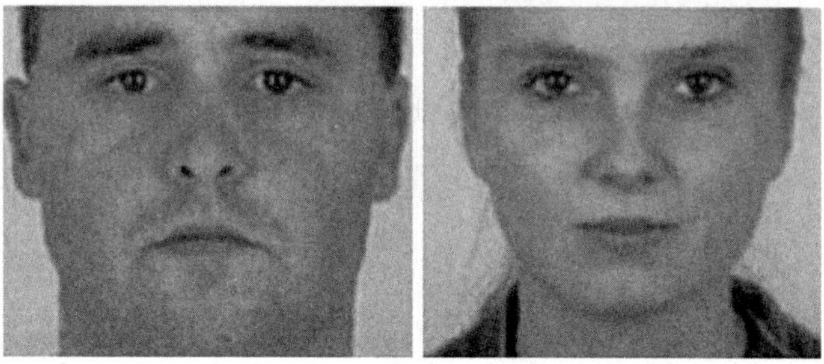

（c）
（d）

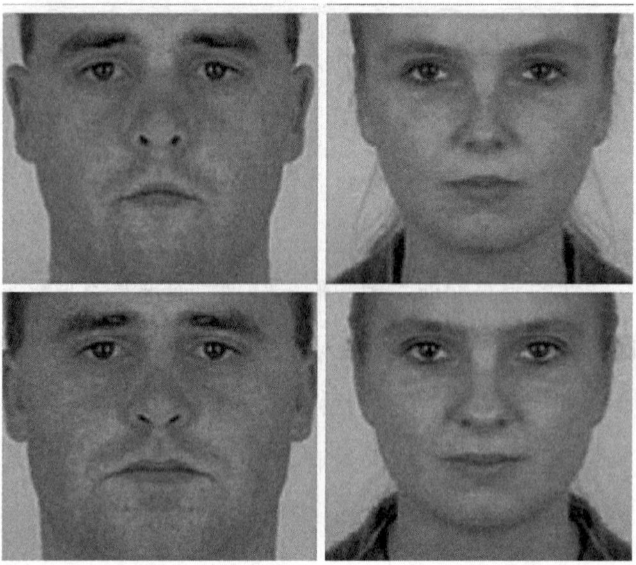

答案

大多数人都认为第二行的脸（ b ）最有吸引力。第一行（ a ）显示的是未经修改的原始照片。在第二行里，我们通过数码的方法让脸部变得更为对称，大多数人都觉得对称的东西更有吸引力。注意一下，比如在第二行中有点歪斜的嘴已经变得更端正。第三、四行图片中的脸部是对称的，它是用一种老方法制作的，即简单地把左侧或右侧的半张图翻转过来粘贴到另一侧，(c)是以左侧为镜像，（ d ）是以右侧为镜像。当然，这样能让脸部对称，但是人工痕迹明显：比如鼻子看起来要么太窄，要么太宽；眼睛要么太近，要么太远。在只能用镜像法来生成对称脸型的时代所做的研究误导研究人员得出结论，对称的脸吸引力更低。实际上，评分的人只是不喜欢人为用镜像生成的脸型。现在我们能够生成看起来更自然的对称脸型（例如第二行），我们知道对称的面部被视为更有吸引力。

对于对称的偏好大部分存在于我们的潜意识中。作为试验的一部分，为上面图片打分的参与者被问及有关对称的问题，有四分之三的人表示他们没有发现试验者做了手脚让脸型对称，而且在试验者明确告知后，他们仍坚持他们的评判没有受到影响。即便如此，绝大多数人还是将第二组（b）图片评为最吸引人的。

为什么我们会认为对称的脸型更吸引人？这种偏好看起来是受遗传影响，是在进化过程中逐渐形成的。许多人的面孔不对称都是在出生前或儿童期受疾病、压力或维生素缺乏等因素影响而造成的。所以我们会逐步形成对对称脸型的偏好，因为这种偏好会让我们更容易被那些具备良好基因的伙伴所吸引，这些基因能让人克服上面所说的不利因素。的确，面孔和身材对称的人似乎比例更合适，也更健康。面孔和身材高度对称的男性比其他男性更聪明，更擅长运动、歌唱和舞蹈，更不容易罹患抑郁症；他们的配偶对他们也更满意。

除了对称之外，让人觉得有吸引力的脸型有没有别的共同特征？答案是，有。或许你会感到吃惊，其中之一是“平均”。没错：相貌平均就意味着好看。如果你收集许多不同人的脸孔，然后用数码技术进行处理，就会发现用平均参数组合出的面貌会比几乎所有的原始相貌都好看。（在“辨脸识人”后面的两节“褐眼男人”和“对峙”中我们还会遇到更多“具有平均吸引力”的脸型）。

为什么相貌平均就意味着相貌优秀？原因之一是，与平均值偏差过大的脸型——正如那些过于不对称的脸型——有可能是基因变异或者易患疾病的迹象。一个没有那么明显的原因是，平均脸型——从定义上可知——看起来跟其他很多脸型相似，让人容易产生熟悉感，结果就使人们更喜欢。正如我们在“对我来说这些都是汉字”

一节中所看到的，熟悉不会带来轻蔑反而会带来满足感。这就是为什么常见的猴子、狗、马甚至钟表会让大家觉得比更不常见的同类事物“更好看”。但这个故事还有一个转折。虽然大多数看起来很好看的人都有“平均”的面容，那些被认为是超级好看的极少数人却不是“平均”面容：他们还有一些额外的东西。

对女性来说，这个额外的东西就是女性气质。更直接一点说就是，一个女人看起来越不像男人（亦即她的下巴、额头、鼻子和整个脑袋更小，眼睛更大，嘴唇更厚），她就会被认为更有吸引力（在很多不同文化环境中的男性和女性都持有这种审美观）。同样，其中的原因也跟进化论有关：一张更具女性气质的脸等于更高的雌激素水平，等于更强的生育能力。这就意味着，用一个好看的“平均”脸型（左图），为其添加一点女性气质（右图），我们就可以人为制造出几乎最好看的女性。心理学家丽莎·德布鲁尼（Lisa DeBruine）和她的同事们就做过这样的工作。你想认识她吗？

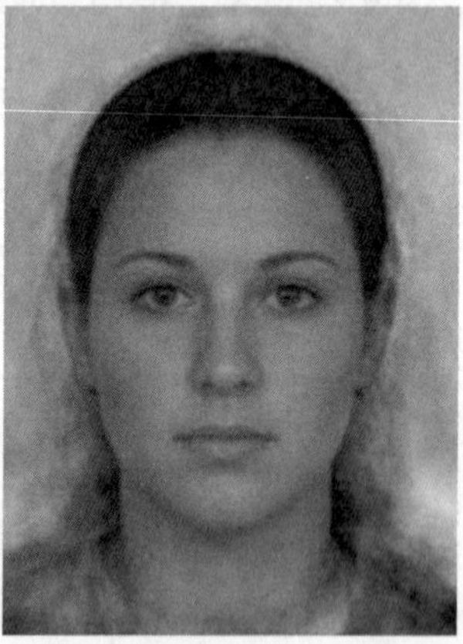

平均脸型

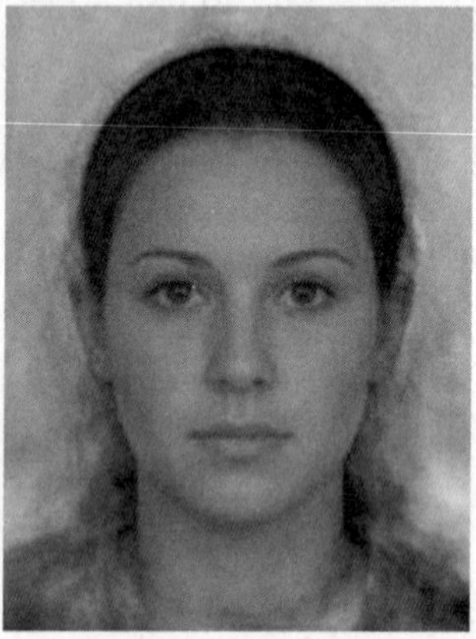

更美的脸型

对于男性来说，这个额外的东西是什么，答案要复杂一些。对于大多数人来说，一张具有平均阳刚气的脸若能增添一点柔和就会更美，而如果变得更加阳刚就反而不如原来好看了。增添了柔美之气的男性面孔看起来更温暖、柔和、友善和文雅，而阳刚过盛的男性面孔则看起来冷酷、僵硬、卑劣和富有攻击性（参见“对峙”）。当然那些自认偏好“坏男孩”的女性则不能算数：她们认为阳刚气越强的男性更有吸引力。

如果你的脸既不对称，也不平均，也没有一点女性气质，那么也不要绝望。一方面，不符合这些标准的脸型换个说法就是看起来独特的脸型，而许多人发现独特本身就有吸引力。另一方面，相貌上的吸引力并不是人们选择伴侣的唯一判断标准（参见“你的完美配偶”）。

实在不济，你还可以利用网络工具对你的相貌进行数码处理。下面这些好玩的网络工具可以帮到你……

网络链接和推荐阅读

可以用下面的工具对你的相貌进行数码修改，网页地址如下：http://www.perceptionlab.com/morph/fof/index.html

戴维·皮尔特（David Perret）的著作《你的相貌》（*In Your Face*）是一本很有趣的书，内容深入浅出，适合阅读。正如该书的副标题所述，这是一本介绍“关于人类吸引力的新科学（*the new science of human attraction*）”的书。

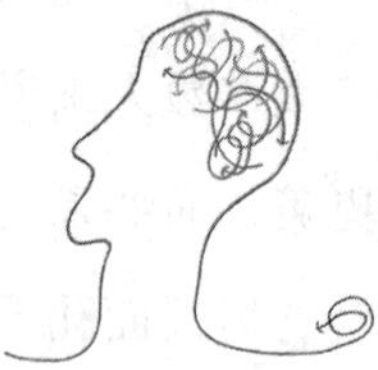

57. 舞女的小费？

对还是错？

跳大腿舞的舞女在每月生育能力最强的时候每个班次赚的钱也最多。

答案

对。在美国新墨西哥州阿尔伯克基城［Albuquerque，电视连续剧《坏消息》（*Breaking Bad*）就是在这里拍摄的］的大腿舞俱乐部进行的研究已经证实了这个观点。研究人员要求舞女每晚记下自己的小费，将小费收入分为三个阶段：经期（第 1~5 天），生育期（第 9~15 天），黄体期(第 18~28 天)。第 6~8 和 16~17 天没有纳入计算，是因为估算生育期并非是精密科学，调查人员想给自己留点发挥的余地。

结果令人大吃一惊：在生育期，大腿舞舞女在每个时长 5 个小时的班次中平均赚到 335 美元，相比之下黄体期的同样班次是 260 美金，经期只有 185 美金。是不是这些舞女在生育期的那几天会更加努力？看起来似乎不是这么回事。大多数舞女在调查期间表演了数千次舞蹈，她们每天晚上都保持同样的装束和舞蹈动作，谈话内容也都相差无几。从舞女的角度看，她们的目标是从每一次表演中赚到尽可能多的钱。对她们来说，完全没有意义保留任何动作或者谈话套路到特殊场合采用；如果有什么动作或者谈话套路效果特别好，她们就会将其应用到每次的表演中。

实际上，处于每月生育能力最高峰的女性，会释放出相应的身体甚至化学信号：男性不仅能捕捉到这些信号，而且用自己的钱包对这些信号做出反应。在生育能力最高峰的时候，女性的软组织结构，比如耳朵、手指和乳房都会变得更对称（见“辨脸识人”），结果就是男性觉得她们更迷人。此外，气味盲测结果发现，与同一女性的其他时期相比，这一时期女性身上的体味更强烈，更令人愉快，更有吸引力。[①]

其他物种中的雌性在生育期中也会释放身体和化学信号以向雄性发出求偶信号（想一下雌性猩猩和它们的红屁股吧），这一点是毫无歧义的。在上述研究进行之前，大多数研究人员都认为，人类在进化中已经抛弃了这种求偶策略，或许以“一夫一妻”策略取而代之，因为后者更有利于保护后代。但是这个理论可能只是一厢情愿。我们喜欢将人类视为比其他动物更为高级，因而在有事实提醒我们，其实我们与其他动物具有很多共同生理特性的时候，我们会觉得有点不快（毋庸置疑，如果一个男人说一个女人正在“发情”，那他很快就会发现自己不受欢迎）。但是上述研究的结果显示，我们人类根本没有任何特殊之处，在释放和接受性信号方面，人类很多时候真的只不过是哺乳动物。

---

① 通过前面的章节我们知道，大多数女性偏好更柔美的“友善”男性甚于阳刚有余的“坏男孩”。但当她们处于每月生育期的时候，大多数女性对十分阳刚的男性面貌好感增强。同样，这也是受进化的影响：一张更阳刚的男性面容等同于更强的生育能力。

58. 名字有什么意义?

名字的意义绝对超过你的想象。

流行著作《魔鬼经济学》向大众介绍了一项发现，你的名字可以很准确地反映出你父母的收入水平、教育水平和社会等级。例如，那些名叫亚历山德拉（Alexandra）、劳伦（Lauren）、麦迪逊（Madison）、本杰明（Benjamin）、塞缪尔（Samuel）和乔纳森（Jonathon）的孩子，他们父母的收入往往要比叫安波儿（Amber）、凯拉（Kayla）、阿丽莎（Alyssa）、科迪（Cody）、布兰登（Brandon）和贾斯汀（Justin）的孩子的父母收入高。很多名字，甚至特定的拼写都会披露出很多信息。例如，给女儿起名叫 Jasmine、Jasmin 或 Jasmyn 的母亲，其平均受教育程度要比给女儿起名叫 Jazmine、Jazmyne 或 Jazzmin 的母亲高出一年。

近来进行的一项研究把这种思路继续发扬光大，它证明你的名字甚至能显出你父母的政治倾向。是的，民主党人和共和党人在对名字的喜好上也有所不同。看看下面的名字列表，你能区分出他们的派别吗？[①]

---

① 为了便于非美国籍的读者们更好地熟悉美国政治，这里做个简单的介绍，民主党是一个略有左倾的党派，有点类似于英国的工党，而共和党则有一点右倾，相当于英国的保守党。

弗兰克（Frank）	约瑟夫（Joseph）	凯特（Kate）
科特（Kurt）	利亚姆（Liam）	瑞安（Ryan）
山姆（Sam）	西娅（Thea）	威廉（William）

答案

更常为民主党父母所用的孩子名字有：利亚姆、瑞安、山姆、西娅；更常为共和党父母所用的孩子名字有：弗兰克、约瑟夫、凯特、库尔特、威廉。

你可能会觉得这些父母是在用民主党或者共和党内的英雄或者名人的名字来给孩子命名，并试图从上面的每个名字中找出这方面的例子。但是你这样想并不会有什么效果，因为大多数的父母并不会用别人的名字（特别是政治名人）给自己的孩子取名，而只是会选择他们喜欢其发音的名字。

有线索表明，民主党人和共和党人对发音也有不同的偏好。

2013年的一项研究表明，共和党的父母更喜欢使用含有弗（F）、约（OH）、克（K）、威（W）音素的名字，例如弗兰克、约瑟夫、凯特、库尔特、威廉；而民主党人更喜欢利（L）、亚（AYE）、山（S）、西（TH），例如利亚姆、瑞安、山姆、西娅。

为什么？共和党人喜欢听的这几个发音显得更粗犷，并且——完全客观地说——更有阳刚之气。这就是说，含有弗（F）、约（OH）、克（K）、威（W）音素的名字在男孩中更为常见（该研究的作者还搜集了美国人全部的常用名，计算了这几个发音出现的频率）；而民主党人喜欢听的几个发音则更柔和、细腻，实际上在女孩中更常见。那些上面没有提到的音素在男孩和女孩名字中出现的频率大致相当，因此无法用来预测父母的政治倾向。

既然你已经了解了这个原理，那么我们用名人的名字来猜一猜会很好玩。例如科特·柯本（Kurt Cobain）的父母是共和党人吗（他的父亲确实强迫他加入摔跤队）？凯蒂·佩里（Katy Perry）呢（她的父母是传教士）？一个叫威廉的人选择把利亚姆（一个民主党的名字）作为自己的绰号——如沙漠绿洲组合的主唱利亚姆·加拉格尔（Liam Gallagher，全名为威廉·约翰·保罗·“利亚姆”·加拉格尔——译者注），而不是威尔或贝尔（这都是共和党的名字），是不是在表明自己的政治立场［如果确实如此的话，民主党前总统比尔·克林顿（全名为威廉·杰斐逊·“比尔”·克林顿——译者注）是不是一个例外］？名演员又是怎么样的呢？瑞恩·高斯林（Ryan Gosling）在《总统杀局》（*The Ides of March*）中扮演过民主党人，而洛克·哈德森（Rock Hudson）则扮演共和党人。

不过，我们还是不要得意忘形。正如研究的作者所说，很多其他因素在父母给孩子取名时影响更大，特别是种族、宗教信仰和家族传统。话说回来，这恰好让名字与政治倾向之间存在相关性这一点显得更为醒目。

最后一个值得考虑的因素是，有些用作名字的单词语含双关，其中也有特殊含义。比如，若你给孩子取名科特（Kurt）或者弗兰克（Frank），因为你希望他将来办事干练（curt）或者为人坦诚（frank），那么很明显你是一位共和党人。

59. 希特勒的毛衣

你是无神论者吗？如果是的话，你应该可以没有任何心理负担地大声朗读下面的内容：

我赌上帝不敢让我母亲瘫痪。
我赌上帝不敢让我死于癌症。
我赌上帝不敢让我出车祸。

你敢大声念吗？

答案

这事让人很不爽，对吗？

在赫尔辛基大学进行的一项研究发现，当无神论者和有宗教信仰的人（两组都是自报信仰倾向）同时大声朗读上述句子时，他们身上的皮肤电传导测量仪（出汗越多，皮肤导电能力越强）显示，无神论者出的汗不比有宗教信仰的人少。

无神论者感受到压力仅仅是因为他们心里想着、嘴里说着这些可怕的事吗？还是因为他们认为光谈论不愉快的事就可能会让它更容易真的发生？也许都不是。当他们被要求读内容类似但其中不含“上帝”字眼的句子时（比如“我希望我的母亲已经瘫痪”/“我希望我会死于癌症/我希望我会发生车祸”)，他们出汗的现象就没有这么严重。

那么这说明无神论者其实也是相信上帝的，哪怕只有一点点信？也不一定。事实是，所有人似乎都会觉得很难完全摆脱某些“迷信”，即使从逻辑上来说我们知道这些“迷信”完全不合理。

试试下面的试验：拿一个空的水瓶来，用记号笔在上而写上“毒药XXX”，然后再画一个骷髅头和两根十字交叉的腿骨。装满自来水并把水喝掉。当然你做得到，但是你得承认你还是有点勉强，对吧？如果我再向里面加上一只已经消毒灭菌完全无害的蟑螂呢？你会觉得不那么渴了，是吗？

再来一个例子：如果有一件毛衣，一个你认为邪恶化身的人——也许是杀人狂魔或者极为疯狂的领导人，比如希特勒——曾经穿过，那么你穿上它感觉如何？在美国进行的一项研究显示，人们穿上它会感觉比穿私敌或肝炎患者穿过、或者曾经短时扔到小撮狗屎里的衣服更令人不快。

再来一个：给自己做一盘炒蛋或者煎蛋，再加一点完全无嗅无味的蓝色食品添加剂，现在开饭了，怎么样？是不是难以入口？

究竟是怎么了？为什么我们会有这些明知完全不合逻辑的迷信？为什么我们明知不是毒药的时候还会觉得它有毒？为什么我们会觉得邪恶能像细菌一样传染，虽然我们明知这是不可能的？

在这里，我们应当知道的是，直到离现在非常非常近的年代我们才完全搞明白哪些食物有毒，哪些食物好吃；才明白为什么疾病可以通过身体接触传染，而“恶魔”不会传染（细菌致病的理论至今还不到200年历史）。而在之前人类漫长的进化岁月里，我们不得不依靠更为笼统的经验法则如“不要吃蓝色的东西”“不要碰自己觉得不舒服的东西”，因为那些吃过蓝色东西和搬运过腐烂尸体的人都很快被大自然清除掉了——这些经验法则已经成为我们基因的一部分。因此，吃蓝色煎蛋那么难的原因就是，你是在强迫自己克服恶心的感觉，而这种恶心的感觉在几千年的进化中已经根植于你的基因里。

持无神论的生物学家理查德·道金斯和史蒂芬·J. 古德认为，是进化让人类产生了宗教信仰，这看起来明显自相矛盾。但是，如果他们是正确的，就可以解释为什么无神论者会觉得说出“打赌上帝不敢让他母亲瘫痪”之类的话，与吃蓝色的煎蛋或穿希特勒的毛衣一样难以做到。

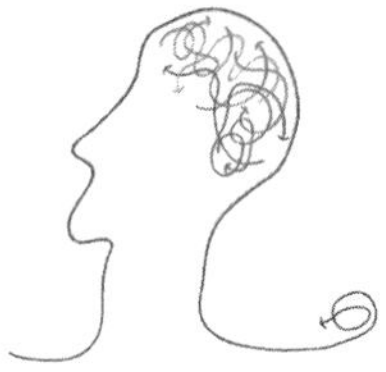

60. 都是情商惹的祸

不知道你有没有注意到，在单位里最快获得晋升的同事（或者在你学校各个阶段表现最好的同学）并不一定是工作最努力、业绩最好或者最聪明的人。那么，他们具备哪些别人——也许包括你——没有的品质？

根据心理学家丹尼尔 · 高曼（Daniel Goleman）的说法，答案在于他们有极高的情商。该理论认为，人们不仅具有各不相同的智商（IQ），还有各不相同的情商（EQ）。情商是我们了解、控制并正确利用自己和他人情绪的能力。高曼在著名的《哈佛商业评论》上发表了一篇文章声称，他已经找到证据证明，要取得“卓越绩效”，情商的影响是专业技能和传统智商影响的两倍。

哇，两倍！我敢说你现在一定有一种冲动想要测试你的情商，是吗？来吧，下一页就是我们的测试题。注意，对有些表述，选择“赞同”就代表“缺乏情商”，例如“我发现自己很难理解其他人的非语言信息”。这类题的分值与其他题的分值高低是相反的，也就是说，对这些表述，选择“强烈否定”得 5 分，“强烈赞同”得 1 分。

	强烈否定				强烈赞同
1. 我会选择时机向其他人诉说我的困难。	1	2	3	4	5
2. 当我面对困难时就会想起以前也曾面对并且克服过类似的困难。	1	2	3	4	5
3. 我预料自己做的大部分事情都能做好。	1	2	3	4	5
4. 其他人很容易向我敞开心扉。	1	2	3	4	5
5. 我发现自己很难理解其他人的非语言信息。	5	4	3	2	1
6. 我生活中有些重大的事情促使我重新评估什么重要，什么不重要。	1	2	3	4	5
7. 当我的心态发生变化后，就会出现新的可能性。	1	2	3	4	5
8. 情绪是让我的生命变得有意义的因素之一。	1	2	3	4	5
9. 我能意识到自己的情绪状态。	1	2	3	4	5
10. 我预料会有好事发生。	1	2	3	4	5
11. 我喜欢与其他人分享自己的情绪。	1	2	3	4	5
12. 当我体验到积极的情绪后，我知道如何保持它。	1	2	3	4	5
13. 我会组织别人喜欢参加的活动。	1	2	3	4	5
14. 我主动参加让我高兴的活动。	1	2	3	4	5
15. 我能意识到自己向他人传递的非语言信息。	1	2	3	4	5
16. 我知道如何表现才能给其他人留下良好的印象。	1	2	3	4	5
17. 当我的积极情绪出现后，解决问题会比较容易。	1	2	3	4	5

续表

	强烈否定				强烈赞同
18. 通过察言观色我能够确定其他人现在的情绪。	1	2	3	4	5
19. 我知道情绪变化的原因。	1	2	3	4	5
20. 当我心情好的时候，我会提出新方法。	1	2	3	4	5
21. 我能控制自己的情绪。	1	2	3	4	5
22. 我能轻松识别自己当下的情绪。	1	2	3	4	5
23. 承担任务时，我可以通过想象最好的结果来激励自己。	1	2	3	4	5
24. 当其他人表现出色时我会赞扬他们。	1	2	3	4	5
25. 我能够了解其他人发出的非语言信息。	1	2	3	4	5
26. 当别人告诉我一件关于他 / 她的非常重要的事后，我也感同身受。	1	2	3	4	5
27. 当我的情绪发生变化时，我往往会产生新想法。	1	2	3	4	5
28. 当我面临挑战时，我会选择放弃，因为我觉得自己会输。	5	4	3	2	1
29. 只要看一眼我就知道其他人在想什么。	1	2	3	4	5
30. 其他人情绪低落的时候我会让他们感觉好受一点。	1	2	3	4	5
31. 面对困难时我会用积极的情绪来帮助自己不断尝试。	1	2	3	4	5
32. 听别人说话的语气我就会知道他们心里在想什么。	1	2	3	4	5
33. 我难以理解别人为什么会有那样的感觉。	5	4	3	2	1

答案

要想知道你的情商有多高，只要把选中的分数加到一起就可以了。满分是 165 分，平均成绩大约是 128 分。女性的得分普遍稍高于男性，两性的平均得分分别是 131 和 125 分。治疗师的得分 135 要高于平均得分，犯人（120 分）和吸毒者（122）的得分要稍低一些。

虽然事实证明情商理论取得了巨大的商业成功，许多公司都花大价钱来测试并提升员工的情商，但许多学者型的心理学家对此却充满怀疑。

第一个问题是，现在并不清楚，情商测试能否测出将常规的智商测试（见“野生鲨鱼测试”）和常规的性格测试结合仍然无法测试出来的东西（见“你的个性特征”）。如果答案就像理论研究所指出的那样是“不能”的话，那么所谓的高情商人士基本上不过是既聪明又友善（亦即随和与开朗）的人。

第二个问题是，为了获得更好的职位，员工在测试中作弊似乎相当容易，以向雇主展现一个积极的形象。虽然现在已经有了更先进的版本，但我刚才给你的那个版本要作弊真是太容易了。哪怕你对每一项表述看都不看，全部选择“强烈赞同”，你也会得到一个极高的分数（150 分），而如果你对那些反向给分的表述（即“强烈赞同”得分最低）稍微仔细一点，你就可以得到满分 165 分。而传统的智商测试则不可能做假（除非你想让自己看起来比实际更傻）。在性格测试中虽然也有做假的可能，但受试者很难弄清如何作假才能达到他们的目的。（例如，你搞不清楚雇主到底需要一个安静的完美主义者，还是一个办公室笑话大王？）因此，看起来你通过常规的测试就可以更好地了解你的雇员，而无需让他们去做那些花里胡哨而且往往成本不菲的情商测试。但最大的问题还是，我们至今仍无法确定那些宣称情商作用巨大的说法（例如它的影响力是智商和专业技能影响力的两倍）究竟是不是正确。原因在于绝大多数研究，包括高曼著作与文章中所提到的研究，都是由推销情商测试和训练课程的私人公司组织的，他们拒绝将研究数据提供给学术人士或新闻媒体，以供他们深究。

因此，虽然我们都认同与人相处的能力在商业和日常生活中都很重要，但是不惜血本去参加情商培训却不一定是特别明智之举。

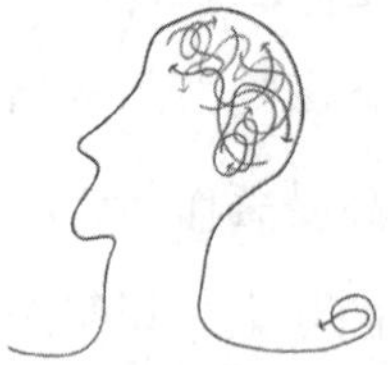

61. 时刻当心

这本书进展到目前，你已经扮演过医生、放射线医师、卫生部长、轮盘赌博机修理师和酒保。不过现在我觉得我已经发现了你真正的使命：当监狱警卫。求职时要面试，不过这是小事一桩，走走过场。我只问你一个简单的问题。

有一群犯人不服从管教，现在没有听从你的命令，你会：

（a）跟他们讲理，谨记无论何时都要保持对犯人的尊重，保持他们的尊严；

还是，

（b）强迫他们进行裸跑，完成体罚性的身体锻炼，使用马桶代替厕所，剥夺他们的睡眠？

答案

你的答案当然是选择（a），你绝不会使用（b）策略。

是这样吗？

虽然很少有人打算采用（b）中所说的有损人格、非人道的办法来维持秩序，但这却是实实在在发生了的事，它不止发生于巴格达的阿布格莱布监狱和古巴的关塔那摩湾，还发生在20世纪70年代斯坦福大学制作的一个模拟监狱里。模拟监狱里的犯人——跟狱卒一样——只不过都是参加心理学试验的志愿者，所以都是完全清白的。

与米尔格拉姆的电击试验一样，菲利普·津巴多（Philip Zimbardo）的监狱试验可能是心理学迄今最著名的试验，它曾经被制作成一部故事片《试验》（*The Experiment*），写成一部小说《黑盒子》（*Black Box*），还有很多再现当年试验的研究（包括BBC的再现试验）。同米尔格拉姆一样，津巴多也想弄清楚，为什么那些行事完全正常的人会做出极端恐怖的事，就像上面提到的伊拉克和关岛监狱以及“二战”中的集中营那样。

通常，研究人员会从这项研究得出结论，绝对的权力会产生绝对的腐败：将人们置于一个权力不受约束的位置，正是这种做法本身使他们自然诉诸暴力和残忍行为，而且我们所有人一旦处身错误的环境，也可能做出这类难于启齿的事情来（所以本节的标题“时刻当心”，就是提醒大家要警惕这种可能性）。

不过，我们在此前关于米尔格拉姆电击试验一节中提到的阿历克斯 · 哈斯拉姆（Alex Haslam）不认同这个结论。BBC邀请哈斯拉姆负责再现当年的试验。在新版的试验中，狱卒的表现不再像以前那样糟糕。为什么会这样？因为他们没有受到鼓励要这样做。哈斯拉姆指出，虽然津巴多当年并没有给予狱卒具体的指令，但他显然让他们总体感觉到应该怎么做：

你可以营造一种氛围让犯人觉得无聊乏味，让他们有一定的恐惧感，你可以营造一种霸道的感觉，让他们觉得自己的生命完全在我们的掌控之下，在你和我打造的这个系统的掌控之下……我们将会用各种方法夺走他们的个性。总之，这一切就是让他们产生无力的感觉。

要记住，所有的狱卒都知道这不过是一个试验，他们和模拟犯人都得到了酬劳，因此他们有义务按照指示做事。听到上面的指示后，狱卒自然会以为，津巴多的意图是要看看当犯人处在一种“无聊、恐惧和无力”的环境中结果会如何，因此如果他们尊重犯人并保持他们的尊严，就会破坏试验的整体目标。所以，正如米尔格拉姆的说法，至少有一部分狱卒予以配合是因为他们以为“给犯人带来的伤痛是暂时的，而从试验中得到的科学成果是永恒的”。换句话说，他们之所以会配合，可能是出于一种做“好人”的愿望——那就是，既然得到了做试验的酬劳，他们就应该把试验做好。

这个解释说法并不适用于所有狱卒。首先，并不是所有狱卒都对犯人施虐，无论是在津巴多的原始试验还是在哈斯拉姆的新版试验中都是如此。其次，那些确实施虐的狱卒并非简单地依照指令行事，而是做得更多，他们发明了自己的控制策略、规矩和惩罚方式。

那么是不是可以说至少有一些狱卒并不是因为处于权力地位或者受到津巴多的指示才“由好人变成坏人”，而是因为他们的人性中原本就具有一点施虐倾向？是不是试验招募程序中存在一些鼓励这些人申请参与的因素？

为了解答这个问题，西肯塔基大学的两名研究人员在校报上发布了两张招募海报；一张与津巴多试验招募广告内容完全相同；另一张则省略了“关于监狱生活”这个关键词：

招募男性大学生，参加关于监狱生活心理学的研究，5月17日开始，时间大约1~2周，每天70美元。详细信息请电邮联系：e-mail@address.com。

实际上，这项“研究”只是一个很简单的问卷调查手册，以检测答卷者的攻击性、专制、马基雅维里主义、自恋、等级观念、同情心和利他主义等方面的程度。猜猜结果如何。那些对含有“关于监狱生活”字眼海报做出回应的参与者在上面所列的几乎每项消极特征方面得分更高，而在两项积极特征方面（同情心与利他主义）的得分则更低。

这就意味着，津巴多试验中的狱卒和在真正监狱里施暴的狱卒，他们中至少有一部分人并非是受到坏环境腐蚀的善良无辜者，而是一直就有一些更为阴暗的个性，只不过现在找到了释放的出口。

网页链接和推荐阅读

菲利普·津巴多在《路西法效应：理解好人如何转变成坏人》中，对在他的著名试验中出现的现象做出了自己的解释。

斯坦福监狱试验和BBC再现试验的图片和具体细节可以在网上找到：

http://www.prisonexp.org/

http://www.bbcprisonstudy.org/

62. 辨脸识人？（2）：会说话的狗

到目前为止，大家可能觉得很好奇，我在教书和写作科普书之余做什么事。答案是，我是一个学术型的心理学家（参见“谁比谁更牛”），我的大部分研究时间都花在让成人或者儿童用笑脸表情来对各项命题进行评价。这样做究竟是为了什么？我先不告诉你，让我们来看看我是否能预测出你会怎样对一项这类问题进行评价。

比利是一只正在学习英语的狗，但是因为它毕竟是一条狗，所以它不是每次都能说对。（注意，这项研究是为 4 岁以上的儿童设计的！）你的任务是帮它更好地学习，告诉它什么时候说对了（笑脸），什么时候完全说错了（哭脸），什么时候介于二者之间（中间三张脸中的一张）。

下面是几个用来练习的句子，让你可以参考：

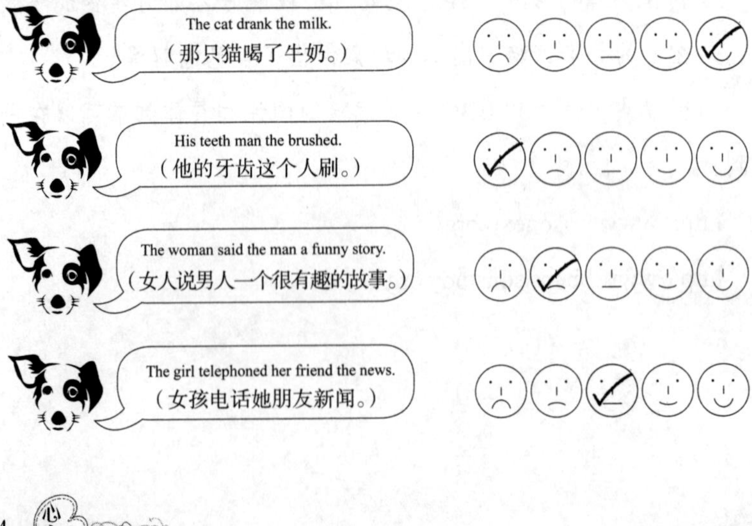
The cat drank the milk.
（那只猫喝了牛奶。）
His teeth man the brushed.
（他的牙齿这个人刷。）
The woman said the man a funny story.
（女人说男人一个很有趣的故事。）
The girl telephoned her friend the news.
（女孩电话她朋友新闻。）

下面就是我们正式测试时使用的题目。

A. 

The rabbit vanished.
（兔子消失了。）

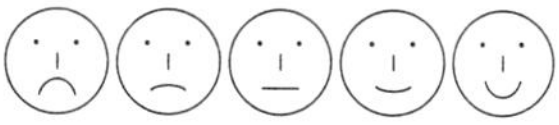

B. 

The man fell the box down the stairs.
（那个男人掉一个箱子下楼梯。）

C. 

The puppet giggled.
（木偶咯咯地笑。）

D. 

The man giggled the puppet [i.e., made it giggle].
［那男人咯咯笑木偶。（想表达的意思是，让木偶咯咯笑）］

E. 

The box tumbled down the stairs.
（盒子顺着楼梯滚了下去。）

F. 

The man tumbled the box down the stairs.
（男人滚盒子下楼梯。）

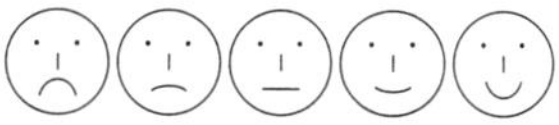

G. 

The magician vanished the rabbit.
（魔术师消失了兔子。）

H. 

The box fell down the stairs.
（盒子从楼梯上掉了下来。）

I. 

The rabbit disappeared.
（兔子不见了。）

J. 

The magician disappeared the rabbit.
（魔术师消失兔子了。）

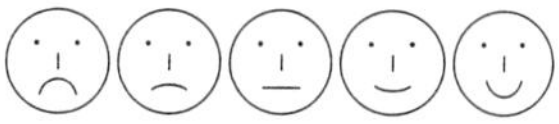

K. 

The man laughed the puppet [i.e., made it laugh].
［男人笑木偶。（想表达的意思是，他把木偶逗笑了）］

L. 

The puppet laughed.
（木偶笑了。）

答案

把 A、C、E、H、I 和 L 的得分（哭脸 =1 分，不是太悲伤的脸 =2 分，以此类推）相加起来。这些句子的语法都很完美，如果你的得分远低于 30 分，我会有点意外（并且坦率地说有点担心）。当然，如果你的得分超过了 30，那是你不会算术。

接下来，计算 B、J、K 的总得分。

最后计算 D、F、G 的总得分。

如果你的水平跟参加这项研究的成人一样，那你 B、J、K 三项的总分应该比 D、F、G 的总分略低 2、3 分，两项的大致总分分别为 6 分和 9 分。

这项研究到底在讲什么？

人类语言的独特之处在于，它能让我们说出此前我们未曾听闻的事情。让我们停下来思考一下儿童是怎样学习语言的。

假设一个孩子听到下面的句子：

The plate broke.（盘子碎了。）　　【事物】【动作】

The man broke the plate.（男人打碎了盘子。）

【发起者】【动作】【事物】

听习惯了这样的结构，孩子就会建立起一种机制：如果听到【事物】【动作】的句子，就有可能用同样的词语组成【发起者】【动作】

【事物】的句子。

这种机制非常有用。假设一个孩子听到有人说：

The ball rolled.（球在滚动。）　　【事物】【动作】

她会使用【事物】【动作】➡【发起者】【动作】【事物】的机制，形成一个新句子，这是一句她从未听说过的话：

The man rolled the ball.（男人在滚动球。）

【发起者】【动作】【事物】

目前来说，一切都很好。但是仍然有一个问题。虽然这种机制可以形成很多符合语法规则的句子，但也同样生成了许多不符合语法的句子。

The rabbit disappeared.（兔子消失了。）　　【事物】【动作】

The magician disappeared the rabbit.（魔术师消失了兔子。）

【发起者】【动作】【事物】

如果你也有孩子，或许就听到过他们犯这样的错误。但是他们怎样才能学会再不犯这类错误？（我们知道他们一定会在某个时候学会，因为大人是不会那么说话的。）一种可能性是父母帮他们纠正语法错误，但看起来事实并非如此。比如一个孩子可能会说："We goed to the park"（我们去公园）（这里goed是时态错误），实际上去过的地方是动物园。大多数父母更可能会马上纠正这句话中的事实错误（"不，是动物园！"），而不是句中的语法错误［"不，是'went

（去过了）’]。此外，许多这类错误是在孩子们在幼儿园或托儿所彼此聊天的时候犯的，往往旁边没有大人听到后纠正他们。

那么儿童是怎样学会不再犯此类错误的？一种解释是，儿童会进行如下推理（当然不是有意识的）：“我听到‘disappear（消失）’这个词几百次了，但却从来没有听谁使用过【发起者】【动作】【事物】这种句型。显然如果这种句型是对的，我一定会听说过。”

儿童能进行这类推理的说法似乎很牵强，但是实际上他们无时无刻不在这样做。比如说，孩子们究竟是怎样知道狗不会开车、读书或者上学的？很简单：孩子们看见狗好几百次，但却没有看到过一条狗在开车、阅读或坐在教室里。像这种“如果这事可能，那么我一定见过”的推理完全是自动进行的，无需任何有意识的思考或者大人的帮助。事实上，与之相反的解释——孩子们只能有意识地自己想明白狗狗不会开车，或者靠大人给他们解释——明显是荒唐无稽的。你刚刚完成的问卷就是用来测试这个理论：儿童是用如下推理方式来判断什么样的句子是不合语法的：

- 我看见狗几百次了，但没有看到过一条在开车的狗。
  - 如果狗能驾车，我一定已经看见过。
    - 因此我可以假定狗不可能会开车。

- 我听到过“disappear（消失）”这个词几百次了，但是我从没听到过它用于【发起者】【动作】【名词】这个句型。
  - 如果有这种句型，我一定已经听到过。
    - 因此我可以假定这个词不可能用于这种句型。

也就是说，你听到某个特定词的次数越多，你就越会假定它不会出现在一个从未听到过的句型中。比如你听到 fall、laugh、disappear 几个相对常用词的次数，比听到 tumble、giggle 和 vanish 几个相对罕见词的次数要多很多，你就会更肯定地相信，相对于后者来说，前者不能出现在用于【发起者】【动作】【事物】的句型中。

至少，这就是我的预测；经过多个不同研究的测试，我可以很肯定地说这个预测得到了有力的支持，无论是对于成年人还是只有 4 岁的儿童都如此。

好吧，这就是我的日常工作。不过，在这本书完成之前还有许多事情去做，现在让我们从语法测试转到读写能力测试吧。

网页链接和推荐阅读

报道这次研究的期刊文章，还有我的所有论文，都可以在这里找到：

www.benambridge.com

在史蒂芬·平克（Steven Pinker）的新书《思想内涵》（*The Stuff of Thought*）中对这个主题有很好的介绍，它也介绍了该问题的另一个可能的解决方案。

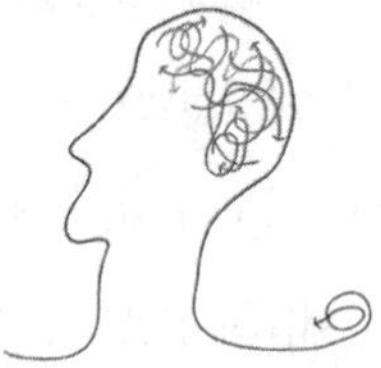

63. 读写能力测试

现在你已经测试了自己的智商（你的智商到底是多少？）、推理能力（卡片游戏）、思维方式（这个感觉真不错）以及对于语法的直觉判断（辩脸识人？（2）：会说话的狗）和发现拼写错误的能力（阅读与自我纠错）。但是这些智力、语法和阅读测试中没有一项与下面的读写能力测试相似。你有三分半钟的时间去完成测试，结果只有通过/未通过两种：如果有一道题错误，你就会被自动判为未通过。

1. 下列字母，在字母表中排在最后的两个字母上划线：

Z V B D N K I P H S T Y C

2. 在下面第一个圈中写下第一个用“L”打头的词的最后一个字母：

(1) (2) (3) (4) (5)

3. 删除那个不必要的数字，让下面的数字成为一百万：

1，000，0000

4. 在下面的数列中，删除所有大于 20 小于 30 的数字：

25 21 16 48 23 53 47 22 37 98 26 20

5. 把“Noise”这个单词倒过来写，然后把字母 d 放置在正常顺序下的第二个字母上，在下面的空白位置处写下处理过的单词：

____

6. 观察下面的数列，找出其中的规律并猜测下面的数字，把它填写在下面的空白处：

2　4　8　16　________

7. 把单词“VOTE”翻转过来但次序正确：

____

8. 用印刷体写一个单词，使它无论正着看还是倒着看，它的内容都是一样的：

____

9. 在下面空白处写下你在三角形中读到的内容：

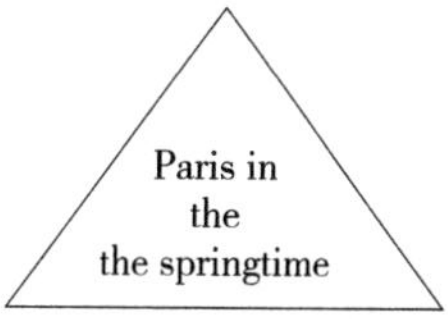
Paris in
the
the springtime

____

10. 如你所见，把 right 按照从左向右的顺序写到下面的空白处：

____

答案

现在你已经完成了一个经过删减的真实的“读写能力测试”。那是20世纪60年代美国路易斯安那州针对准选民进行的。不管有没有用，我在下面给出了我自认为的“正确”答案。我之所以要说“不管有没有用”，是因为这类题目——专门为黑人申请者设计的——本来就没有正确答案。题目故意设计得相当有迷惑性，含糊不清，目的就是给予评分者，也就是选民登记员足够的操纵余地，好使答题的黑人无法通过测试（不过本来也无需多大操纵空间，因为这些登记员就身兼法官和陪审员，而申请者没有上诉权）。因此，在我的“正确”答案下面，我也给出了如果申请投票的黑人给出同样答案，登记员却将它们判为不正确的可能理由。（我知道他们给出的理由很多时候不合理，但这正是关键所在：它们无需合理）。

1. 下列字母，在字母表中排在最后的两个字母上划线：

~~Z~~ V B D N K I P H S T ~~Y~~ C

登记员：字母表中排在最后的没有两个字母。只有Z一个字母排在最后。

2. 在下面第一个圈中写下第一个用“L”打头的单词的最后一个字母：

(T) (2) (3) (4) (5)

登记员：字母表中第一个以L打头的单词就是L，因为“L”本身就是一个单词：它是字母L的名字，它的第一个字母和最后一个字母都是“L”，所以这里应该填“L”。

3. 删除那个不必要的数字，让下面的数字成为一百万：

1，000，000~~0~~

登记员：你应该删除第二个逗号后面的第一个 0，因为它是第一个不必要的数字，所以它就是“那个”不必要的数字。

4. 在下面的数列中，删除所有大于 20 小于 30 的数字：

~~25~~ ~~21~~ 16 48 ~~23~~ 53 47 ~~22~~ 37 98 26 20

登记员：你漏掉了 20（我就是法官，也是陪审员，记住了！）

5. 把“Noise”这个单词倒过来写，然后把字母 d 放置在正常顺序下的第二个字母上，在下面的空白位置处写下处理过的单词：

esidn

登记员：Noise 已经反写了，所以你应该把字母 d 放在 esion 的第二个字母上面。不管怎么样，按要求你应该把 d 放在第二个字母的“上方”，而不是将其重叠在它的“上面”。

6. 观察下面的数列，找出其中的规律并猜测下面的数字，把它填写在下面的空白处：

2 4 8 16 32

登记员：不对，为了得到每个数字（例如 16），你得把前一个数字 8 乘以这个数字前两位的数字 2。所以空格处的数字应该是将前一位数字 16 跟它前两位的数字 4 相乘得到的 64。

登记员甚至也可能说：“这组数字是主街上在册选民的门牌号。下一个在册选民的门牌号是 17。”

7. 把单词“VOTE”翻转过来但次序正确：

ΛOꓕE

登记员：这不是正确的翻转次序。如果我把它正确翻转，应该是ETOV。

8. 用印刷体写一个单词，无论正着看还是倒着看，它的内容都是一样的：

RADAR

登记员：不对，如果把RADAR倒过来就变成了ЯADAЯ。所以唯一正确的答案是单词“A”。

9. 在下面空白处写下你在三角形中读到的内容：

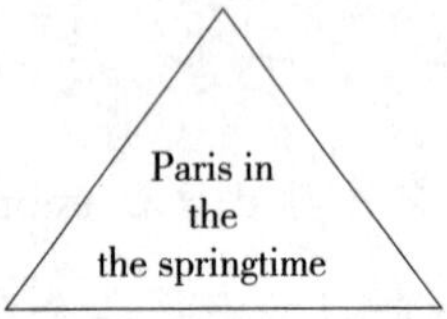
Paris in
the
the springtime

Paris in the the springtime

登记员：不对，我们已经很清楚地告诉你此处要写下“你在三角形中读到的内容”。（不过其实大可不必用这个理由，因为大多数人会把三角形里那句话中的第二个the删掉，同样可以说不符合题目要求）

10. 如你所见，把right按照从左向右的顺序写到下面的空白处：

right

登记员：这个错误跟上道题一样。你应该按照题目的要求写下“把right按照从左向右的顺序”。

老实说，这些答案本身并没有什么学习价值，但是我们通过对测试本身进行分析可以了解很多东西：具体说来，那就是部分白人的种族歧视倾向程度。这又带来了一个问题：为什么会有种族主义者存在。为了回答这个问题，心理学家们揭示了我们人类身上很多令人极为不快的真相。

首先，所谓的“内隐联想测试”（implicit association test）表明，绝大多数人心里或多或少都有一点种族主义想法（你可以自己到网上进行测试，参见“网页链接”）。经过一点预备测试后，会进入由两部分组成的正式测试。在 A 部分中，屏幕中心会出现一张脸或一个单词，如果出现的是白人的脸或者褒义词（例如，快乐），就要按左侧的按键；如果是黑人的脸或者贬义词（例如，卑鄙），就要按右侧的键。在 B 部分中，如果出现的是白人的脸或者贬义词，就要按左侧的按键；如果是黑人的脸或者褒义词，就要按右侧的键。

	左侧按键	右侧按键
A 部分	白人的脸或褒义词	黑人的脸或贬义词
B 部分	白人的脸或贬义词	黑人的脸或褒义词

在所有案例中，参与者们都必须尽快完成按键任务。如果参与者在看到白人面孔与褒义词组合、黑人面孔与贬义词组合时（A 部分），按键反应速度超过相反的组合（B 部分），那么就会视为其潜意识中有种族主义倾向的证据。

下面就是第一个令人不快的真相：在第一次进行的这项试验中，虽然全部 26 名参与者在被直接问及是否有种族歧视倾向时，绝大多数人（19 人）表示他们对黑人没有偏见或者更偏爱黑人，但是测试时有 25 人对“白人 + 褒义”和“黑人 + 消极”的组合反应更敏锐（A 部分）。

第二个令人不快的真相：人们的种族歧视倾向出现得很早。一项 2006 年进行的研究发现，6 岁的白人儿童不仅在进行内隐联想测试时表现出对白人的偏爱，还在让他们从黑人—白人面孔组合中选择他们喜爱的面孔时毫不犹豫选择了后者（84%）。更为惊人的是，一个只有 3 个月大的婴儿在面临同种族的面孔和不同种族面孔的图片时，会对前者有更长的观察时间（现在已经明确证实观察时间与偏好程度成正相关，因为婴儿看母亲的时间比看陌生人的时间要长，看那些在成人眼里有吸引力的面孔比没有吸引力的面孔时间更长）。

不过这些研究只告诉我们，种族偏见非常普遍而且形成的时间很早，但没有告诉我们其中的原因。令人感到悲哀的是，其他研究显示，这种偏见是人类一个普遍倾向的重要部分，这个倾向就是将彼此分成不同的群体，并且对自己群体以外的人心存歧见。

在 20 世纪 70 年代进行的一项经典研究中，亨利·泰菲尔（Henri Tajfel）把学龄儿童分成了两组，并特意采用了一个微不足道的分组依据：对保罗 · 克利（Paul Klee）和瓦西里 · 康定斯基（Wassily Kandinsky）画作的偏爱程度（他们会给孩子们看两个人的一些作品）。研究人员要求每个孩子决定，该如何在两个匿名孩子中分配一笔奖金。这两个孩子分别来自自己所在的一组和另外的一组。大多数孩子既没有选择让两个孩子总体奖金最高的方案，甚至也没有选择让本组孩子奖金最多的方案，而是选择了让本组伙伴和另一组孩子所得奖金差额最大的方案（当然他们把更多的那部分给了本组伙伴）。歧视与自己不同的群体看起来几乎已成为第二天性，即使群体的划分毫无意义。

再次说明，这种歧视倾向在人们小的时候就已经开始形成。在一项相关的研究中，研究者让 9 个月大的婴儿从全麦饼干和青豆中做出选择，然后让他们看两个木偶人的表演，一个木偶会跟婴儿做出同样的选择，另一个则做出相反的选择。一系列木偶表演的结果显示，孩子们更喜欢的场景是，第三个木偶人对“跟他们相似”的木偶（也就是跟他们选择相同点心的木偶）很友善（比如帮它找球），而对“跟他们不同”的木偶不友好（比如偷走它的球）。但是为什么我们会有这种划分群体并对群体外的人心存歧视的倾向？答案可能依旧是进化论。在人类出现以来的大部分时期，食物和各种资源都很稀缺，我们只能结成群体和部落才能与其他种族竞争。因此，为了生存，对外来者——敌对部落成员——感到害怕和怀疑会被认为是必要的。

当然，在当代社会已经没有必要——也没有合理的理由——害怕外来者。如果能够一劳永逸地停止歧视，我们将会过得更好；但问题是如何才能做到这一点。还好，心理学家们已经开始提出一些方法。例如，在最近进行的一项研究中，参加测试的白人接受训练以辨别不同的黑人面孔。这样做的逻辑是，帮助人们克服将某个种族的全部成员笼统看待——无论是外貌、个性还是行为——的倾向，可能会帮助他们克服对整个种族的偏见。你知道吗？这个方法看起来似乎真的有效。经过训练的参与者种族歧视倾向降低（以内隐联想测试为标准），没有经过训练的对照组则没有什么变化。

有些悲观主义者说，我们在对抗种族歧视方面几乎没有什么进展。粗粗看一下本节开始时进行的读写测试就能看出这种说法是错误的；20 世纪 60 年代的官方政策放在今天简直是不可想象的；不止在美国不会再出现这样的事情，在世界大部分国家都不会这样做。但另一方面，虽然得到州政府支持的种族主义政策已经大部分被根除，内隐联想测试提醒我们，个人偏见依然隐藏在我们很多人——也许是大多数人——心里。上面提到的训练研究表明，很显然有一个解决办法是：如果你担心自己可能内心深处存在一些无意识的偏见，不妨尽量多地去结识相关族群的成员，目的是学会将他们当成一个个的个体看待而不是一概视为“他们”。

简单地说，如果你不仅想“通过”上面可笑的读写测试，也想通过内隐联想测试，你需要学会将其他种族中的个人区别对待，而不是对整个种族心生歧视。

网页链接

内隐联想测试的网址如下：

https://implicit.harvard.edu/implicit/demo/takeatest.html

64. 卷纸游戏

你喜欢怎样悬挂厕所中的卷纸？你习惯把松开的那一面放在离开墙（简称为上方式）或者紧贴着墙（下方式）？

上方式

下方式

我必须承认，在有人（我已经忘记那个人是谁了）指出我的悬挂方法（我也不记得当时是怎么挂的）是“错误的”之前，我从未注意到厕纸还有两种挂法。不过，已经有证据证明，你喜欢的悬挂方式可以预测你的吸金能力。

说吧，你喜欢上方式还是下方式？

答案

很明显，这种事是没有对错的。但是（在美国进行的）最全面的调查显示，68% 的人选择的是上方式。与各种小型投票结果和通常的直觉相反，没有证据显示男性与女性，或者老人与年轻人之间有什么差别。

不过，我们发现了一项颇为有趣的差异：收入在 2 万美金或以下的人，有 73% 的人与大多数人相反，他们喜欢下方式的挂法。在评论另一项由厕纸制造商进行的调查结果时，被称为“两性关系问题明星专家”的吉尔德 · 卡尔（Gilde Carle）博士提出了一些颇有见地的分析：

- ◎ 如果习惯上方式卷纸，那么你喜欢负责，讲究条理，有可能取得超过人们预期的成功；
- ◎ 如果习惯下方式卷纸，那么你办事从容，为人可靠，并且向往基础坚实的两性关系；
- ◎ 如果你根本不介意方向问题，那么你是一个不喜欢冲突、容易变通的人，这样的人很容易融入到新环境中。

说得好听点，这些调查并不十分满足标准科学调查的全部要求，所以由此而得出的结论值得怀疑。不过，令人吃惊的是，居然有很多人关注这个问题。著名的喜剧演员杰 · 雷诺（Jay Leno）曾经坦言，自己喜欢在别人家的卫生间把厕纸悬挂方式改过来，玛莎·斯图尔特（Martha Stewart）和安·兰德斯（Ann Landers）则是下方式悬挂法的积极支持者。不过我们还是将最后的发言机会留给威尔士王妃戴安娜的管家保罗·伯勒尔（Paul Burrell）吧：

当然应该是上方式。如果用下方式，那么卷纸就会松落一地。当然这个问题在王室并不存在，因为王室成员用的都是纸巾，散开来呈漂亮的扇形放在盒子里。

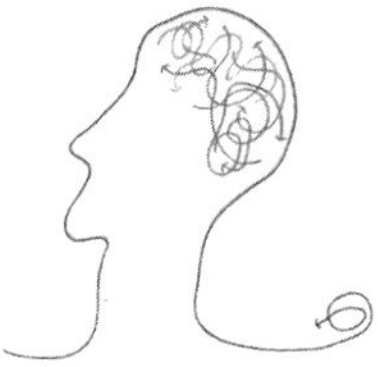

65. 常识问答游戏

第 1 部分

在这一节里，我们恐怕会需要做一些准备作业。不过别放弃，我不会透露太多，但可以告诉你的是，你现在只需要花上几分钟的时间，将来就会得到意想不到的回报。

我希望你能花上 5 分钟的时间（你自己计时——肯定比你想的时间要长）去想象一位典型的大学教授，比如牛津、剑桥、哈佛或者麻省理工的教授，然后在一张空白纸上列出这样一位教授的典型行为、生活方式和长相。

在 5 分钟时间未到之前请不要翻到下一页。

第2部分

在完成了前一页的第一部分后，请回答下面的多选题（可以在书上直接画圈，也可以在空白纸上记下答案）：

1. 同一元素但具有不同中子数的原子叫什么？

（a）同位素 （b）同量异位素 （c）二人同灵 （d）质子

2. 哪支队伍获得了1930年的世界杯？

（a）意大利 （b）乌拉圭 （c）匈牙利 （d）阿根廷

3. 哪个国家位于欧洲的最西端？

（a）葡萄牙 （b）爱尔兰 （c）西班牙 （d）法国

4. 谁撰写了经典军事著作《战争的艺术》（*The Art of War*）？

（a）亚历山大大帝 （b）乔治·华盛顿

（c）拿破仑·波拿巴 （d）孙子

5. 下列哪个历史事件受到了沃伦委员会的调查？

（a）“挑战者号”失事 （b）肯尼迪总统被刺杀

（c）马丁·路德·金被刺杀 （d）阿波罗13号

6. 下列哪个岛屿是加拉帕戈斯群岛中最大的岛屿？

（a）费尔南迪纳（Fernandina） （b）伊莎贝拉（Isabela）

（c）圣克鲁斯（Santa Cruz） （d）圣地亚哥（Santiago）

7. 在二次方程中自变量最高可以达到几次幂？

（a）四次 （b）二次 （c）三次 （d）一次

8. 第一次登月的是阿波罗几号?

（a）阿波罗 9 号　（b）阿波罗 11 号

（c）阿波罗 13 号　（d）阿波罗 8 号

9. 电影《影子大地》(*Shadowlands*）的主人公原型是谁?

（a）C.S. 路易斯（C.S.Lewis）

（b）W.H. 奥登（W.H.Auden）

（c）理查德·阿滕伯勒（Richard Attenborough）

（d）约翰·贝奇曼（John Betjeman）

10. 在电影《杀死一只知更鸟》中扮演阿提克斯·芬奇（Atticus Finch）的是谁?

（a）格里高利·派克（Gregory Peck）

（b）加利·格兰特（Cary Grant）

（c）洛克·哈德森（Rock Hudson）

（d）詹姆斯·加纳（James Garnar）

第3部分

在我公布答案前，希望你能再花5分钟的时间去想象另一类特殊的人，比如一个足球流氓。然后在空白纸上写下他的典型行为、生活方式和长相。

全部完成后再进行下面的练习。

第4部分

惊喜：又是一项测验！我保证这是最后一次了。不要忘记在纸上写下答案！

1. 下面哪个岛屿是地中海中最大的岛屿？

（a）西西里岛　　（b）撒丁岛

（c）科西嘉岛　　（d）塞浦路斯

2. 在弗朗西斯·福特·科波拉（Francis Ford Coppola）的电影《窃听大阴谋》（*The Conversation*）中，扮演哈利·卡尔（Harry Caul）的是谁？

（a）吉恩·哈克曼（Gene Hackman）

（b）克林特·伊斯特伍德（Clint Eastwood）

（c）埃利奥特·古尔德（Elliott Gould）

（d）伯特·兰开斯特（Burt Lancaster）

3. 下面哪一部是哈利·波特的第三部？

（a）哈利·波特与密室

（b）哈利·波特与阿兹卡班的囚徒

（c）哈利·波特与凤凰社

（d）哈利·波特与混血王子

4. 青铜是由哪两种金属合成的？

（a）铜和锌　（b）铁和镁　（c）铜和锡　（d）铁和铅

5. 20 世纪 70 年代的某一年中同时上映了《教父》第一部、《哥伦布》《投沙包》《性爱的欢乐》等几部电影，这一年是哪一年?

（a）1970 （b）1971 （c）1972 （d）1973

6. 在摄影学中，SLR 中的 R 代表的是什么?

（a）Rangefinder（测距） （b）Randolph（伦道夫）

（c）Reflector（反射镜） （d）Reflex（反射）

7. The Union of Myanmar 的别名是?

（a）Thailand（泰国） （b）Tibet（西藏）

（c）Burma（缅甸） （d）Vietnam（越南）

8. 在希腊神话中，谁是牛头人身?

（a）Griffon（格里芬） （b）Minotaur（弥诺陶洛斯）

（c）Centaur（半人马） （d）Cyclops（库克罗普斯）

9. 下列哪种疾病是由寄生虫恶性疟原虫引起的?

（a）利什曼病 （b）疟疾

（c）血吸虫病 （d）库贾氏症

10. 墨西哥城在哪一年举办了奥运会?

（a）1962 （b）1968 （c）1972 （d）1976

答案

现在让我们看看你的成绩，这是第 1 部分的答案：

（1）同位素；（2）乌拉圭；（3）葡萄牙；（4）孙子；（5）肯尼迪总统被刺杀；（6）伊莎贝拉；（7）二次；（8）阿波罗 11 号；（9）C.S. 路易斯；（10）格里高利·派克

第 2 部分答案：

（1）西西里岛；（2）吉恩·哈克曼；（3）哈利波特与阿兹卡班的囚徒；（4）铜和锡；（5）1972；（6）Reflex（反射）；（7）Burma（缅甸）；（8）Minotaur（弥诺陶洛斯）；（9）疟疾；（10）1968

你在哪组测验中的表现更好？神奇的是，一群荷兰心理学家的研究结果发现，被要求设想“教授”形象的人在常识问答中的得分（满分 10 分，平均分 6 分左右）比设想“足球流氓”的人得分稍高（平均分 4 ~ 5 分左右）。[1]

无论这招对你是否有效，荷兰研究人员的发现相当可信：在“教授组”和“足球流氓组”（实际上是奈美根大学的学生[2]）之间还是有

---

① 注意，他们的研究方式与我让你做测试的方法相比更为公平一些。他们让一组人想象一位教授的特征，另一组人想象足球流氓的特征，然后让他们做一模一样的测试。而我是让同一个人（也就是你）先想象教授的特征再想象足球流氓的特征，那样我就只能让你做不同的测试，而两组测试的难度可能不会完全匹配。现在你已经了解了测试的基本思路，为什么不试着用那种更公平的测试方式来测测你的朋友？你可以让一组人想象教授的特征，另一组人想象足球流氓的特征，然后每人都完成全部 20 道题。

② 奈美根市是我最喜欢在知识测试中引用的城市，如果你要问奈美根在哪儿，大多数听说过这个城市的英国人都会告诉你在 Holland。这个答案并不完全准确。正确的说法是在 Netherlands，而不是在 Holland。南 Holland 和北 Holland 是荷兰 12 个省中的两个（Holland 与 Neitherlands 都指“荷兰”这个国家，但 Holland 也用于荷兰的两个省份名称中——译者注）。

差别的。究竟怎么回事呢？研究人员用所谓的“认知—行为联系”（通俗的说法是有样学样）来解释他们的研究发现。当我们看到别人用某种方式办事的时候，我们常常会下意识地模仿他们的行为和风格。我们为什么要这样做？主要是因为我们希望别人能喜欢我们，而人都喜欢与自己相似的人（如我们在“读写能力测试”中看到的）。把这个理论再扩展一下，即使没有见面，只要“想象”某些特征的人（比如聪明的教授和粗鲁的流氓）就足以让我们开始模仿，包括他们的思维方式和行为动作。另一项关于这个理论的研究则发现，那些被要求阅读一份描述老年人特征的材料的人离开测试现场后，在走廊里走得更慢。

不过后来这个问题变得有点乱了。另一组研究人员重复了上面的慢走研究，且对研究方法进行了更精密的设计，比如使用红外光束而不是秒表来计时，而且负责计时的人并不知道哪些参与者们看到了与老年人有关的列表，以此来避免期望效应（参见“你就是心理学家”）。这一次慢走效应消失了。而原版试验的设计者［耶鲁大学的约翰·巴弗（John Bargh）教授］反驳说，与原版试验相比，除了计时方法等方面，这项新试验还有其他一些不同之处，可能是这些不同之处消除了原版试验中发现的慢走效应。他同时还指出现在已经有了两个成功复制的研究，其中一个是由 BBC 在电视节目上进行的（参见“网页链接”）。

那么“常识问答游戏”研究又怎么样呢？两个团队重复了这项研究，结果发现在“教授组”与“足球流氓组”之间并没有差别。但是与原始试验不同，这些研究不是发表在同行评议的学术期刊上（这类学术期刊是由同行来对研究结果进行评议），而是发表在一个特殊的网站上，这个网站专门关注那些未能成功复制经典心理学试验的试验结果（参见“网页链接”）。不过也可以说，这其实算不上是作者的错误。学术性期刊在很大程度上与报纸一样，它们通常在发表引人眼球的原版试验内容时动作很快，但却懒得继续发表那些与原版试验结果不同的后续研究内容。如果一项后续试验结论是：“你知道我们以前说过的那些事儿吗？或许那不是真的”，那么学术期刊会觉得这个内容没有那么有趣。

那所有这些研究究竟要告诉我们什么？从个人角度来说，我对这类研究颇持怀疑态度。我觉得在这类研究中不宜用常识问答测试的方式。因为很多问题，不知道就是不知道，即使你变成爱因斯坦也还是答不出来。也许，我们可以让“教授”和“足球流氓”接受虽有一定难度但大多数人都回答得出来的测试（就像我们在“序曲还是催眠曲？”还有“时间之旅”里做的那样），然后将他们完成测试的时间进行比较。如果你是心理学系的学生，这是一个十分有趣又相对容易操作的研究课题。

不过，下次如果再做“常识问答游戏”测试，不妨先花上几分钟的时间去想象一位博学多才的教授，即使没有任何帮助，至少也不会有任何损失。另一方面，如果你不幸从来没有打过架，不妨试试像足球流氓那样想问题。

网页链接

BBC 复制慢走试验的网址如下：

http://www.youtube.com/watch?v=5g4_v4JStOU

失败的心理学复制试验的网址如下：

www.psychfiledrawer.org

66. 辨脸识人？（3）：褐眼男人

一位英国法官近期作出了一项规定，被告上庭作供的时候不可以戴着能遮住整张脸的面纱。其理论依据是：“观察被告的表情是陪审团判断供词真假的重要手段。”这条规定基于一个广泛存在的信念，即仔细观察一个人的面部表情可以判断出他是否在说谎。

实际上，这条理论可能是不正确的（请再回看一下“说谎者，说谎者”）。但究竟是不是有些人无论说不说谎看起来都会显得比其他人更诚实？

看看下面的两对面部图片。你的任务是找出每一对中哪张脸看起来更诚实。

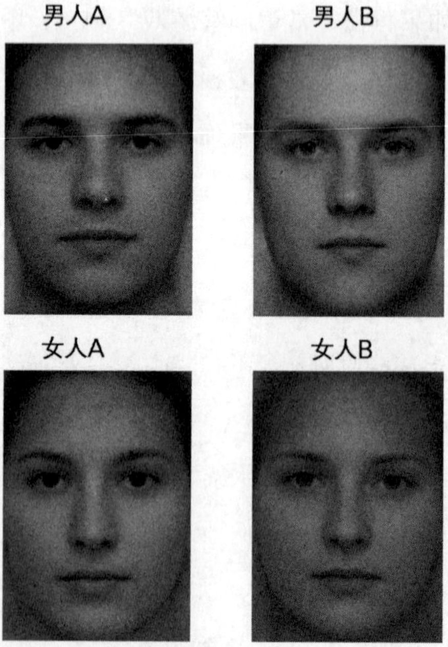

顺便说一下，你是不是觉得这些人看起来特别漂亮？答案是肯定的，因为他们并不是真人，而是用许多不同面孔的平均数据合成的（参见“辨脸识人？（1）”）。这些面孔参数采自捷克人，这可能也是原因之一。

答案

大多数人都认为男人 A 看起来比男人 B 更诚实，而两位女性则是五五开。

在捷克共和国进行的一项研究显示，测试者认为褐色眼睛的男人（A）比蓝色眼睛的男人（B）（试验用的是彩色照片）更诚实一些。为什么褐色眼睛的男人会让人觉得更诚实？我们还发现，即使这两张面孔经过电子编辑、褐眼男人的眼睛也变成蓝眼睛，测试者还认为那个“褐眼”男人更值得信任（这也是为什么我让你只看黑白照片来完成测试）。这个问题变得更神秘了。

所以说，一定是眼睛颜色之外的因素让褐色眼睛的男人看起来更值得信任（并没有证据表明他们确实值得信任）。但是这些因素究竟是什么呢？答案似乎是脸型，而脸型往往与眼睛颜色之间有相关性。褐色眼睛的人通常都是下巴圆、嘴巴阔，嘴角略有上扬，眼睛大，眉毛距离近：这都是被认为更值得信任的人的面部特征。蓝色眼睛的男人下巴更长更尖，嘴巴更窄，眼睛更小，眉毛距离更远：这都是被认为更不值得信任的人的面部特征。有趣的是，脸型并不能用来预测人们对女性诚信度的判断。这可能一方面是因为女性脸孔的相似度比男性更高；另一方面是因为女性总体被视为比男性更值得信任。

但为什么圆下巴、宽嘴巴和大眼睛的男人会被认为更可靠？分析原因似乎最少有三条。第一，圆下巴和大眼睛的人看起来好像长了一张“娃娃脸”，因此会给人以“天真”的感觉。第二，小嘴巴和小眼睛会给人一种容易发怒的印象（想象一下你发怒的时候是不是抿紧嘴眯上眼）。相反，阔嘴巴和大眼睛让人显得快乐；在其他条件完全相同的情况下，人们更愿意相信一个快乐的人而不是发怒的人。第三，脸上各部分更大的男性会被认为更有男性气质（想象一位高大、黝黑、英俊的陌生男性），让人觉得他更可靠更值得信任。

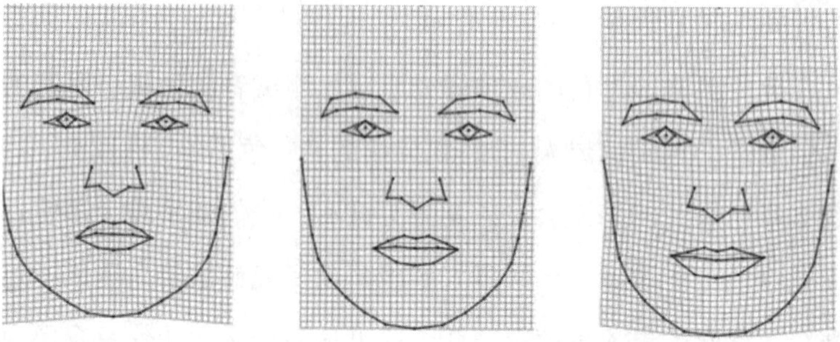

这是三张男性面部的视图，从左到右依次为最不值得信任的脸型、一般脸型、最值得信任的脸型。视图为原版研究的作者所绘，方法是将已经获得可信度评分的脸型绘制到标准的网格上，然后将被视为最值得信任和最不值得信任的脸部特征分别集成到不同的脸型中。

所以，也许这位法官与其做出裁决不允许戴着面纱上庭作证，倒不如裁决让所有人在庭审整个过程中都必须戴面纱；不然的话就会存在风险，即陪审团可能受到一些不相关因素如脸型——或者更间接地受眼睛颜色——的影响。

67. 我没招了

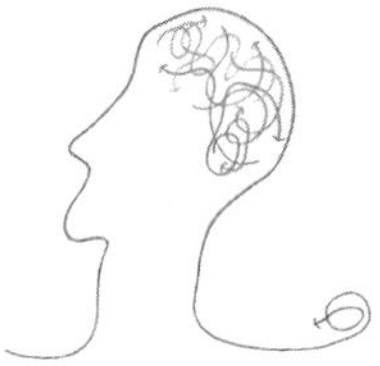

现在你手上有一小段蜡烛、一盒图钉和一本关于各种东西用途的书。你的任务是把蜡烛固定到墙壁上，不让烛泪落到地上。

你应该怎么做?

答案

如果你想用图钉或者融化的烛泪来固定蜡烛，虽然是个不错的主意，但却不会有用。不信的话，你可以试一下。

最正确的做法是用图钉把盒子固定到墙壁上，然后把蜡烛立在盒子里面。想不想试试？保证有效！

通常只有四分之一的人会得出正确答案。为什么这道题会这么难？答案是一种叫做功能固着（functional fixedness）的现象。即若某个事物经常被用于某种用途，那么我们脑中就会固化它的功能，而很少想到把它用来做别的事情，哪怕它非常适合。例如，在这个案例中，我们太习惯于认为图钉盒是用来盛放图钉的，所以就想不到将它看做一个潜在的烛台。

克服功能固着已经演变成一种设计趋势：升级再造（upcycling）（通过回收“升级”，使某些东西有新的或更好的用途）。富有想象力的设计师就用洗衣机的滚筒和烤土豆罐头造出了灯具，用手提箱造出了玩具房子和架子，用车轮和唱片造出了钟表，还把普通灯泡做成了圣诞树的装饰灯泡（参见 www.upcyclethat.com)。

现在你已经知道如何避免功能固着陷阱，你也可以尝试使用这个技巧去解决问题……

68. 承受压力

凭借你现在所掌握的知识，下面的问题你会有多少个解决方案（这是一道真正的测试题）？

靠着一根气压计的帮助，如何测量出一座高层建筑物的高度?

顺便说一句，如果你不知道什么是气压计，我在这里介绍一下，它是用来测量大气压强的设备（就像许多业余天气预报爱好者使用的那样）。

答案

最平常的做法就是在顶楼和底楼测量气压，根据气压差来计算高度。

但是我出这道题的真正目的是为了破除功能固着。还有多少种另类的方法可以“用气压计来测量高层建筑物的高度”？

下面的方法或许可行：

- ◎ 把气压计绑在绳子上，从顶楼垂下去，然后回家计算绳子的长度；
- ◎ 把气压计从顶楼扔下去，计录它的落地时间，代入相关公式计算大楼的高度；
- ◎ 在一个天气晴朗的日子，把气压计拿到室外，记录它的实际长度和它的阴影长度的比率，然后测量高楼的阴影，根据这个比率计算出楼的高度；
- ◎ 带着气压计上楼，在墙壁上按气压计的垂直长度画线，数一数一共有多少条线就可以计算出……以气压计为单位的大楼高度了；
- ◎ ……又或者把气压计的长度转化为标准单位（如果你不方便测量，也可以从厂家获得数据），上面那个以气压计为单位的大楼高度就可以换算成实际的高度了；
- ◎ 找知道大楼确切高度的人（比如清洁工、门卫、管理员），如果他们肯告诉你大楼的具体高度，就把你那迷人的气压计送给他。

你想出了几个？还有更多的方法吗？下面是我自己想出的方法，虽然有点咬文嚼字，但就跟其他很多人一样，我是利用了题目中要求“靠着一根气压计的帮助”而不是“只能使用压力计”这一点：

◎ 卖掉气压计，用得来的钱买一张公交车票去测量员的办公室，然后花钱请他帮你测量。

顺便提一下，据说这是发生在一次物理考试中的真实事件，教授们很犹豫要不要给上面这些自作聪明的答案分数。我恐怕并不会太过同情那些学生，因为我认为所有考试都隐含着这样一个条件才会比较公平，那就是使用给出的条件从你所学的课程中找出答案。

不过说句公道话，这样的学生——如果真有的话——避免了功能固着，这一点值得赞许。

为了体现这种精神，我会为用最有创意的方式使用本书的读者颁发一份奖品，请把你的照片发至 uses@Psy-Qbook.com.

祝君好运！

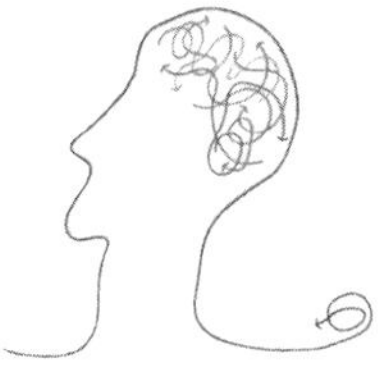

69. 不打不成才？

对 = 我相信孩子需要体罚的管教。

错 = 我相信掌掴孩子会产生永久的破坏性效果，包括使孩子变得更具攻击性。

你的答案是哪一个，“对”还是“错”？

答案

我们对于掌掴孩子的做法一直持有矛盾的心情。一方面，这种做法在社会上名声相当不好，许多专家（包括美国儿科学会的专家）都持反对态度，而且有三分之二的国家明确表示这样做是违法的。另一方面，在英美两国进行的调查显示，又有三分之一还多点的家长说他们每月至少会揍一次他们的孩子。

这场讨论现在正进行得如火如荼，所以，在我们进行更深入的讨论前，让我们先澄清“掌掴””的真实含义。这里说的“掌掴”指的是张开手掌温和地搧——通常是搧对方的手或者屁股——而不造成永久性的伤痛。今天，几乎所有人都同意，任何超过这个范围的体罚方式，包括仅仅几十年前学校里习以为常的用藤条抽打的方式，都是不容讨论的。

现在不乏研究结果证明受到掌掴的孩子更具有攻击性。但正如我们在前面看到的关于宗教信仰与智商相关性的内容一样（参见“愚顽人心里说，‘没有神’”），这并不能告诉我们其中的因果关系。到底是父母的掌掴使孩子变得更具攻击性，还是孩子自身更有攻击性导致父母更可能掌掴他们？

要想找出答案，我们需要将我们的分析对象限定为那些控制了孩子起始攻击性程度的研究。也就是说，在时间点1，我们把孩子分成两组，一组受掌掴（a），一组不受掌掴（b），分组时要确保两组孩子自身的攻击性程度（和其他任何我们感兴趣的因素）相当；经过几个月或几年后，在时间点2将两组进行对比。在这个时候，我们发现，受掌掴的孩子的确更具攻击性（不过，这项研究将破坏规则、反社会和对抗行为都归到了攻击性里），并且更容易抑郁、焦虑和精神紧张。

但是——在这里我要强调这个“但是”——这两组孩子之间的差距虽然具有统计显著性，但是绝对相对微小。记得我们在“男人来自火星……”那一节里，微小的差距——比如男性在数学方面相比女性的优势——用图表表示是什么样子吗？是的，两条曲线几乎完全重合，不用放大镜的话几乎分不开。受掌掴的孩子和不受掌掴的孩子之间的差别就是这个样子。不受掌掴的孩子虽然攻击性略低，但仍有47%不受掌掴的孩子的攻击性要高于受掌掴孩子的平均值。（记住，如果这个数字达到50%，两组之间就完全一致了）。

另外两种比较流行的惩罚手段——大声喊叫和威胁进行惩罚但实际并不惩罚——的效果也好不了多少，两种方法都导致孩子攻击性程度轻度上升。而积极的处罚方式——比如详细向儿童解释为什么某些行为是错误的，或者只表扬好的行为而不惩罚错误的行为——似乎对孩子的攻击性也没有影响。我猜这个结果会使积极的处罚方式被默认胜出，不过它胜出只是因为它对攻击性没有任何影响，在我看来这是相当没有意义的胜利。可能你用顺势疗法来处罚孩子说不定也会胜出呢。

那么你应该怎么做？实际上，到底打不打孩子，大多数父母的决定可能取决于他们对这个问题的个人态度。上面的研究告诉我们的是，这种方法基本上也没问题。虽然对于打不打孩子的问题人们讨论的热情很高，但现实是，无论你打还是不打，对孩子将来成为什么样的人可能影响甚微。

70. 有益的视频游戏?

好了，掌掴导致孩子攻击性上升的程度（最多也只能算）极为微小。那么另一个经常被讨论的不利于孩子成长的因素——视频游戏（或者像英国人说的那样叫电脑游戏）——又怎么样呢？因为现在的游戏业已经成为一大产业，所以这当然是一个重要问题。在许多国家，包括美国在内，游戏业的规模十分庞大，如果纯从金融角度来说，它已经超过了音乐或电影产业。

这个问题已经在科学界引起了讨论的热潮，我不想在这里介绍讨论的具体细节，以免让你觉得无聊。[①] 或许最公平的说法是，同样地，影响确实存在，但却极其微小。如果我们探究一下真实世界中的那些攻击性行为，排除有攻击性倾向的人更喜欢受到暴力性游戏影响这个因素，那么我们可得出结论，视频游戏给孩子带来的攻击性上升的幅度，与受到掌掴和未受到掌掴的孩子研究中的结果类似

---

① 不过，如果有读者对这个问题感兴趣，克雷格 · 安德森（Craig Anderson，衣阿华州立大学）和克里斯托弗 · 弗格森（Christopher Ferguson，得克萨斯农工大学）之间的争论已经被写进教科书作为案例，争论的主要问题是荟萃分析中数据的入选标准与效应量。

（参见前面的章节）。[①]

或许，更有趣但通常被认为不值得报道的事情是，视频游戏可能给我们带来益处（或者叫视频增益）。几项研究发现，游戏可以增加玩家的视觉空间感、记忆力和手眼协调性。一项研究甚至发现，与不玩游戏的外科医生相比，利用空闲时间玩视频游戏的外科医生手术速度高 24%，错误的发生率也可以减少 32%。有些游戏还可以提升玩家的社交能力：在“网络爱情”一节我们讨论过的调查中发现，在线结识的夫妻中有 2% 是在虚拟的游戏世界中结识的，例如，战机世界（World of Warcraft）。或许最让人印象深刻的是，一项研究发现，让有诵读困难的儿童玩任天堂“雷曼 4：疯狂的兔子”游戏时间达到 12 小时后，他们的阅读能力有所增加，显然这是由于游戏提升了他们的注意力。就本人而言，所有跟坚持、耐心和解决问题有关的能力，我都是在玩阿米加公司的“百战小旅鼠”游戏中学会的。所以我给父母的建议是：你可能永远不可能让你的孩子停止玩暴力类游戏，但是你总可以试着劝说他们在玩的过程中加进一些更锻炼脑力的游戏。即使你连这点也做不到也不用太过担心，游戏至少可以起到锻炼手眼协调性的作用。

当然，我们成年人还是不要把时间浪费在游戏上。我们可以把用在“屏幕上的时间”放在更重要的事情上，比如……使用社交媒体。毕竟后者不会带给你任何坏处，对吗？

---

① 如果我们分析试验性研究的结果，会发现影响程度稍大一些。在试验中，我们把参与者分成两组，一组玩暴力游戏，例如，使命召唤（Call of Duty），另一组玩非暴力游戏，例如，传送门（Portal 2）。但是，因为我们不允许参与者们在实验室内彼此殴打，所以所谓的攻击性行为通常也只是对扮演的假想伙伴发出噪音，或者强迫他们喝一些不愿意喝的热饮料。没错，这可算作攻击性行为，但基本上不能说它能证明玩暴力类游戏会导致——举个极端的例子——中学校园枪击事件。

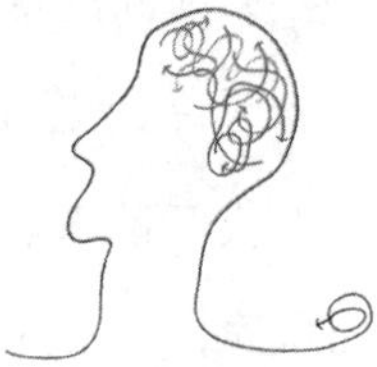

71. 关掉你的脸书或闭嘴别吵?

对还是错?

在脸书（Facebook）网上账号等级越高的人越容易欺骗他们的伴侣，并最终导致分手。

答案

对，至少根据近期进行的一项研究来看是这样的。现在，在脸书的创始人马克·扎克伯格指控我之前，我要向大家指出这是一项相关性研究。如前所述，相关性并不等同于因果关系，也就是说：使用脸书的人更容易欺骗他们的伴侣，但这并不是说脸书等级高会引起这个现象。实际上，这更可能是第三方因素引起的。比如，一个可能性是，至少有些人本来就已决定背叛伴侣，然后开始在脸书上寻找机会。另一个更具善意的解释是，那些每隔几分钟就查自己脸书主页的人处于情感饥渴状态，而正是这些人可能在有人对他们表示出兴趣的时候，很难抵挡这个诱惑。

这是不是说，如果你的另一半是脸书迷，那么你就要怀疑出现了最糟糕的事情？我很高兴地告诉你：“不一定。”使用脸书的高频率与所谓的“负面人际关系结果”（分手、精神背叛与身体背叛）之间的关联很微妙也很复杂。首先，经常使用脸书并不能直接预示背叛或者欺骗。这个过程实际可划分为两个阶段：先是经常使用脸书预示着配偶会围绕脸书的使用频率问题发生冲突，而后正是这种冲突预示着可能发生背叛和分手。换句话说，问题并不是你的伴侣一直在使用脸书，而是你一直为此唠叨他 / 她。而且这种相关性仅限于交往时间不到 3 年的伴侣；对于交往时间更长的伴侣，脸书的使用与背叛或分手之间没有任何相关性（或许是因为他们的关系更为稳固，或许一方对对方沉迷于脸书的事实已经无可奈何地接受，已经懒得唠叨了）。

因此，如果你已经在脸书上将自己的婚恋状况更新为“已有伴侣”，那么你也许应该考虑将使用脸书的频率稍微降低一点，或者如果你不愿意这样做的话，至少应该同意不要与伴侣为这个事情争吵不休。

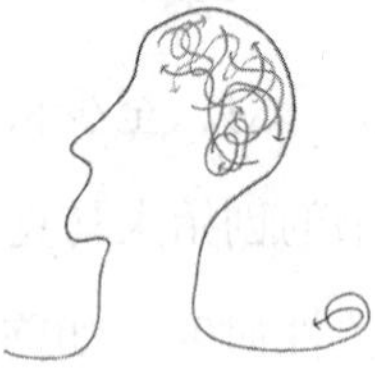

72. 蛋糕成瘾者

是不是有点奇怪，为什么你会一直吃零食，根本管不住自己的嘴？

实际上，你可能是能管住自己的。但是我想你一定已经看过了电视纪录片里讲的有些人管不住自己的嘴，哪怕他们已经胖得没法出门，仍然无法控制自己。为什么会这样？他们就是所谓的食物成瘾者？或者说这些食物成瘾者没有足够的意志力？

你是怎么想的？

答案

大多数专家都认为，食物成瘾[①]的机制和烟草、酒精[②]、咖啡因、海洛因、可卡因或其他药物成瘾是一样的。这个说法有点出乎意料，但如果我们对照一下药物成瘾的一些特征，食物成瘾者符合瘾君子的所有特征……

---

① 正式来说，“成瘾性”（addiction）已经不再用于诊断。在美国精神病研究协会 2013 版的《精神性疾病诊断和统计手册》中，这个术语已经被删除了，很明显是因为这个词感觉在暗示患者道德软弱。不过在实际操作中，虽然手册中只用“紊乱”（disorder）一词（例如，酒精使用紊乱、兴奋剂使用紊乱、赌博紊乱），大多数的研究者们还是更喜欢使用“成瘾性”这个词。

② 以写讽刺性文章而著称的报纸《洋葱新闻》上发表了一篇文章，精彩地总结了我们对各种成瘾的矛盾态度，“我就像一位巧克力控，只不过我喜欢的是酒”：www.theonion.com/articles/im-like-a-chocoholic-but-for-booze, 10739/

◎ 会感到强烈渴望，结果往往是他们的摄取量比预想的要多。他们也想减少摄取量，但却无法做到，即使明知会造成健康、个人生活和职业生涯等方面的问题（也就是说，他们会出现失控）；

◎ 会呈现出耐受性：同样的摄取量带来的效果已经越来越不明显，必须摄取更多才能达到目的；

◎ 会出现戒断症状：摄取药物只是为了避免出现戒断症状。

很少有人否认食物成瘾者符合上述第一条——也许是最关键的——标准：失控。这段描述似乎特别适用于那些已经严重超重无法离开家门还在不断吃东西的人。食物成瘾者也明显地体现出耐受性：没有人会在某天早晨一睁开眼就打算吃 10 板巧克力。只是当第一块吃下去后没有像以前那样给你饱腹感，所以你又吃了第二块；很快两块也不能让你有饱腹感，所以你不得不再次加量，直到……

关于食物成瘾与戒断症状的关系则争议多一些。不过，虽然食物成瘾者的戒断症状不像海洛因成瘾者那样会出现典型的“突然戒毒”症状（焦虑、发抖、体温降低），但仍然会有些温和的症状比如头痛和易怒（如果你是咖啡因成瘾者，那么少了一杯早餐咖啡就可能会引起同样的症状）。不管怎样，耐受性和戒断症状都是生理依赖的指征；而行为方面的症状——失控——通常被看做是成瘾最为重要的特征。

你还不相信？可能你坚持认为食物成瘾与药物成瘾的相似性在于生理或者遗传方面。好吧，药物和食物都会刺激大脑的奖赏系统，就这点而言与人们喜欢的任何东西（比如听音乐、做爱、购物或者逗宝宝玩）的作用机制一样。而且食物和药物的成瘾性不仅会遗传，而且往往会在同一个家庭里同时出现。

所以答案很简单，对，食物成瘾与药物成瘾在本质上是一样的。

但是究竟什么才是成瘾性？主流的观点（例如，美国精神病研究学会在网站上表达的观点）认为，成瘾性是一种疾病，就像哮喘、糖尿病和癌症一样。成瘾者如果凭借意志力来摆脱成瘾性，难度不会低于癌症患者凭借意志力来摆脱肿瘤。

但是这种观点似乎并不完全正确。许多成瘾者——甚至像喜剧演员拉塞尔·布兰德（Russell Brand）那样坚持认为成瘾是一种疾病的人——已经仅仅依靠意志力就克服了自己的成瘾。动机可能才是真正的关键：那些成功戒断的人通常就是那些最想戒断的人，而且有研究显示，有些药物成瘾者成功戒毒，只是因为研究人员付钱让他们戒。这对认为药物成瘾是一种疾病的理论形成了挑战：你不能通过付钱给患者让他们痊愈来治愈癌症患者。

从这个角度来看，成瘾者不过是更看重短期收益（例如，把下一个蛋糕或者下一瓶可乐也吃掉或者喝掉），而不是长期收益（例如，保持健康，保住工作，能够出门）的人。这也解释了为什么在延迟折扣测试（参见“我就是等不及”）中表现不佳的人更容易成为瘾君子，无论是对食物、药物还是赌博。但这不等于说瘾君子只能怪他们自己。延迟折扣——跟成瘾一样——似乎也会遗传。至少从某种程度来说，那些更愿意现在就吃一块棉花糖而不愿等待一段时间吃两块糖——或者更愿意现在吸毒而不愿考虑将来——的人往往生来如此。

这种理论显然颇有争议，但如果它是正确的，那么本节开始谈到的两种看起来彼此矛盾的观点就都是正确的。一方面，食物成瘾是一种“典型的”成瘾，与药物成瘾是完全一样的；另一方面，所有的瘾君子“只不过”是——或者生来就——缺乏足够的意志让自己做到为了长期利益而牺牲短期利益的人。

让我们用一项研究来结束这一节的内容。这项研究显示，一个简单的方法也许可以帮我们降低过度贪食的程度，虽然对于那些严重成瘾的人来说，这个方法似乎不太管用。也许你自己也亲身经历过，当面对一大堆美味的食物例如品客薯片[①]时，很多人都会把食物一扫而空，就跟飞机开启了自动驾驶模式一样。最近一项研究（试验中使用了与品客类似的美国薯片 Lays Stackables）发现，只需每次把第七块薯片染成红色（或者染色，或者将其变成蕃茄味），就可以使人们的平均食用量减少一半。这种做法实际上是把整筒薯片分成了很多更适量的部分（不过多数人仍然会一次吃掉三份左右）。

因此，如果你发现自己真的是“一旦开盖，吃个不停”，但又觉得事先分配极少量薯片的做法让吃零食变得乐趣全无，吃起来不过瘾，你不妨按照安德鲁·盖尔（Andrew Geier）教授的做法，每到一个固定的间隔就插入一张不同颜色的薯片。你依然可以随意食用，但那些不同颜色的薯片至少让你知道自己吃了多少，从而提醒你，即使已经开盖，你还是可以停下来的。

---

① 关于品客薯片有三个比较有趣的事情：（1）在大多数情况下，美国人说的 potato chips（炸薯片）（或者直接叫 chips），英国人称为 crisps（薯片）（英国人说的“chips 炸薯条”，美国人则称为“fries”）。不过，由于品客的形状特殊，而且马铃薯含量不足50%，因此品客不是 crisps。至少，高级法院法官华伦是这样裁决的。对于品客的生产者宝洁公司来说是个好消息，该公司成功地辩称，品客不应该征收增值税，因为它不是 crisp（后者是少数几种需缴纳增值税的食品之一）。（2）品客的发明者去世后，骨灰放在装品客薯片的圆筒中。（3）品客最初的广告语是“一旦开盖，吃个不停”，后来被改为“一旦开盖，快乐不停”，很可能是因为前者会让人联想到有食物成瘾的倾向。

73. 消失的幽灵

在下一页你会看到一个幽灵和一个圆点。

把书转一下，水平举在你面前几英寸处，幽灵在右，圆点在左。合上左眼，用右眼盯着圆点看。让书慢慢离开你。移动到某个点——大约一英尺左右（1 英寸 ≈ 2.5 厘米，12 英寸 =1 英尺，1 英尺 ≈ 30 厘米），你得自己来试一试——幽灵消失了。效果很具有戏剧性：它不是慢慢消失的，而是瞬间消失。当你找到这个临界点后，可以试着把书来回移动：出现——消失——出现——消失。

这究竟是怎么回事儿？你可能还记得生理课上讲过，眼球的后面覆盖着一层特殊的细胞（也称为感光细胞），外界的影像就在这里聚焦。之后这些细胞会通过视神经把影像发送到大脑。视神经与眼睛的交界处没有感光细胞。这会引起视觉盲点：如果有影像投射到这个区域就不会产生视觉。

心理学在这件事情上扮演了什么角色？是的，你的大脑很聪明，会掩盖盲点的存在。注意当幽灵消失的时候，你看见的并不是“空白”。相反，那个有图案的背景依然存在。就像某些聪明的图片处理软件一样，大脑不只是把幽灵剪切掉，而是自动复制和粘贴背景，所以你完全意识不到这个反差。

好诡异啊。喔喔喔！

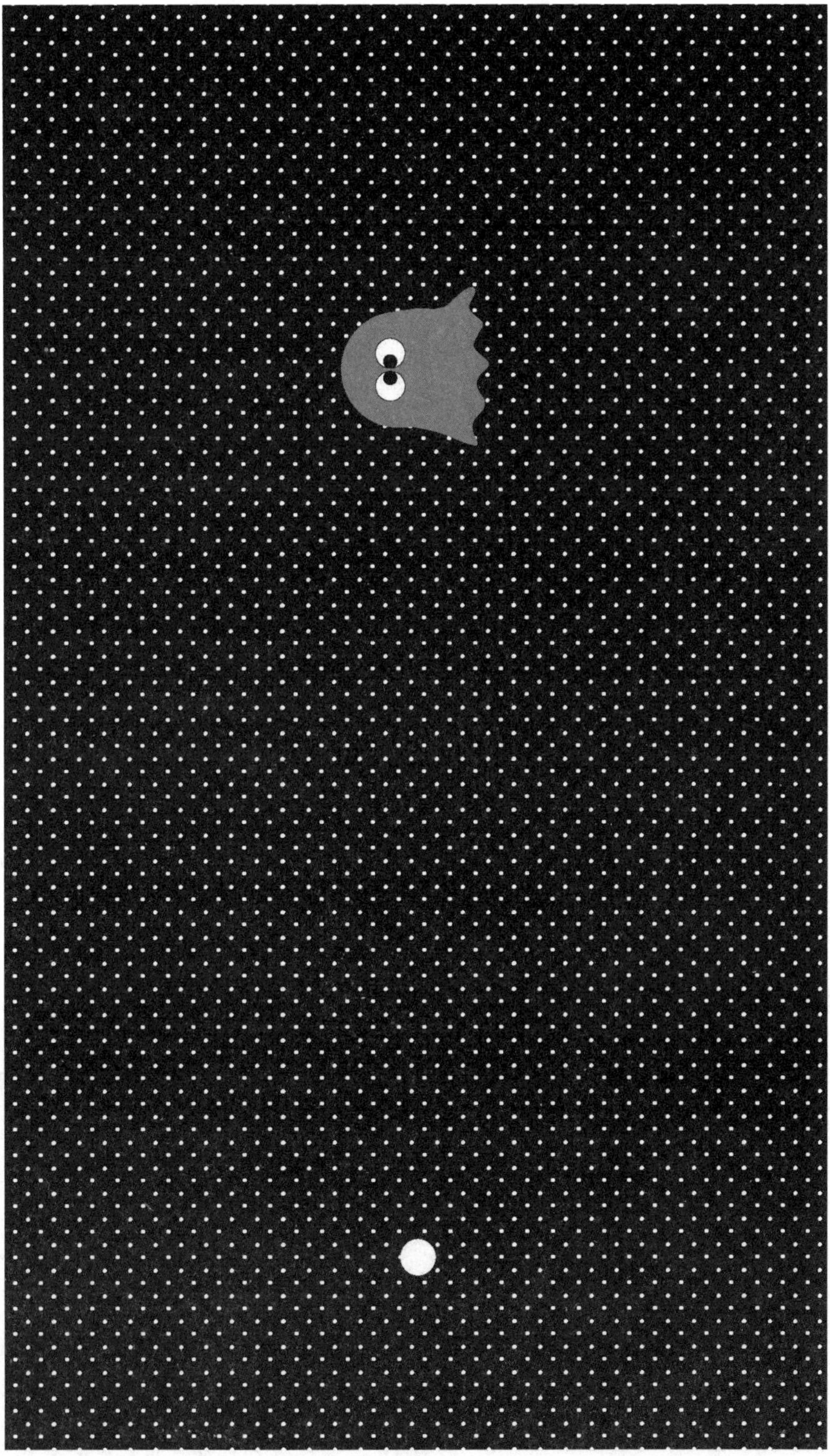

74. 心随成本一起沉

假设你花 300 英镑到旅行社预定了一份到意大利的周末游。几周之后你又花 150 英镑预定了一份到西班牙的周末游。你觉得西班牙之旅肯定会比意大利之旅更开心。可是几天后，当你查看行程表时才发现，你做了一个十分错误的决定：两个出游定在了同一个周末；并且你和旅行社签订的合约是不可退款、不可转让的：你必须选择一个，放弃一个。你会选择哪一个？

一对情侣，亚当和爱格妮丝花 150 英镑买了一套当地剧院的季票（每套季票可以看 10 部戏）。另一对情侣，比尔和贝蒂买了同样一套票，但他们是在剧院做促销时买的，只花了 130 英镑。第三对情侣，克林和卡洛琳也买了同样的票，这一次剧院打折的力度更大，他们只花了 80 英镑。哪一对情侣去看戏的次数会最多？

答案

在第一个情境中，大多数人都会选择更昂贵的意大利之旅，即使他们认为西班牙之旅会比意大利之旅更开心。

第二个情境是在俄亥俄大学剧院进行的真实测试情景。全价买票的情侣看戏的次数多于（10 次之中平均看 6 次）在两次打折促销中买票的情侣（10 次之中平均看 5 次左右）。

从纯粹理性经济学的角度来看，这些决策根本没有多大意义。

如果你觉得西班牙好就应该去西班牙。如果套票中的某一出戏你很喜欢就去看，如果不喜欢就不要去。上面这些情景中人们做出不理智决策的倾向叫做“沉没成本”谬误。在某些事情上你投入越多——包括时间、金钱和努力——你就越不愿意“浪费”你的投资，哪怕“浪费”肯定会导致更好的结果，比如去你更喜欢的国家旅行，或者不去看那些让你从头睡到尾的戏。①

还有其他的解释吗？或许吧，例如，人们可能会想：“嗯，回头想想，西班牙之旅不可能有那么棒，因为它的价格比意大利之旅便宜一半”；或者“如果有些戏票几乎打六折，这些戏必定非常糟糕”。

又或许不是。研究人员已经用很多更适当的情境设计证明了，沉没成本似乎就是重要的决策因素。试试下面这个场景：

你是一位航空公司的 CEO。一位雇员建议你将公司研发预算的最后 1 千万英镑用于研制一款常规雷达无法探测到的新飞机。唯一的问题是，公司的竞争对手很快就会推出另一款雷达无法探测的飞机，并且速度更快，价格更低。你应该继续研制这款飞机吗？

对于这个假设情境，绝大多数人（五比一）都会回答：“当然不应该继续。”但是，如果这个情境的条件变一下：你已经花了 9 千万英镑用于研发这款飞机，那么同样比例的绝大多数人又都同意再追加 1 千万英镑把产品完成并推向市场。这根本就毫无意义。花 1 千万英镑推出一款没有竞争力的飞机要么值得，要么不值得，跟你是否已经为此花掉 9 千万完全没有关系。

---

① 我们在“这个感觉真不错”那一节中看到，沉没成本的影响程度因人而异。分析性思维占上风的人更容易避免这种情绪的干扰。

或许你还是不同意上面的说法。你可能会觉得放弃一款已经动手研制的飞机是一种向竞争者示弱的行为。那么试试下面的案例：

有一位朋友来你这里吃晚餐，你买了两套一模一样的即食套餐。第一套 5 英镑，第二套打折为 3 英镑。除此之外，这两个套餐完全一样（甚至包括保质日期）。当你把两套食物都弄好了之后，突然接到朋友电话说他病了不能来。这两套食物都不能再加热或者冷冻，也就是说你现在必须吃一套扔一套。这两套完全一样的食物你会吃哪一套？

得了，承认吧：虽然你明知绝对没有理由偏向其中的哪一套，但你几乎肯定会吃更贵的那一套。我也曾经遇到过类似的场景，当时我不小心买了两张同一旅程但是不同价格的火车票（对于海外的读者来说这似乎是不可想象的，但在英国的确有许多同样座位的车票会卖出不同的价格）。在检票的时候，我下意识地把价格更昂贵的那张递了过去，虽然我知道这样做没有任何好处可言（而且我当时已经很熟悉沉没成本误区的概念）。

虽然这些研究提供了有力证据，证明我们总是会掉进沉没成本误区的陷阱，但却没有告诉我们为什么会这样。答案似乎是，我们有一条通用法则或者捷思法则："浪费是可耻的，应该总是设法将浪费程度降到最低。"总体上说，这是一条好的法则。在绝大多数情况下，浪费最小的行动是最好的，或者，拿我的车票为例至少是无害的。问题在于，这条法则通用过度，就会损害我们的利益。比如我们喜欢去西班牙，最后却选择了意大利；有些戏我们宁愿待在家里也不愿意去看，最后却坐在剧院里看完；或者追加 1 千万英镑去制造一架完全没有用的飞机。

对幼儿和动物进行的比较研究证明了，沉没成本误区是由"不浪费则不匮乏”的法则被过度通用引起的。幼儿和动物没有能力制定出这类抽象的法则，因此不会落入沉没成本误区。当被给予类似但更适合幼儿的情景设计（比如把周末旅行的票换成露天骑车场的票）时，儿童们则完全不会受沉没成本的影响，他们只是单纯地选择自己喜欢的选项。动物研究的结果虽然更有争议，但它们显示，当动物全力战斗保护自己的幼崽时，它们会将未来的利益置于沉没成本的考虑之上：它们在保护强壮点的幼兽时会更尽力地搏斗，虽然它们此前在照顾弱小点的幼兽时投入更多。

在现实世界中还有许多沉没成本思考方式的案例。足球经理会因为继续使用转会费很高却水平一般的球员而输掉比赛；企业家会因为把更多的钱投入到已经没有希望的生意上最终连房子也保不住；股票交易者会因为不甘心之前的投资失败不断补仓最终亏损几十亿英镑。与前面虚构的飞机制造情境非常相似的现实案例是英法两国联合研制的协和式超音速飞机。甚至在机票价格节节跌落的同时，研制成本还在螺旋上升，基本上肯定最终生产出来的只是一个毫无用处的庞然大物，但却没有人能够下定决心终止这个项目。

这些场景分析告诉我们，要想避免沉没成本误区，最好的方法就是让一个局外人从崭新的视角来审视问题。比如一位新的足球经理常常会弃用一位身价很高但表现很差的球员或者将其转手，因为那个沉没成本不是他造成的。如果你担心自己可能正在错误的投资项目上做无谓的追加投入，可以问问别人你现在的计划是否可行，但不要告诉他前期已经投入的成本。如果不如此，你可能最终发现自己的心跟沉没成本一样沉没了，就像 2003 年协和式超音速飞机不得不退出市场时公司总裁沮丧的心情一样。

75. 无法忍受失去你

让我们假设你现在正在从事一项你极为喜爱的工作，或者至少是在做一件你不讨厌的事情。那么，在下面的每一个场景中你会怎么做？

场景 A

你现在有机会跳槽到竞争对手的公司。你的通勤时间会因此从 30 分钟延长到 1 小时，但对方每年会多给你 1 千英镑工资。你是否会跳槽？

□是　□否

场景 B

你的公司现在处境艰难。老总召集大家开会，告诉大家很遗憾（你认为他是真心的）唯一渡过难关的方式是每个人都同意每年削减 1 千英镑的工资。机会出现，你因此可以跳槽到竞争对手的公司。你的通勤时间会因此从 30 分钟延长到 1 小时，但收入跟你目前的水平一样。你是否会跳槽？

□是　□否

答案

当面临上述窘境时，人们在第二个场景中更容易选择跳槽。对于经济学家来说，这个选择的意义并不大：无非是让你自己考虑一下 1 千英镑是否足以弥补延长通勤时间带来的损失。

但实际上人们并不是这样思考问题的。对大多数人来说，失去已经拥有的东西比获得从未得到的东西令人难受得多。即使这两样东西可能是完全等值的（例如 1 千镑的工资）。

心理学家把这种现象称为“亏损厌恶”（loss aversion）（许多沉没成本的案例就是亏损厌恶的表现。例如，放弃更为昂贵的意大利之旅比未能享受更美好的西班牙之旅更加糟糕）。

在上面的场景中，还有各种其他因素会使事情变得更加复杂。比如，你对现在的老板还有一些忠诚；又或者 1 小时的通勤时间对你来说是不可能承受的，因为你还要送孩子上学。因此，为了更纯粹地研究亏损厌恶，心理学家主要研究非常简单的事情（比如生活琐事），以剥离其他影响因素。

在一项经典的亏损厌恶研究中，参与者们每人领到一个大杯子，他们可以选择留下杯子或者卖掉它。一般情况下，当杯子的卖价低于 7 美元时，这一组的人不会出售杯子。另一组参与者没有领到杯子，但他们被告知可以自由选择要杯子还是要一笔钱。这一组参与者一般在平均能领到 3.5 美元时就准备放弃杯子。换句话说，失去一个你已经得到的杯子与没有得到同样的杯子相比，前者看起来要糟糕两倍（也就是说，他们要求得到两倍的补偿）。

另一种排除其他因素干扰的亏损厌恶研究方法就是打赌，无论是真实的还是假设的都一样。让我们以一次性掷硬币打赌为例：人头向上，我给你 150 英镑；字面向上，你给我 100 英镑。你愿意跟我赌吗？大多数人都会选择不赌。但是你仔细考虑一下就会发现，这个选择有点奇怪。你获胜的几率是50/50，但是你赢的赌注要比输的多。如果现场有一位数学家，他一定会告诉你赶快参赌。那么为什么你不想赌呢？唯一的解释就是亏损厌恶（并因此而导致的风险厌恶参见“卫生部长”）：损失100英镑带来的遗憾要大于赚取150英镑带来的快感。大多数人只有在赢时能得到250英磅才会选择参赌；在这个情况下，同等损失与收益相比，前者被认为比后者糟糕两倍。

现实世界中也有许多亏损厌恶的例子。一项研究发现，在市场萎靡的情境下，房子已经贬值的业主卖房标价比同地区的市价高25%。这常常不可避免地导致房子卖不出去，但是潜在的卖主决定仍不降价，而不愿意兑现巨大的亏损。在大多数情况下，这种亏损只是一种错觉，因为卖主会搬去新家，而新家的价格也同样是最近下跌的。但是很多人不这么看，因而由于亏损厌恶而只能困在自己的老房子里。

还记得我在前面提到的英国的火车票如果提前预定的话会便宜很多吗？当然，火车公司在广告中会说“提前预定，省钱多多”，而不说“临时买票，价钱大涨”，或许这是因为它们知道后者会鼓励更多的人提前订票，这样会损害自己的利润。

因此如果你想让某人做某事，比如及时填写表格或者按时纳税、交罚款，更好的办法是威胁他们如果不按时完成罚款100英镑，而不是采取按时完成减免100英镑的做法。

这是因为，当我们在心中衡量得失的时候，我们中的大多数——就会如警察乐队（The Police）的那首著名歌曲——就是无法承受失去。

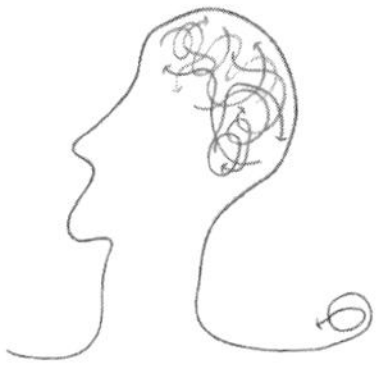

76. 并线还是不并线?

你正开着车在滚滚车流中缓缓移动，此时旁边车道上的车却不断从你的身边超过。你也可以并线，但交通实在拥堵，并线似乎也有一定的风险。那么，你是继续在原车道行驶还是换到其他车道上？坚持还是挪窝？

答案

由于前面关于亏损厌恶的章节可能会对你有所影响，我想你的决策很可能是不并线，因为并到一条更缓慢的车道带来的痛苦明显要大于并到一条快车道后带来的快乐。但另一方面，也许前面一节的内容使你相信亏损厌恶是不理智的，所以你决定克服它的影响，决定并线。

答案是：最好还是待在原车道不要换。

为什么？当然亏损厌恶是其中一部分理由。不管你的感觉是否合乎逻辑，但换到一条更慢的车道，比不能换到一条更快的车道会让你感觉更为糟糕。

但是你决定留在原车道的真正原因是（特别是如果并线看起来很有风险的时候），通常情况下，其他车道根本快不到哪儿去。我们感觉其他车道更快，很可能只是受到捷思法或思维捷径误导而产生的幻觉（参见“红还是黑？”“胡萝卜还是大棒？”）。

要想准确估计每条车道的平均速度（特别是在相当长的一段距离内），是一件很困难的事情，因此，司机通常会用一种简单的换位法进行估计：大致固定时间内，比较自己开车时有多少时间是在超车，有多少时间是在被别人超车。常识似乎是，如果你超车的时间少于被超车的时间，那么就应该并线。但是正如捷思法经常会出现的情况，这个常识是错误的。

上面这个常识的逻辑错误在于，它没有考虑到你超车时候的速度，要比被超车时的速度快这个因素。这意味着，在一个 100 码的超车距离段内，你超车可能只需要几秒钟就走完了，而如果被超车，走完同样距离则需要一分钟或者更长的时间。之所以会出现别的车道更快的错觉，是因为你的大脑只留意了超车和被超车的相对时间，而忘了考虑在超车和被超车的时间段内车子驶过的距离的不同。

实际上，著名科学杂志《自然》上曾经发表过的一个数学模型显示，在一个典型情境中，如果两条车道的车流速度同样快，那么不管是哪个车道的司机，被别人超车的时间比自己超别人车的时间几乎多一倍。研究人员还表示，很多其他的认知偏差可能也共同导致了这种“这山望见那山高”的错觉。

第一个认知偏差就是我们的老朋友“亏损厌恶”。在这个关于交通的案例中，由于我们超车的时候，对被超的车我们已经“不见不想”，但我们仍然可以看见超过我们的车得意地跑在前面，这个事实使我们的亏损厌恶情绪更加浓厚。

其次，在超车的时候，由于车速快，司机不太可能去观察其他车道的情况进行比较，所以就不会清楚知道他们到底超过了几辆车。而另一方面，在被超的时候，因为自己的车速很慢甚至停滞不前，司机就会有充足的时间去观察其他车道，并因别人超过了自己而感到痛苦。

第三，就像我们在“红还是黑？”一节中所见到的，真正随机的模式经常会产生“连续出现”的现象，但是人们通常认识不到这一点。因此，看到旁边的车道接连有车子突然加速，会使司机看不到所有车道的速度都是时快时慢、完全随机的事实。

虽然所有司机开车时更多的时候是在被超而不是超车这个说法相当违背直觉，但是在内心深处，大多数司机知道这是事实。多数情形下，你是不是常常在并线之后，结果发现自己仍然更多的时候是在被别人超过而不是超过别人？开车上路的每一位司机对此不都是深有感触吗！

77. 意识决定物质[1]

来，认识一下小仓鼠哈密斯。

想象一下我们把哈密斯放进一台奇妙的新机器，然后复制出一个新的小仓鼠，它的每一个细胞都跟哈密斯完全相同。那么，这个新的小仓鼠有哈密斯的记忆吗？

如果你问一个 5 岁的孩子这个问题，你猜她会怎么说？

① 什么是精神？没有物质（No matter，不要紧）。什么是物质？与精神无关（Never mind，别担心）。——乔治·柏克莱（George Berkeley）

答案

新的小仓鼠有哈密斯的记忆吗?

当然会有。因为小哈密斯的记忆存储在细胞和它的小仓鼠脑力神经元连接中，而这些都将完美复制。所以新仓鼠将会有哈密斯全部的记忆，但比起亲身经历，这些复制的记忆看起来不那么真实。

但是，虽然你可能知道答案，我敢说你的第一反应肯定是说“没有”。身心二元论——这是17世纪由法国哲学家笛卡尔提出后逐渐流行的理论——认为，精神独立于身体之外而存在。虽然今天几乎已经没有人——当然更没有科学家——还持有身心二元论观点，但我们发现，这种“灵魂寄居于身体”的理论仍出乎意料地难以完全摆脱。

这一点在儿童身上尤其明显。在一项肯定非常有趣的研究中，一群五到六岁的儿童胳肢一只真正的仓鼠，并悄悄地告诉仓鼠他们的名字，之后研究人员用一台看起来很有趣的机器“复制”了这些仓鼠。当问及新仓鼠会不会知道他们的名字，或者知不知道哪个小孩曾经胳肢过它时，有一半以上的孩子回答说不会知道。

当然，随着年龄不断增长，我们的知识更多，不再会相信万物具有一些无法复制的神奇“本质”，对吗?

再想一下，如果我们用机器不是复制小仓鼠哈密斯，而是完美复制一副凡·高的原作会怎么样?如果你把这两幅作品调换一下，没有任何人任何机器能够分辨出它们有什么不同。它们完全相同，每个原子都一样。

当然了，两幅画的价值也完全一样，对吗?

78. 记忆无极限

这是真的。虽然你可能会觉得自己资质平庸，更不是记忆天才，但你还是会记住你见过的所有东西。

不相信我吗？下一页有 50 张图片。你要做的是观察每张图 2~3 秒。不要试着去使用某种策略刻意记忆：只要认真观察每张图片并试图记住。我敢说，到最后你基本上会记得每一幅。

79. 记忆无极限：测试

看完了？好吧，马上就按顺序说出这些图片。

别害怕，开个玩笑。

当然，你不可能从头到尾一个不错地记下所有图片。但是试试下面的测试：下面有 10 对图片。每对图片中，一张是我们曾经研究过的，另一张是新的。你的任务是找出每一对中哪张是曾经见过的。

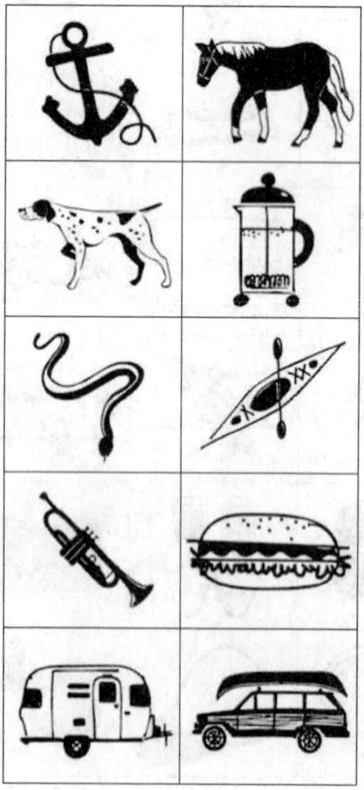

答案

重复出现的图片是锚、咖啡壶、独木舟、小号、大篷车、自行车、拖拉机、游艇、狮子狗和鸡。你答对了多少？全部？那恭喜了！

还有更好的。

虽然测试中只有 10 张图片，但这些图片都很普通，并没有任何特别之处：它们不是经过挑选特别易记的图片。所以完全有理由相信再换 10 张你也一样能发现它们。或者再换 10 张。再换 10 张。一直到把 50 张图片全部选完。所以要得出你总共记住了多少张，你可以把你的得分乘以 5 。也就是说，如果你 10 张全对，那么祝贺你，你很可能会记住全部 50 张。不错吧？

20 世纪 60 年代进行的一项大规模的研究显示，即使最初的图片有 612 张，人们对它们平均的识别率也可达到 98%。20 世纪 70 年代进行的一项更大规模的研究显示，即使最初的图片达到 1 万张，平均的识别率仍可达到 83%。所以我们没有理由怀疑，如果再进行一次新版测试，参与者会记住另外 1 万张。再换 1 万张也是一样的，一直到无穷。所以说你的记忆真的是无极限。

你可能会觉得我们的测试方法有点作弊嫌疑。如果你真的记住了所有图片，你应该能够把它们一一列出，而不只是二选一。这其实是对记忆本质的误解。当然，我们日常谈话中谈到的“记忆”，通常是指在没有外部提示的情况下，人们按照自己的意愿回想信息的能力（有些心理学家也管这种试验叫“自由回忆”测试）。但是辨识测试也是记忆测试。

说到底，如果图片没有以某种特殊的形式储存在大脑中，那你又怎么会知道以前看到过它们呢？

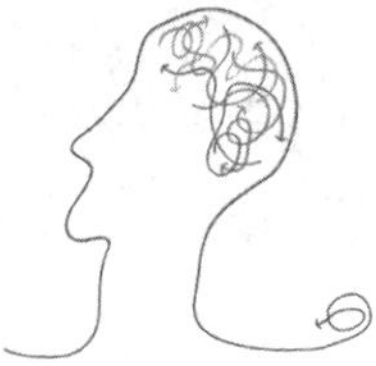

80. 梦到电子绵羊?

跟大多数从事与“心理学”有关工作的人一样，我也经常会被人问到是否知道别人心里在想什么。当然，实际上我并不会读心术（特别是在我们素未谋面的情况下）。不过，虽然听起来更像是菲利普·K. 迪克（Philip K.Dick）小说中的内容，但今天真的有可能将人放进一台机器，就会发现他们心里在想什么。

让我们用最简单的术语来解释一下怎么做到这一点。首先让参与者进行功能磁共振成像仪器的扫描——该仪器可以测量出大脑中数百块微小区域的活动情况，每一块只有几微米大小（但却包含了几百万个细胞）。然后，你让参与者看一大摞照片（通常有几千张），记录下与每张照片相关的大脑活动特殊规律。这意味着，如果你接下来（即使看都不看）随便从里面抽一张出来拿给参与者看，你也能通过对照大脑活动的信号模式说出他看的是哪一张。这个试验虽然给人印象深刻，但另一项著名的试验却更深入。通过辨识参与者在观看特定照片，甚至是照片特定部位和某些特征时的大脑活动信号模式，研究人员能预测出参与者们看的是1000张新照片中的哪一张，而且准确率达到82%。其他研究人员也通过类似的方法，预测出在很多可能出现的图像中，参与者正在想着或者甚至梦见的是哪一个（并且有可能说出这个图像是否是一只电子绵羊）。

这门技术不仅限于用来识别影像：一项方法基本相似的研究通

过大脑活动模式来预测参与者的情绪状态。或许最不可思议的是另一项研究，研究人员可以预测参与者接下来会在两个键中按下哪个键，不仅是在他按下之前，甚至可能是在他还未出现做决定的意识之前。换句话说——如果我们允许自己在身心二元论问题上稍稍偏向于意识决定物质——在你还没有建立虚拟投票站，投下自己已经想好的选票之前，你的大脑已经决定了选举结果。

这就增加了菲利普·K. 迪克小说中的情境成为现实的可能性。在他的短篇小说《少数派报告》（*The Minority Report*，后被拍成电影，汤姆·克鲁斯主演）中，人们不仅因为已实施的犯罪而遭逮捕，还因为他们将来会犯罪而被提前逮捕。在迪克的故事里，犯罪的信息是由通灵电脑提供的。但请想象一下，如果研究人员不是用脑扫描方法预测参与者会按哪个按键，而是用来预测一位武装犯罪分子是否会按下扳机，结果会怎么样。如果每一个公民的大脑都与远程数据库相连，这个数据库可以传输破坏性的电击，也许罪犯在还没有意识到他已决定扣下扳机之前就会被制伏。

81. 心理学能拯救世界吗?

要想找出答案，我们需要先进行一个简易游戏。

“金球”(Golden Balls)是英国电视台中播放的一个游戏节目。① 游戏的流程一般是这样的：经过几轮初赛后，会淘汰一些竞争者，奖金池里的奖金也会积累到一定数量。节目的高潮是最后两名选手进行决赛的时候。

每位决赛选手都会得到一对金球。两个球都是中空的，里面贴有标签，分别是“平分”和“独享”。每位选手必须从中选出一个球放在桌子中间。虽然两个选手可以看见对方，也可以交谈，但是他们看不到对方球里面的标签，也就是说他们无法确定对方拿出的是哪一个球。参赛选手可以——实际上主办者也鼓励他们——达成一个口头协议，但关键是，这个协议并没有强制力。

如果两位参赛选手都选择“平分”，奖金就会被二人平分。如果他们都选择“独享”，就都一无所获。但——这一点很关键——如果一个人选择“平分”，另一个人选择“独享”，那么选择“独享”的

---

① 这个节目让我着迷的一点是它的节目名在不同的国家体现了不同的民族情感。英国取名“金球”，是一种典型的海滨明信片（英国的海滨明信片风格幽默，有的带有“黄段子”色彩——译者注）的暗示手法，而这一套在美国不是很受欢迎，美国人可能更喜欢给它取一个好莱坞情景剧的名字“是友还是敌”。在澳大利亚则可能是“对不起伙计，你上当了”。

那个人可以拿走全部奖金，而选择“平分”的就只能颗粒无收。

现在我们来玩一次这个游戏。假设我就是和你同台竞技的另一位选手。

我答应你，我会选择“平分”。

如果你选择“平分”，请翻到 307 页。

如果你选择“独享”，请翻到 326 页。

答案

参加金球游戏决赛的选手面临的是一个进退两难的境地。大多数人的思维可能是这样的：

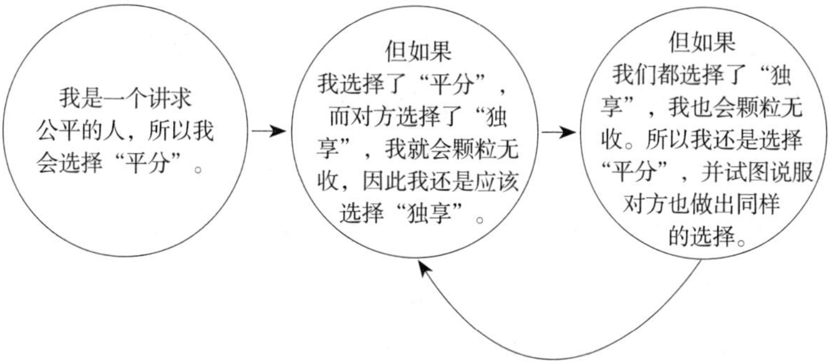
我是一个讲求公平的人，所以我会选择“平分”。
但如果我选择了“平分”，而对方选择了“独享”，我就会颗粒无收，因此我还是应该选择“独享”。
但如果我们都选择了“独享”，我也会颗粒无收。所以我还是选择“平分”，并试图说服对方也做出同样的选择。

如此往复不断循环。注意，即使参赛者一开始就已经决定选择“独享”，他仍然要面临着如何说服对方选择“平分”的问题。

矛盾产生了：如果从整个游戏角度来看，唯一合理的选择就是两个人都选择“平分”；但如果从参与者个人的角度来看，唯一合理的选择就是“独享”。当然，如果能够有办法强制双方履行分享奖金的协议，就能成功绕过这些问题。而且，人们确实也在这样做：握手，郑重承诺，用生命起誓。但这些都是空话。这个节目只按照上面讲述的规则来分配奖金，而不会考虑参赛者达成的任何协议。

金球游戏作为一档电视节目比较少见，但这个游戏的创意来源于心理学上一个著名的思想试验：20 世纪 50 年代梅里尔·弗拉德（Merrill Flood）、梅尔文·德里希（Melvin Dresher）、阿尔伯特·塔克（Albert Tucker）设计的“囚徒困境”。[①] 两名犯人被关在独立的牢房中，彼此之间不能交流。警察提出了一个方案：如果两名犯人都选择坦白（相当于“平分”），每人判刑 1 年。如果都选择揭发对方（相当于“独享”），每人判刑 2 年。但是如果一个人选择揭发对方（=“独享”），另一个人选择坦白（=“平分”），坦白者判刑 3 年，而揭发者无罪释放。他们面临的情况与金球的决赛参与者一样。站在两个人的整体角度来看，最理智的做法是同时坦白，这样每人只判刑 1 年。而站在个人角度，最好的选择是揭发对方，这样既可以确保最多判刑 2 年而不是 3 年，同时又有微小的机会无罪释放。

你会选择哪个策略？看来不太好说。矛盾的焦点在于，个体参与者没有办法来做出一个符合全局的理性选择。那么，这个思想试验的真正意义在哪里？是不是心理学家习惯了纯粹出于好玩而杜撰出理论上可能——不过几乎不可能——解决的困境？

实际上，试验中的困境是个很有用的工具，它不仅可以帮助我们理解人类的行为，而且可以帮助我们想出办法改善困境。

考虑一下全球变暖的问题。只要还有国家在释放有温室效应的气体，那么其他国家就算是限制排放量也不会有任何意义：除了带来经济上的损失之外，对于减缓全球的变暖进程不会有任何作用。也就是说，个体的利益有时候与全局的利益是不一致的。

---

① 该试验的核心思想可以回溯到亚里斯多德和霍布斯的哲学理念，也可以参看加勒特·哈丁（Garrett Hardin）著名的“公地悲剧”理论。

全球变暖这样的公地悲剧给了我们一个教训：要避免这类悲剧，只能依靠具有强制性的协议，由一个拥有全权的外界机构（就像霍布斯笔下的“利维坦”）来强制各方履行协议。金球游戏也给了我们两个极为深刻的教训，让我们知道哪些东西几乎肯定完全行不通。

第一，如果某个国家肯放弃自己的经济利益减少排放，但是它没有理由期望其他国家也做同样的事情。几乎可以肯定的是，至少有一些国家，像金球决赛中贪心的选手一样，会只想在世界经济大饼中为自己攫取更大的份额。事实上，不这样做才不合情理。假如说，如果中国不这样做，那么印度可能这么做。第二，一个国家做出没有强制性的承诺没有意义，因为其他国家没有理由相信它会坚守承诺。所谓的减排目标只是我们在每一轮游戏中听到的选手拍胸脯发的誓言罢了，实际上没有任何效力。自 1990 年京都议定书签署以来，温室气体排放已经受到这份国际协议的限制，然而实际上，温室气体的排放有增无减，为什么会这样？就像专家们在囚徒困境试验中所预测的，一些国家和地区（包括大部分欧洲国家）都一定程度地减少了他们的排放数量，但是这个效果被其他国家（主要是美国和中国）的巨量排放增长完全抵消了。

难道这是人类的宿命吗？或者囚徒困境——或者它的翻版“金球决赛”——能为我们提供别的解决办法？

在节目中确实有一个令人极为难忘的片段（参见“网页链接”），一位选手剑走偏锋，选择了一个极不寻常的策略。这位名叫尼克的选手没有承诺选择“平分”，而是马上告诉对方，他将选择“独享”，不过答应在节目结束后与对手分享奖金。他的对手当然没有理由相信这个说法，他试着说服尼克同意两人都选择“平分”。

但是尼克已占据主动。无论什么时候，如果他的对手跟他谈“平分”，尼克都会直接回答对方：“我不会选择‘平分’，我会选择‘独享’”。

此时，他的对手生气地回应：“这样我们一分钱也拿不走，你是个彻头彻尾的疯子。”但到了最后时刻，对手的态度和缓起来：“那好吧，按你说的做。”

这位选手确实这样做了。他选择了“平分”。

那么尼克有没有按自己说的选择“独享”并在节目结束后与对手分享奖金？

他不需要那样做。因为他也选择了“平分”。

这是一个堪比冷战时期一位将军所采取的冒险策略。不过节目最后，尼克炫耀地亮出自己的选择是怎么回事？尼克知道他已经赢了。他本可以选择“独享”，然后完全按照自己的意愿与对手分奖金（或者甚至决定不分）。相反，他冒险选择了“平分”，原因不是别的，而是为了显示他对自己策略的信心。

在全球变暖问题上，这个策略也会生效吗？如果一个强势大国不承诺少量减排，而是发誓要迅速增加排放，除非其他国家减少排放，否则用不了几年就让地球变成一个大蒸笼，那么这种策略结果会怎样？

这是一场豪赌。但是如果这个豪赌真能发挥作用，那么心理学——在一个晚间电视游戏节目的帮助下——就真的挽救了世界。

网页链接

看看尼克在金球游戏里的出色表现吧：

http://www.youtube.com/watch?v=SoqjK3TWZE8

82. 未卜先知的手相术?

现在我没有脑部扫描仪，所以无法知道你在想什么。但如果你出现在我面前，我还是能比较准确地预测到一些关于你的性格（特别是随和程度或神经质程度）、攻击性，以及你有多容易被有吸引力的异性操控等方面的信息。我需要的道具只有一样……

一把尺子。

你能猜到我要做什么吗?

答案

对了，我需要测量你的……

……手指（你想的是什么？）。

所谓的手相术，指的是通过观察人们的手掌来发现能揭示其性格甚至是命运的信息。当然，手相术是无稽之谈，但的确有可能只简单测量你的手指就可以预测这些信息。让我来教你怎么做。

首先，测量食指（Index Finger，如果以拇指为第一根手指，食指是第二根手指）从折缝到指尖处的长度。然后再测量你的无名指（Ring Finger，第四根手指）。然后用第一个长度除以第二个长度，计算两者之间的比例(“2∶4 手指比例”)。例如，我的食指长 7.8cm，而我的无名指长 8.2cm，这个比例是 7.8/8.2=0.95。这也是一般男性的平均比例。

但是为什么这个看似随意的数字却保存了我们个性的许多秘密？答案是，这两个手指的长度，部分是由胎儿的雄性激素水平所决定的。雄性激素是男性荷尔蒙（其中人们知道最多的是睾丸素），它的任务是为基因是雄性的胎儿赋予雄性的特征。这个比值越小，男性激素的水平越高，这也是男性的比值（均值 =0.95）要小于女性（均值 =0.97）的原因。

或许最令人震惊的发现是那些由男变女的变性人，他们的比值要高于正常男人，而与普通女人的比值接近。这意味着，许多变形人所说的“生错了身子”确实有生理依据：用 2:4 手指比例的术语来说就是，由男变女的变性人就是真正的女性。

但雄性激素不仅能决定我们是男性还是女性，还可以影响许多其他方面的问题，比如性格特征。对于女性来说，雄性激素水平越高（2∶4 手指比例的值越小），在性格测试中其“亲和力”得分就越高，而“神经质”就越低（如果你不了解这些术语的意思，请重新阅读“你的性格特征”那一节，并计算一下你自己的亲和力和神经质程度的得分）。这可能反映出一个事实，雄性激素会让人变得开朗和自信，而我们会觉得这样的人比内向的神经质更好相处。

至于攻击性，大家都知道雄性激素水平越高（2∶4 手指比例越低），男性的攻击性行为越明显。女性则感觉这样的男人更阳刚，他们也更擅长体育运动比如橄榄球。高水平的睾丸激素还代表这个男人更容易被有吸引力的女人所控制。在最后通牒博弈（参见“要还是不要？”）中，2∶4 手指比例值低的男性在看过性感照片或者触摸女性内衣后，更可能会接受不合理的分配方案。

所以，所有的壮男都听着，如果你想证明自己多有男子汉气概，没必要跟人打架：只需把尺子拿来量量你的手指。话说回来，如果你后来还是跟人打起来了，那让我们希望你能像后面章节里的某个人一样健壮……

83. 心理学能够拯救世界吗？：你选择了“平分”

我选择了“独享”，所以我拿走了所有的钱。现在翻回 300 页看看究竟是怎么回事。

84. 辨脸识人？（4）：对峙

好吧，你没有通过监狱守卫的面试（参见“时刻当心”），但是不要紧，我已经帮你找了另一份工作，这是一份真正诱人的工作：综合格斗拳手。

我已经列出了第一轮比赛你可能会遇到的五位对手。请找出你认为自己最有可能击败的那一个（或者说得更现实一点，给你带来伤害最轻的那一个）。

A　B　C　D　E

答案

作为你的经理人，我希望你选择拳手 A，从面相上看他的攻击性最低。为了保证你的利益，我祈祷你没有选择拳手 C。

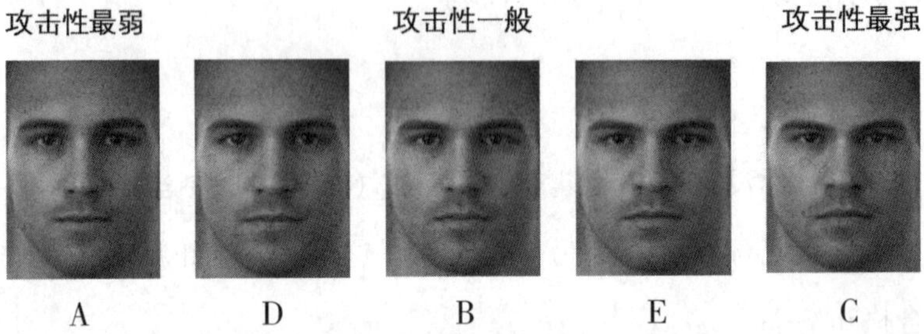

不过，难道这不只是偏见吗？据我们所知，长得像 A 的人可能是一台小而精的杀人机器，而长得像 C 的人是温柔的巨人，对吗？

其实不对。一群研究者让参与者根据拳手的照片对他们的攻击性进行判断（试验中使用的是原版照片，并不是这些合成照片）。[①] 这些评分对拳手的比赛结果有很好的预测性。[②] 所以，老套的说法并不老套：那些看起来很厉害的拳手确实很厉害。能够搞清楚哪些人看起来在打斗中很容易对付，这个能力在人类进化中的益处是显而易见的。但到底我们如何才能搞清楚，答案并没有那么显而易见。研究人员发现，看起来攻击性越强——并且在格斗中更成功——的拳手通常都是大鼻子、深眼睛和浓眉毛。但从上面的照片来看，显然最明显的差别是面部的宽阔程度。许多其他研究显示，相对脸长

① 每张照片都是参照不同职业拳手照片，并根据相应的攻击性评分而合成制作的。例如照片 A 是将被认为看起来攻击力最弱的拳手照片相关参数进行平均而合成的，而 C 则恰好相反。

② 一项相关的研究发现，在称重照片里微笑的拳手更可能输，这可能是因为，从进化论的观点来说，微笑是虚弱和屈服的信号。

来说脸显得更宽的人攻击性更强，在实际生活——有一项研究对冰球比赛进行了分析——和实验中都是如此。例如，在赚钱游戏中，宽脸的男性更经常按下按钮（虚拟的）让对手减钱，虽然此举对他自己并无任何好处。但这个结论并不只是事关冰球运动和金钱游戏之类的琐碎小事，面部宽度还可说生死攸关。一项研究显示，面部宽阔的男人不容易被刺伤、勒死或者被人用棒子打死（注意，这个研究结果与本节讨论的所有问题只适用于男性，不适用于女性）。

因此，如果你看到某个人长得像拳手C，我确信他是一个好人，一切都好，但是如果他申请加入你们的冰球队，我想你最好委婉地拒绝他。

如果你没有做到，那么可能就会体验到……

85. 疼痛心理学

所有疼痛都是心理学现象：疼痛本身并不存在，它只是人在大脑中形成的一种主观感受。因此，如果你的胳膊断了你有可能不会感觉到疼痛——比如说，因为现在你体内的肾上腺素水平极高——那么，就没有疼痛。相反，如果你真的觉得很痛，哪怕没有医生能发现你身体上有什么伤，你还是有疼痛。

疼痛“都在头脑里”这个事实带来的一个有趣的结果是，你如何理解你的疼痛似乎实际上能影响你感受到的疼痛水平。完成下面的调查问卷，你可以更多地了解自己是如何看待疼痛的。

每个人在他的一生中都会体验到各种各样的疼痛，包括头痛、牙痛、关节痛或肌肉痛。人们也经常会暴露在各种可能引起疼痛的环境里，比如疾病、受伤、牙齿治疗，或者外科手术。

我们很想知道当你感觉到疼痛时的想法和感受。下面描述了与疼痛有关的 13 种不同想法和感受。使用我们给出的评分标准，说明你在体验疼痛时各种感觉的强烈程度：

0：根本没有；1：程度轻微；2：程度中等；3：非常强烈；4：一直如此。

当我疼痛时：

1. 我一直着急什么时候才会不痛。 ....

2. 我觉得自己坚持不了。 ....

3. 太可怕了，我觉得自己永远好不了了。 ....

4. 太不舒服了，除了痛我别的什么都不知道。 ....

5. 我觉得我再也无法忍受。 ....

6. 我害怕疼痛会越来越厉害。 ....

7. 我一直在想其他让人痛苦的事。 ....

8. 我很焦急地希望疼痛快点消失。 ....

9. 我似乎无法赶走疼痛的感觉。 ....

10. 我一直在想它对我的伤害有多大。 ....

11. 我一直在想我是多么希望疼痛消失。 ....

12. 我没有任何办法可以减轻疼痛的程度。 ....

13. 我担心是不是可能发生什么严重的事情。 ....

答案

◎ 把你的答案得分全部加在一起就能找出你的疼痛的灾难化思考倾向（pain catastrophising）。它可以反映出在忍受（或者预计会出现）疼痛的时候，你体验到“夸张的负面心态”已经到了什么样的程度。平均成绩应该在 20 分左右。如果你的得分在 30 分或以上，那么你对疼痛进行灾难化思考的倾向排在前 25% 的人以内（也就是那些最容易把疼痛看成灾难的人）。虽然确定绝对的临界值并非总是很有意义，但我们习惯把 30 分或以上的人划分为“把疼痛看成灾难者”。反之，如果你的得分在 10 分或以下，那么你对疼痛进行灾难化思考的倾向排在最后 25% 的人以内（即你是那些最坚忍的人之一）。你应该记住的是，这里所有的平均分取自于一批背部软组织严重受伤、平均有7个月时间不能工作的患者。如果你从来没有经历过类似的疼痛程度，你可能会发现自己的得分有些偏离。

- 把第8、9、10、11题的得分加在一起就能得到你的“反复思考”分数。这个值反映的是你不断想着或者重温疼痛的程度。平均值为8分，11分或以上表明你属于对疼痛反复思考最多的前25%，3分或以下则为反复思考最少的那25%。
- 把第6、7、13题的得分加在一起就能得到你的“疼痛放大”分数。它反映的是你对疼痛的夸大程度。平均值为3分，5分或以上表明你属于前25%的“疼痛夸大者”（你需要得0分才能属于最后的25%）。
- 把第1、2、3、4、5和12题的得分加在一起就能得到你的“无助感”分数。它反映的是你在多大程度上觉得自己无法减轻或者面对疼痛。平均值为8分，11分或以上表明你属于对疼痛最感无助的前25%的人群，3分或以下属最后25%的人群。

进行测试的目的并不是单纯为了给每个人都打上标签。在这份问卷调查中测出的疼痛灾难化倾向程度，可以很好地预测人们体验到的疼痛程度以及康复的可能性。例如，近年进行的一项回顾性研究显示，疼痛灾难化倾向高的人不仅会夸大自己的疼痛状况，还会……

- 在膝部受伤后，行动不便的程度更强；
- 在工伤之后，更有可能会出现长期的慢性疼痛（而短期疼痛在身体上的伤治愈后就会停止）；

◎ 抑郁程度更高；

◎ 服用更多止痛药；

◎ 住院时间更长。

这个结论对于所有成人及只有 7 岁的儿童来说都适用，而且似乎与他们的疼痛类型无关，不管疼痛是由手术、关节炎、组织损伤、牙齿治疗、头痛，或者哪怕是心理学研究人员引起的。

是的，心理学研究引起疼痛的情况确实时有发生。研究人员最喜爱的引导产生疼痛感的办法是，在不会造成永久损害的前提下，用激光照射皮肤或者让参与者把手放进冰桶里。我曾经在参加一项新型止痛药的研究时亲身体验过后面这种做法。我唯一能说的是，我要么属于安慰剂对照组（这一组的人不服用止痛药只吃没有治疗成分的假药丸），要么属于“疼痛灾难化思考者”组。真的很疼。

如果对疼痛做灾难化思考可以使人的疼痛加重，那么我们能否鼓励他们不要做这样的思考来减少疼痛感？很高兴，答案似乎是肯定的。例如，在最近进行的一项针对颈部过度屈伸损伤患者的试验中，所有的患者都接受了身体治疗，但只有一半的人额外接受了旨在减少疼痛灾难化思考倾向的心理治疗。结果表明，心理治疗不仅降低了试验者的疼痛灾难化倾向值（与对照组相比），还减弱了他们疼痛的程度，并且提高了重返工作岗位的几率。

另一个减轻疼痛灾难化思考倾向——并因而减轻疼痛——的方法就是分散患者的注意力：例如，讲个笑话。你听说过这个故事吗？一个人去面包房，说要买一些“疼痛”（pain），后来才知道这个人在学法语（pain 在法语里指“面包”，但在英语里指“疼痛”）。

推荐阅读

本·格尔达（Ben Goldacre）的著作《糟糕的科学》（*Bad Science*）是我很喜欢的一本科普书籍，其中有一节很有意思，介绍为什么疼痛是一种心理现象。

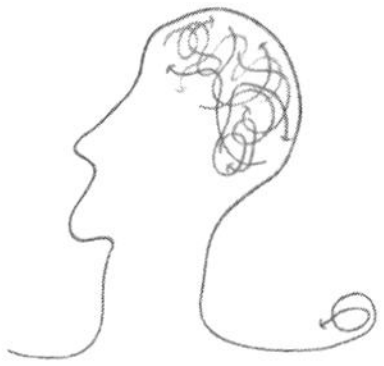

86.“不吉利”的问卷

人们历来对习惯使用左手的人怀有成见，认为他们粗鲁、笨拙、倒霉，或者就是彻头彻尾的坏蛋：根据很多中世纪的画作，一个著名的左撇子就是魔鬼自己。这种偏见已经融进了许多语言中，比如：法语中的“左”（gauche）也表示“粗鲁、笨拙”，拉丁语中的“左”（sinister）也表示“不吉利”。在英语中，gauche 和 sinister 也都有相似的负面含义，而“右”（right）还表示“正确”或“适当”。

许多上了年纪的左撇子可能仍然记得小时候被老师叫做“捣蛋鬼”，并强迫他们用右手的情形。很遗憾，这种毫无其他原因歧视少数派的做法是一种非常常见的心理特征（参见“读写能力测试”）。[①]

不过近来左撇子的处境已经大为改善，特别是在西方国家，左撇子普遍被认为更有创造力。我们很快就会证明左撇子们是否名副其实。

首先，让我们先测试一下自己更习惯使用哪只手。许多人既不会完全用左手，也不会完全用右手，而是根据任务或需要使用的工具不同而有不同的用手习惯。通过对下表的问题打对号，来测试一下你的实际偏好：

---

① 直到最近，对同性恋的偏见几乎无处不在。由于这个原因，左撇子与同性恋倾向之间的相关性（非完全右手型的人成为同性恋的可能性比完全右手型的人大约高 40%）很可能也是导致他们受到歧视的因素之一。

	始终用左手	通常用左手	两手都用	通常用右手	始终用右手
书写					
投掷					
刷牙					
用汤勺					

答案

把每行中你选定格子所对应的分数加在一起，然后除以 4，计算一下你的得分。[①]

	始终用左手	通常用左手	两手都用	通常用右手	始终用右手
书写	–100	–50	0	50	100
投掷	–100	–50	0	50	100
刷牙	–100	–50	0	50	100
用汤勺	–100	–50	0	50	100

例如，在“书写”“投掷”和“刷牙”上我选择了“始终用右手”；在“用汤勺”上我选择了“通常用右手”。把这些数字加在一起是 350（100+100+100+50=350），除以 4 之后我的用手习惯平均分是 87.5.

◎ 如果你的得分大于 80（不考虑正负号），那么你可以归为“用手习惯一致型”。

① 有些读者可能怀疑，单凭 4 道问题来判断用手习惯是否合理。其实相关的研究显示，这个简短的问卷比 7 道或 10 道题的问卷更适合，因为那些题目更多的问卷要么问题模棱两可（例如“打开盒子”或者“使用扫帚”，这些事情大多数人双手都能做），要么问题根本就是多余的（例如，如果问卷包含了“书写习惯”的问题，就没有必要同时包含“绘画习惯”这一项，因为人们对这两个问题几乎总是给出相同的答案）。

◎ 如果你的得分小于 80（不考虑正负号），那么你可以归为“用手习惯不一致型”。

顺便说一句，63% 的女性属于“用手习惯一致型”，而男性在这方面恰好是一半对一半。还有，左撇子与完全右手型的人相比，他们属于“用手习惯不一致”的可能性是后者的两倍多（不过我们不清楚那些用手习惯不一致的左撇子到底是生来如此，还是在压力之下不得不使用右手来做某些事情的结果）。

你的得分能说明什么？实际上，在用手习惯上的偏好（无论是左手还是右手）可以很好地预测与智商、记忆力以及其他许许多多方面有关的特征。

近期进行的一项研究发现，与一直习惯使用右手的人相比[①]，不固定使用某只手的人……

◎ 有更好的记忆力，比如记忆单词表、个人生活中的事情（包括儿童时代的事情）、做过的梦、面孔或者文字内容；
◎ 更容易受多种效应的影响，包括锚定效应（参见“解除锚定”）、安慰剂效应（参见“你就是心理学家”）和认知失调（参见“情人节：大崩溃？”）；同时他们改变幻象方向（如“内克尔魔方”）的次数也更多；
◎ 更容易听从别人的劝导，更易受骗，更相信奇迹；
◎ 更偏爱晦涩的音乐（参见“刻板印象”）；
◎ 更相信进化论，不太相信创造论；

① 一直使用左手的人很少，这可能是因为别人鼓励他们用右手来做某些事情。

◎ 更具“亏损厌恶”倾向（即认为避免损失比获得收益更重要；参见“无法忍受失去你”）；但更容易避免沉没成本误区（例如，在赌博中输钱之后加大赌注，参见“心与成本一起沉”），至少在很明显这样做将肯定避免更大损失的时候是如此；

◎ 更善于站在别人的角度看问题，不太可能持右翼政治观点；

◎ 在消费者选择试验中显示出较低的品牌忠诚度；

◎ 更容易入睡。

上面这些性格特征有什么共同点？大多数特征——甚至包括那些不是那么正面的特征如轻信他人和容易被说服——似乎都体现了某种思维的灵活性。但是为什么只有不固定使用一只手的人会显示出这种灵活性呢？

答案似乎在于，这些特征是大脑两个半球间频繁交流而不是各自为战的结果。因为大脑是左半球控制右手，右半球控制左手，“用手习惯不一致”只不过是“两半球互动”程度高的另一个结果。

因此总体来说，有很确切的证据显明，不固定使用一只手的人比固定使用一只手的人在认知方面有更多获益。当你把这个事实与“用手习惯不固定”在左撇子中更常见结合起来后，我们就可以看出，有关左撇子更有创造力或者智商更高的“谬论”——跟其他许多谬论一样——其实是有一定道理的。

87. 有“我”之境

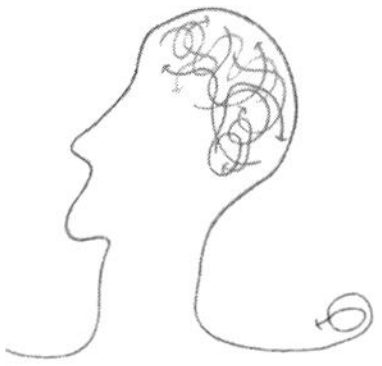

下面有两封电子邮件。其中一封的作者有较高的社会地位（例如公司老板或大学教授），另一个人的社会地位较低（例如雇员或学生），你能看出每封邮件的作者是谁吗？

发信人 : XXX, XXX [发送至 :XXX@XXX.XXX]

发送时间 : 2014.8.3

收信人 : XXXXX

主题 : 见面

亲爱的 XXXX

我不知道我能否有机会与你见面，一起讨论我们此前讨论过的项目。本周四大约 10 点钟以后我有时间，但是因为我有另一个预约，12 点前我必须离开。

谢谢！

XXXX

发信人 : XXX, XXX [发送至 :XXX@XXX.XXX]

发送时间 : 2014.8.3

收信人 : XXXXX

主题 : 见面

亲爱的 XXXX

要是能见面一起讨论我们此前讨论过的项目就太好了。本周四上午大约 10 点以后行吗——不过 12 点钟会有些别的事需要处理。

谢谢！

XXXX

答案

你可能已经注意到了标题上给出的线索：有“我”之境。是的，答案就在每封邮件中“我”字出现的次数。

你可能会认为社会地位比较高的人会更自我一些，使用“我”的频率也会更高。实际上，一项针对美国德克萨斯大学的教授和学生来往电邮的研究显示，结果恰好相反。学生比教授更倾向于在电邮中使用“我”字。

出现这个明显矛盾结论的原因似乎是，那些没有安全感或者自我意识强的人，会更关注自己的想法（我很想知道）、行为（我必须离开）、处境（我有另一个预约）和感觉（我可能透漏得太多，但——实际生活中——学生写电邮时往往会先说“我很抱歉打扰到您……”）。实际上，那些患有抑郁症的人也会使用更多的“我”字。像公司老板和大学教授等地位较高的人则很少会有这么强的自我意识。

研究人员在检阅不同级别的伊拉克士兵来往信件的时候，甚至在随机赋予两个正在相互介绍的学生之一以“领导者”身份的时候，都发现了类似的现象。的确，即使那位非领导者的“低级地位”明显是随意赋予的，但这些参与者仍然大幅增强了自我意识，与赋予“领导者”的学生相比，他们使用“我”字的频率大幅上升。

但是有象征意义的字并不是只有“我”一个。近来有研究者从7万5千名Facebook用户的聊天记录中摘选了近7亿个单词，进行全面分析后，发现……

◎ 男性用户讨论“我的妻子/女朋友”比女性用户讨论“我的丈夫/男朋友”更多（不过仍需记住，本节讨论的所有两性差异，也包括刚提到的这一点，都像“男人来自火星……”

一节中提到的差异一样，极为微小）；

◎ 女性比男性更喜欢讨论负面情绪，而不是正面情绪；
◎ 男性比女性更喜欢讨论工作和金钱；
◎ 男性比女性更爱发誓，但是在谈论性的时候没有性别差异；
◎ 老年人比年轻人更少使用“我”字（或许是因为他们的身份更高），并且更少使用过去时（也许这点令人感到有些意外，因为他们其实有更多过去可以谈论）。

下面的观点与“你的性格特征”中讨论的特点有关：

◎ 正如你可能已经通过上面的内容预料到的，经常使用“我”意味着神经质程度更高，经常使用“你”则更低；
◎ 使用“你”字比较多的人更外向；
◎ 使用“我们”比较多的人更和蔼可亲；
◎ 使用否定词较多的人（如“没有”“不是”“一个没有”）更缺乏责任心（“没有，我的任务还没完成。没有，一项都没完成。”）；
◎ 在人物性格测试时，在“开放性”方面得分较高的人很少使用代词（我、我们、你、他、她、它等）。

下面的网页中包含一些交互式游戏和练习，让你可以进一步了解自己使用代词的情况，想不想去试试？

我是一定要去的。

网页链接

www.secretlifeofpronouns.com 上有代词（我、我们、你、他、她、它等）测试。

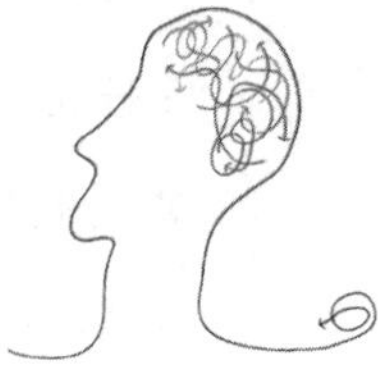

88. 辨字识人?

我们已经调查了你的用手习惯和你的写作风格，现在让我们把两项放在一起，分析一下你的写字风格。无论是心理学家还是公司老板一直将笔迹学——用来分析笔迹的科学——当成衡量性格和潜力的便捷方式。

因此，我们要试着研究一下。把下面这段话抄写到底下的方框里。[1]

The quick brown fox jumps over a lazy dog. Xylophone wizard begets quick jive form. Fred specialized in the job of making very quaint wax toys.

① 这段话里包含了三个全字母短句。所谓全字母短句是指字母表中的所有字母都包含在同一句话里的短句。

答案

仔细观察你抄写的内容，在对应的特征上打勾。

整体风格	尖锐 = 有活力，有精力		圆润 = 有创造力，有同情心，容易被人控制	
倾斜度	左偏 = 冷淡		右偏 = 温暖	
力度	用力 = 自信、进取、自我		轻软 = 安静、和善、体贴	
t 字的交叉	重 = 意志薄弱		轻 = 目的性强	
	长 = 乐观有活力		短 = 敏感易怒	
i 字的点	点在主干右边 = 不认真，轻率		点在主干左边 = 认真、深思熟虑	
	没有点 = 不注重细节			
	用短横代替 = 能量十足			
a 和 o	开环 = 健谈、直率		闭环 = 神神秘秘	
m 和 n	尖锐 = 热情，善于交往		圆润 = 观察力不强，有创造力	
大写字母	大 = 过于自我		小 = 害羞	
环线	大 = 有想象力、高智商		小 = 懒惰	

你觉得怎么样？分析得准确吗？

实际上，虽然很多人都相信笔迹学有很强的科学依据，但事实是，无数研究发现，笔迹和人的性格之间没有一点关系（同样用问卷调查的方式衡量，正如你在“你的性格特征”一节里做的那样）。

那为什么笔迹学的神话会如此经久不衰？

其中的原因之一就是人们将其与法院的笔迹司法鉴定混为一谈了。后者主要是仔细检查手写文档或者签名，以确定文档或签名的真实性——比如，在怀疑一份遗嘱为伪造的时候就要用这种方法。大多数的笔迹鉴定者与笔迹学没有丝毫关系，但一些人混淆了两者界限，同时提供这两种服务。

另外两条理由则更为有趣，因为它们在很多不同类型的流行误区和伪科学中非常常见。第一条是，笔迹学让人感觉非常有道理。根据笔迹学理论，字体小而工整的人一定条理分明、聪明而且自控能力强，而写字像巨大的蜘蛛到处乱爬的人则缺乏条理，没有思想，做什么都一团糟。这个认识似乎只不过是常识而已。的确，一项研究显示，没有经过笔迹学训练的参与者在分析笔迹时凭直觉用了与“专家”同样的方法：比如，人们认为，字体大的人个性强。笔迹学听起来那么合理，因为它不过告诉了我们那些我们已经（错误地）自认为知道的东西。

第二条理由就是所谓的巴纳姆效应（Barnum effect，名字来源于一位著名的马戏团班主，他吹嘘说有“一些所有人都喜欢的东西”）。那些看手相的、占星卜卦的、玩预言的、巫师或灵媒都不会告诉你的是，如果你做出一些足够模糊和笼统的描述，总有一些会与被描述者的情况相符（参见“星象的闹剧”），而求证陷阱（参见“卡片游戏”）会帮你完成余下的工作。再看看上面提到的性格特征吧。虽然它们很多是完全相反的，但你总能设法让任何一项看起来与你相符的程度很高，只需选择记住那些相关的情形就行。比如，你一方面记得自己“意志薄弱”的时候，另一方面你也会记得自己“目的性强”的时候。

即便如此，很多可能出于善意的雇主还在继续用笔迹学作为参考以决定招聘或者解雇员工，虽然可能只是非正式地运用。所以，如果你的未来老板要求提供手写的申请，那么你可要小心了。当然，如果你感觉自己足够勇敢，还可以请他们看看本书参考文献中提到的一些评论文章。其中的信息一看便知：

Graphology is a write off!

（笔迹学啥用也没有！）

89. 心理学能拯救世界吗？：你选择了“独享”

我也选择了“独享”，我们两个谁也拿不到奖金。现在翻到300页看看究竟是怎么回事。

90. 你就是心理学家

这本书的许多章节（如“常识问答测试”“解除锚定”“茶水测试”“放射线医师”“星象的闹剧”和“形状也有味道？”）都在鼓励你把自己当成心理学家，研究你的朋友和家人。我们也谈到了心理学家在设计和解释研究结果的时候会遇到的小陷阱（如“愚顽人心里说，‘没有神’”“不打不成才？”“有益的视频游戏？”）。因此，我认为你现在应该准备好了可以进行所有测试中难度最高的那一个：设计你自己的研究。

一位富有进取心的教师提出了一套全新的、很有趣的方法来教小学生们学数学，许多学校和教师已经开始使用这套方法。教育部也正在考虑正式把这套方法加入到课程之中，但是先要对此进行评估。这就是需要你参与的地方。教育部要求你设计一项研究，调查一下新方法是否比现行方法更有效。用几分钟的时间构思一下，把要点写在下面的空白框里。

答案

最明显的答案就是直接找一些正在使用新方法的教师，问问他们是否觉得新方法比旧方法更有效。

如果这就是你的答案，那么很抱歉，你得了零分。这种设计方案几乎肯定会产生误导性的结论，因此可以说还不如不做研究。让我们先来讨论一下你的设计方案中的问题，以及如何克服它们。

首先，这个设计很容易会产生期望效应（expectancy effect）。因为采用新方法进行教学的教师期望看到他们所教学生的成绩提高，他们可能会真的看到这个结果。之所以如此，要么因为这些教师是在自欺，认为学生成绩提高了；要么是因为他们为了实现自己的预言而下意识地更加努力。在一项著名的研究中，试验者报告说，那些被标为“聪明”的老鼠会比“愚蠢”的老鼠用更短的时间从迷宫中跑出来。其实，这项试验是一个故意设计的陷阱：老鼠的智商根本没有差别，这个结果只是由期望效应引发的。这可能是由于试验者会更用心地对待那些“聪明”老鼠，或者在对它们的表现进行评价时有意偏颇。

如果孩子们知道他们要接受一些更新奇有趣的新教学方法，我们就更可能会看到一种特殊类型的期望效应——霍桑效应（Hawthorne effect）。美国伊利诺伊州西方电力公司霍桑工厂的研究人员发现，不管他们对工厂的条件作出什么样的调整——延长休息时间、缩短休息时间、调亮灯光、调暗灯光——都会使生产率提高，显然这是这些调整的效果。总之，无论何时推出旨在提高业绩的改革，参与者都会感到自己很“特殊”，并因此希望——也许是潜意识里希望——

证明改革取得了成功，所以业绩也随之提高。[①]

为了解决这些问题，我们需要做两件事：安慰剂对照组和双盲设计。在药物试验中，一半的受试者服用理想中的神奇新药，另一半则服用没有活性成分的糖丸（安慰剂）。在这种情况下，如果服药组的疗效确实比安慰剂组好，那么就可以证明是药物的作用而不是期望效应。现在我们需要做同样的事情。一半的儿童（测试组）确实接受新方法进行教学，而另一半（安慰剂组）表面上看也使用新方法——崭新的教材，一位激动地谈论“新”方法的老师——其实一切都没有变。如果测试组成绩仍然比对照组高，就证明新方法确实有效。

但是谁来判断测试组和对照组中哪一组的表现更好？如果我们想避免期望效应，判断的人就一定不能是教师。这时候就需要“盲试法”。负责评价的人一定不能知道被评儿童是在哪一个测试组；也就是说，他们必须是“盲的”，不知道每个孩子接受的是哪种教育方法。这样我们就得到了“双盲”试验，就是试验者（即评估者）和参与者（即儿童）都不知道他们的分组情况。[②]

我们的研究还缺乏一个重要的因素：随机性。如果我们从已

① 具有讽刺意义的是，虽然霍桑效应是一个切实存在的现象，但在霍桑工厂里却可能并不存在这个效应。史蒂芬·李维特（Steven Levitt，《魔鬼经济学》作者之一）发现了霍桑试验的原始记录，在对其研究之后发现，霍桑工厂每周一的生产率最高，然后在当周其余时间呈逐渐下滑的势态，跟大多数工厂的情形一样。由于试验中所有的改革措施都是在周日的时候制定的，生产率明显上升有可能只是一个工作周内生产率正常起伏的结果。

② 在理想状态下，干预的实施者（例如教师）也不应该知道孩子们的分组情况。在这个案例中要想做到这点是很困难的，但并非完全不可能。例如，我们可以事先对试验干预者进行训练，但不让他们知道哪种是新方法，哪种是旧方法，同时也不让他们知道试验的真正目的。

经使用新方法的学校中招募人员组建测试组，从仍然使用旧方法的学校中招募人员组建对照组，那么就意味着我们引入了更多的混合因素（如果你忘记了什么是混合因素，请参阅“你的智商到底是多少？”和“愚顽人心里说，‘没有神’”）。那些自发使用新教学方法的学校往往更具前瞻性，资源也更好，学生和教师的上进心都更强。而那些表现不佳的学校可能本来就麻烦不断，哪怕买得起新教材，也无力推广新方法。因此，即使新方法根本不比旧方法好，那些实施新方法的学校也可能会有更好的表现。

为了消除这些混合因素，我们需要完全随机地将学校或者班级——或者，更理想的做法是，将学生个人——分配到实验组或者对照组。只要有足够的学校和学生供分配，就能确保两个组的教师动机、学校财务资源等总体水平完全相同（一种可以代替“盲法”的方案是尽量使两个组在每一个试验因素上都匹配，不过这个方法实施起来难度更大，因为你需要能够对这些因素一一衡量）。

你的进展如何？如果你建立了对照组加 1 分，如果你使用了盲法加 1 分，如果你使用了随机分组（或者完全匹配）再加 1 分，如果你的方案中提到了要使用统计学测试来比较各组间的表现则再加 1 分（参见“茶水测试”）。你可以试着让那些当教师、做研究或学心理学的朋友来做这个测试，看看有几个人能够得到满分？

我希望的答案是绝大多数人都能拿到满分。因为这只是进行试验设计的初步要求，相当于心理学系一年级学生的水平。所以，要是你以为现实生活中政府的教育、商业、交通、环境和文化等各方面的政策，都是用我们刚才用几分钟时间赶出来的那种“随机、双盲、安慰剂对照”试验方案进行评估的，我们可以理解和原谅你。

似乎应该如此。但实际上，这些试验方法几乎从未用于评估政府的各项政策（虽然这些都是医学实验中的标准方法）。为什么不用它们？首先，政府可能担心那些没有得到新项目的选民（相当于试验中的对照组）会大为恼火，并因此在选举投票时惩罚他们。虽然选民的这种做法并不是一种特别理性的反应——新项目可能没有用，或者甚至会造成严重破坏——但这种反应其实是可以理解的。如果政府在一个拨给你邻居而不是你的项目上投入了纳税人几百万英镑的资金，你会作何感想？第二，任何政府似乎都没有勇气承认它的新项目已经“失败”。它们会觉得最好的办法是避免进行试验评估，而是提供证明项目取得成功的一些无关紧要的证据（“我在访问选民的时候，他们告诉我……”）。最后，一个广为接受的观点似乎是，政治领导人的决策应该以他们的信念、价值观和他们在骨子里相信正确的东西为依据，否则就是软弱的表现。你能想象一位党魁会这么说吗：“嗯，这条政策虽然与我们所坚持的一切完全相反，但它在试验中产生了最好的结果”？

现在你已经在其他人身上进行了几次试验，甚至亲自设计了一个试验，那么你应该已经开始清楚地了解作一名心理学家是什么感觉。如果你真的喜欢这种感觉，并且已经受到鼓舞，考虑成为一名真正的学术研究型心理学家，那就请你阅读一下最后一节（“继续你的心理学之旅”），从中了解一些我告诉你如何起步的提示。对我来说，这份职业的宝贵之处在于，心理学可以为我们生活中几乎任何重要问题提供一个科学而且客观的答案。

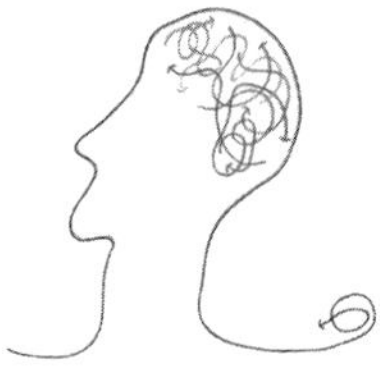

91. 继续你的心理学之旅

好了，我们就到这儿。我希望你享受的是一场心理学方方面面的发现之旅，并且在学习了大量关于你自己的个人心理学和普通心理学的知识之后，你的“心商”水平有了长足的进步。

我希望你将这些视为你旅程的起点而不是终点，也希望这本书能激励你运用心理学知识来解答日常生活中面临的各类问题，事无巨细均是如此。

那么接下来做什么呢？最简单的是从本书后面给出的参考文献着手。从本书中选出你最感兴趣的一节，在参考文献中找到原始研究的信息，然后尽量在网上找到学术期刊全文的 PDF 版。虽然某些文章由于要付费而无法查看，但还有很多是免费的，通过“谷歌学术”（scholar.google.com）搜索作者姓名或者文章标题就可以找到（“谷歌学术”是一个仅限于搜索学术性期刊杂志的专用搜索引擎）。大多数作者都会把他们的文章发布在所任职大学的网页上，或者 www.academia.edu 和 www.researchgate.net 上。如果这些方法都行不通，那么试着向第一作者发一封比较礼貌（但一定要简短！）的电子邮件，请他 / 她给你拷贝一份。那么，最糟糕的事情也不过就是他 / 她对你的邮件置之不理，而最有可能的是，一两天后就会收到你要的文件，同时对方还可能附上简短的留言，感谢你对他 / 她的文章感兴趣。当你读完那篇文章后就可以继续搜索它的参考文献部分，看看有没有你感兴趣的相关文章，然后再从新文章的参考文献部分找到下一篇，如此继续。

最后，我希望至少会有一些读者从本书获得足够的鼓舞，申请在大学学习心理学专业，或者——如果你已经进入大学——争取获得博士学位，成为一名心理学研究学者。只有进入之后，你才能体会到心理学真如浩瀚大洋，我们现在只是在浅水区游泳而已。跳进去吧！

原书参考文献

The Raw Shark Test（野生鲨鱼测试）

Exner, J., Levy, A., Groth-Marnat, G., Wood, J. M., & Garb, H. N. (2008).*The Rorschach: A Comprehensive System, vol.1: The Rorschach, Basic Foundations and Principles of Interpretation*. London and New York:Wiley and Sons.

Lilienfeld, S. O., Wood, J. M., & Garb, H. N. (2000). The scientific status of projective techniques. *Psychological Science in the Public Interest, 1*, 27–66.

Shaffer, T. W., Erdberg, P., & Haroian, J. (1999). Current nonpatient data for the Rorschach, WAIS-R, and MMPI-2. *Journal of Personality Assessment,* 73 (2), 305–36.

http://www.csicop.org/si/show/rorschach_inkblot_test_fortune_tellers_and_cold_reading/

Your Personality Profile（你的性格特征）

Goldberg, L. R. (1999). A broad-bandwidth, public domain, personality inventory measuring the lower-level facets of several five-factormodels. In I. Mervielde, I. Deary, F. De Fruyt, & F. Ostendorf (Eds.), *Personality Psychology in Europe,* vol. 7 (pp. 7–28). Tilburg, The Netherlands: Tilburg University Press.

Goldberg, L. R., Johnson, J. A., Eber, H. W., Hogan, R., Ashton, M. C.,Cloninger, C. R., & Gough, H. C. (2006). The International Personality Item Pool and the future of public-domain personality measures. *Journal of Research in Personality*, 40, 84-96.

International Personality Item Pool: A Scientific Collaboratory for the Development of Advanced Measures of Personality Traits and Other Individual Differences (http://ipip.ori.org/).

It's All Chinese to Me（对我来说这些都是汉字）

Monahan, J. L., Murphy, S. T., & Zajonc, R. B. (2000). Subliminal mere exposure: Specific, general, and diffuse effects. *Psychological Science*,11 (6), 462–6.

Hepper, P. (1988). Fetal 'soap' addiction. *The Lancet*, 331 (8598),1347–8.

Zajonc, R. B. (2001). Mere exposure: A gateway to the subliminal. *Current Directions in Psychological Science*, 10(6), 224–8.

Professional Psychopaths（真正的精神病患者）

Board, B. J., & Fritzon, K. (2005). Disordered personalities at work. *Psychology, Crime & Law*, 11 (1), 17–32.

Hare, R. D. (2003). *The Psychopathy Checklist*, revised, 2nd edn. Toronto: Multi-Health Systems.

I Just Can't Wait（我就是等不及）

Koffarnus, M. N., Jarmolowicz, D. P., Mueller, E. T., & Bickel, W. K.(2013). Changing delay discounting in the light of the competing neurobehavioral decision systems theory: A review. *Journal of the Experimental Analysis of Behavior*, 1–26.

Mischel, W., & Ebbesen, E. B. (1970). Attention in delay of gratification. *Journal of Personality and Social Psychology*, 16(2), 329.

Lerner, J. S., Li, Y., & Weber, E. U. (2013). The financial costs of sadness. *Psychological Science*, 24(1), 72–9.

Take It or Leave It?（要还是不要？）

Jensen, K., Call, J., & Tomasello, M. (2007). Chimpanzees are rational maximizers in an ultimatum game. *Science*, 318(5847), 107–9.

Milinski, M. (2013). Chimps play fair in the ultimatum game. *Proceedings of the National Academy of Sciences of the United States of America* 10 (6), 1978–1979.

Henrich, J., Heine, S. J., & Norenzayan, A. (2010). The weirdest people in the world. *Behavioral and Brain Sciences*, 33 (2–3), 61–83.

Are You Stupider than a Monkey?（你比猴子还笨吗？）

Inoue, S., & Matsuzawa, T. (2007). Working memory of numerals in chimpanzees. *Current Biology*, 17(23), R1004–R1005.

Cook, P., & Wilson, M. (2010). Do young chimpanzees have extraordinary working memory? *Psychonomic Bulletin & Review*,17(4), 599–600.

The Tragic Tale of Kitty Genovese（基蒂·吉诺维斯的悲惨故事）

Manning, R., Levine, M., & Collins, A. (2007). The Kitty Genovese murder and the social psychology of helping: the parable of the 38 witnesses. *American Psychologist*, 62(6),

555.

Fischer, P., Krueger, J. I., Greitemeyer, T., Vogrincic, C., Kastenmüller,A., Frey, D., & Kainbacher, M. (2011). The bystander-effect: A meta-analytic review on bystander intervention in dangerous and non-dangerous emergencies. *Psychological Bulletin*, 137(4), 517.

The Necker Cube（内克尔魔方）

Franks, C. M., & Lindahl, L. E. H. (1963). Extraversion and rate of fluctuation of the Necker Cube. *Perceptual and Motor Skills*, 16(1), 131–7.

Christman, S. D., Sontam, V., & Jasper, J. D. (2009). Individual differences in ambiguous-figure perception: Degree of handedness and interhemispheric interaction. *Perception*,38(8),1183.

Anchors Away（ 解除锚定）

Tversky, A., & Kahneman, D. (1974). Judgment under uncertainty:Heuristics and biases. *Science*, 185(4157),1124–31.

A Shocking Experiment〔令人震惊的（电击）试验〕

Milgram, S. (1963). Behavioral study of obedience. *Journal of Abnormal and Social Psychology*, 67,371–8.

Milgram, S. (1965) Some conditions of obedience and disobedience to authority. *Human Relations*,18,57–76.

Haslam, S. A., & Reicher, S. D. (2012). Contesting the ‘nature’ of conformity: What Milgram and Zimbardo’s studies really show. *PLoS Biology*, 10(11), e1001426.

Mission to Mars（火星任务）

Saffran, J. R., Aslin, R. N., & Newport, E. L. (1996). Statistical learning by 8-month-old infants. *Science*, 274(5294), 1926–8.

Carrot or Stick?（胡萝卜还是大棒？）

Tversky, A., & Kahneman, D. (1974) Judgment under uncertainty:Heuristics and biases. *Science*, 185,1124–1131.

Liar, Liar（说谎者，说谎者）

Aamodt, M. G., & Mitchell, H. (2006). Who can best catch a liar? A meta-analysis of individual differences in detecting deception. *Forensic Examiner,* 15,6–11.

Bond, C. F., & DePaulo, B. M. (2008). Individual differences in judging deception: Accuracy and bias. *Psychological Bulletin,*134(4),477.

Wright, G. R. T., Berry, C. J., & Bird, G. (2012) 'You can't kid a kidder':Association between production and detection of deception in an interactive deception task. *Frontiers in Human Neuroscience,*6:87. doi:10.3389/fnhum.2012.00087.

Wright Whelan, C., Wagstaff , G. F., & Wheatcroft, J. M. (2013).High-stakes lies: Verbal and nonverbal cues to deception in public appeals for help with missing or murdered relatives. *Psychiatry, Psychology and Law*, 1–15. doi:10.1080/13218719.2013.839931

Vrij, A., Leal, S., Mann, S., Warmelink, L., Granhag, P., & Fisher, R.(2010). Drawings as an innovative and successful lie detection tool. *Applied Cognitive Psychology* 24(4), 587–94.

Lyer, Lyer（错觉，错觉）

Fodor, J. A. (1983). *The Modularity of Mind: An Essay on Faculty Psychology.* Cambridge, MA: MIT Press.

Segall, M. H., Campbell, D. T., & Herskovits, M. J. (1966). *The Influence of Culture on Visual Perception*. Indianapolis, IN: Bobbs-Merrill.

Henrich, J., Heine, S. J., & Norenzayan, A. (2010). The weirdest people in the world. *Behavioral and Brain Sciences,*33(2–3), 61–83.

Jahoda, G. (1971). Retinal pigmentation, illusion susceptibility and space perception. *International Journal of Psychology*, 6(3),199–207.

The Line–Length Illusion（线长假象）

Asch, S. E., (1951). Effects of group pressure on the modification and distortion of judgments. In H. Guetzkow (Ed.), *Groups, Leadership and Men* (pp. 177–90). Pittsburgh, PA: Carnegie Press.

Perrin, S., & Spencer, C. (1981). Independence or conformity in the Asch experiment as a reflection of cultural and situational factors. *British Journal of Social Psychology*, 20(3),205–9.

Bond, R., & Smith, P. B. (1996). Culture and conformity: a meta-analysis of studies using Asch's (1952b,1956) line judgment task. *Psychological Bulletin,* 119(1), 111.

A Barking–Mad Test?（画狗测试）

Levinson, B. M., & Mezei, H. (1973). The Draw-a-Dog Scale. *Perceptual and Motor Skills,*

36(1), 19–22.

Goodenough, F. (1926). *Measurement of Intelligence by Drawings*. New York: World Book Co.

Harris, D. B. (1963). *Children's Drawings as Measures of Intellectual Maturity*. New York: Harcourt, Brace & World, Inc.

Naglieri, J. A., & Pfeiffer, S. I. (1992). Performance of disruptive behavior disordered and normal samples on the Draw A Person: Screening Procedure for Emotional Disturbance. *Psychological Assessment*, 4(2),156.

Your Perfect Partner（你的完美配偶）

Buss, D. M. (1989). Sex differences in human mate preferences: Evolutionary hypotheses tested in 37 cultures. *Behavioral and Brain Sciences,* 12, 1–14.

Buss, D. M., Shackelford, T. K., Kirkpatrick, L. A., & Larsen, R. J. (2001). A half century of mate preferences: the cultural evolution of values. J*ournal of Marriage and Family*, 63,491–503.

Trivers, R. (1972). Parental investment and sexual selection. In B. Campbell (Ed.), *Sexual Selection and the Descent of Man:1871–1971*(pp.136–79). Chicago, IL: Aldine.

Lippa, R. A. (2007). The preferred traits of mates in a cross-national study of heterosexual and homosexual men and women: An examination of biological and cultural influences. *Archives of Sexual Behavior*, 36(2),193–208.

Digital Love（网络爱情）

Cacioppo, J. T., Cacioppo, S., Gonzaga, G. C., Ogburn, E. L., & Vander-Weele, T. J. (2013). Marital satisfaction and break-ups differ across on-line and off -line meeting venues. *Proceedings of the National Academy of Sciences* 110(25),10135–10140.

St Valentine's Day: Massacred?（情人节：大崩溃？）

Laurin, K., Kille, D. R., & Eibach, R. P. (2013). 'The way I am is the way you ought to be': Perceiving one's relational status as unchangeable motivates normative idealization of that status. *Psychological Science,* 24(8), 1523–32.

Festinger, L., & Carlsmith, J. M. (1959). Cognitive consequences of forced compliance. *Journal of Abnormal and Social Psychology,* 58(2),203–10.

The Tea Test（茶水测试）

Fisher, R. A. (1925). *Statistical Methods for Research Workers*. Edinburgh: Oliver & Boyd.

Pearson, K. (1900). On the criterion that a given system of deviations from the probable in the case of a correlated system of variables is such that it can be reasonably supposed to have arisen from random sampling. *Philosophical Magazine*, 50, 157–75.

Yates, F., and Mather, K. (1963). Ronald Aylmer Fisher, 1890–1962. *Biographical Memoirs of Fellows of the Royal Society*, 9, 91–129.

Reading and Righting（阅读与自我纠错）

Davis, C. J. (2010). The spatial coding model of visual word identification. *Psychological Review*, 117(3), 713.

Hauk, O., Davis, M. H., Ford, M., Pulvermüller, F., & Marslen-Wilson, W. D. (2006). The time course of visual word recognition as revealed by linear regression analysis of ERP data. *Neuroimage*, 30(4), 1383–1400.

Prelude or Requiem?（序曲还是催眠曲？）

Rauscher, F. H., Shaw, G. L., & Ky, K. N. (1993). Music and spatial task performance. *Nature*, 365(6447), 611.

Davies, P. J. (1984). Mozart's illnesses and death:1. The illnesses, 1956–90. *The Musical Times*, 125, 437–42.

Nantais, K. M., & Schellenberg, E. G. (1999). The Mozart effect: an artifact of preference? *Psychological Science*, 10, 370–73.

Thompson, W. F., Schellenberg, E. G., & Husain, G. (2001). Arousal, mood and the Mozart effect. *Psychological Science*, 12, 248–51.

http://www.guardian.co.uk/culture/2003/jan/10/artsfeatures.shopping

The Radiologist（放射线医师）

Neisser, U. & Becklen, R. (1975). Selective looking: Attending to visually specified events. *Cognitive Psychology*, 7, 480–94.

Simons, D. J., & Chabris, C. F. (1999). Gorillas in our midst: Sustained inattentional blindness for dynamic events. *Perception-London*, 28(9), 1059–74.

Drew, T., Võ, M. L. H., & Wolfe, J. M. The invisible gorilla strikes again:Sustained inattentional blindness in expert observers. *Psychological Science*. 10.1177/0956797613479386

Dalton, P., & Fraenkel, N. (2012). Gorillas we have missed: Sustained inattentional deafness for dynamic events. *Cognition,* 124(3), 367–72.

The Surgeon（外科医生）

Coleman, L., & Kay, P. (1981). Prototype semantics: The English word *lie*. *Language*, 26–44.

Troppmann, K. M., Palis, B. E., Goodnight Jr, J. E., Ho, H. S., & Troppmann, C. (2009). Women surgeons in the new millennium. *Archives of Surgery*, 144(7), 635.

Christian Lynge, D., Larson, E. H., Thompson, M. J., Rosenblatt, R. A., & Hart, L. G. (2008). A longitudinal analysis of the general surgery workforce in the United States, 1981–2005. *Archives of Surgery*, 143(4), 345.

The Doctor（医生）

Duncker, K. (1945). On problem-solving. *Psychological Monographs*, 58(5), 1–113.

The Health Minister（卫生部长）

Tversky, A., & Kahneman, D. (1981). The framing of decisions. *Science,* 211, 453–8.

Mandel, D. R. (2001). Gain-loss framing and choice: Separating outcome formulations from descriptor formulations. *Organizational Behavior and Human Decision Processes*, 85(1), 56–76.

Kühberger, A. (1998). The influence of framing on risky decisions: A meta-analysis. *Organizational Behavior and Human Decision Processes*, 75(1), 23–55.

Marteau, T. M. (1989). Framing of information: Its influence upon decisions of doctors and patients. *British Journal of Social Psychology*, 28(1), 89–94.

Red or Black?（红还是黑？）

Gilovich, T., Vallone, R., & Tversky, A. (1985). The hot hand in basketball: on the misperception of random sequences. *Cognitive Psychology*, 17(3), 295–314.

Gershenson, C., & Pineda, L. A. (2009). Why does public transport not arrive on time? The pervasiveness of equal headway instability. *PloS ONE*, 4(10), e7292.

Track the Attacker（追踪袭击者）

Snook, B., Taylor, P. J., & Bennell, C. (2004). Geographic profiling: The fast, frugal, and accurate way. *Applied Cognitive Psychology,* 18(1), 105–21.

http://www.newyorker.com/reporting/2007/11/12/071112fa_fact_gladwell

Canter, D., & Hammond, L. (2006). A comparison of the efficacy of different decay functions in geographical profiling for a sample of US serial killers. *Journal of Investigative Psychology and Offender Profiling*, 3 (2), 91–103.

Alison, L., Bennell, C., Mokros, A., & Ormerod, D. (2002). The personality paradox in offender profiling: A theoretical review of the processes involved in deriving background characteristics from crime scene actions. *Psychology, Public Policy, and Law*, 8(1), 115.

Morality Play（道德游戏）

Hall, L., Johansson, P., & Strandberg, T. (2012). Lifting the veil of morality: Choice blindness and attitude reversals on a self-transforming survey. *PloS ONE*, 7(9), e45457 doi:10.1371/journal.pone.0045457.

Haidt, J. (2001). The emotional dog and its rational tail: a social intuitionist approach to moral judgment. *Psychological Review*, 108, 814–34.

Mercier, H., & Sperber, D. (2011). Why do humans reason? Arguments for an argumentative theory. *Behavioral and Brain Sciences*, 34, 57–74.

The Arts Critic（艺术评论家）

Lebuda, I. & Karwowski, M. (2012). Tell me your name and I'll tell you how creative your work is: Author's name and gender as factors influencing assessment of products' creativity in four different domains. *Creativity Research Journal*, 25(1), 137–42.

Card Trick 1 and 2（卡片游戏 1 和 2）

Wason, P. C. (1966). Reasoning. In B. M. Foss, (Ed.), *New Horizons in Psychology*. Harmondsworth: Penguin.

Ernst, E. (2010). Homeopathy: what does the 'best' evidence tell us? *Medical Journal of Australia,* 192(8), 458–60.

'All I Have To Do Is Dream'（"我要做的就是做梦"）

Walker, M. P., Brakefi eld, T., Morgan, A., Hobson, J. A., & Stickgold, R.(2002). Practice with sleep makes perfect: Sleep-dependent motor skill learning. *Neuron*, 35(1), 205–11.

Mednick, S. C., & Alaynick, W. A. (2010). Comparing models of sleepdependent memory consolidation. *Journal of Experimental & Clinical Medicine*, 2(4), 156–64.

Debarnot, U., Castellani, E., Valenza, G., Sebastiani, L., & Guillot, A.(2011). Daytime naps improve motor imagery learning. *Cognitive, Affective, & Behavioral Neuroscience*, 11 (4), 541–50.

Yágüez, L., Nagel, D., Hoffman, H., Canavan, A. G. M., Wist, E., & Hömberg, V. (1998). A mental route to motor learning: Improving trajectorial kinematics through imagery training. *Behavioural Brain Research*, 90(1), 95–106.

Coffman, D. D. (1990). Effects of mental practice, physical practice, and knowledge of results in piano performance. *Journal of Research in Music Education*, 38, 187–96.

The Interpretation of Dreams（梦的解析）

Freud, S. (1899). *Die Traumdeutung* [*The Interpretation of Dreams*]. Leipzig: Franz Deuticke.

The March of Time（时间之旅）

Boroditsky, L. (2001). Does language shape thought? Mandarin and English speakers' conceptions of time. *Cognitive Psychology*, 43(1), 1–22.

Berlin, B., & Kay, P. (1969). *Basic Color Terms. Berkeley*, CA: University of California Press.

Heider, E. (1972). Universals in color naming and memory. *Journal of Experimental Psychology*, 93, 10–20.

Levinson, S. C. (1997). Language and cognition: the cognitive consequences of spatial description in Guugu Yimithirr. *Journal of Linguistic Anthropology,* 7(1), 98–131.

It Feels So Right（这个感觉真不错）

Frederick, S. (2005). Cognitive reflection and decision making. *The Journal of Economic Perspectives*, 19(4), 25–42.

Men Are from Mars, Women Are from Venus（男人来自火星，女人来自金星）

Hyde, J. S. (2005). The gender similarities hypothesis. *American Psychologist*, 60(6), 581.

Hampson, E. (1990). Variations in sex-related cognitive abilities across the menstrual cycle. *Brain and Cognition*, 14, 26–43.

Hausmann, M., Slabbekoorn, D., Van Goozen, S. H., Cohen-Kettenis, P. T., & Güntürkün, O. (2000). Sex hormones affect spatial abilities during the menstrual cycle. *Behavioral Neuroscience*, 114(6), 1245.

Focus on Your Knitting（专心做一件事）

Unsworth, N., Heitz, R. P., Schrock, J. C., & Engle, R. W. (2005). An automated version of the operation span task. *Behavior Research Methods*, 37(3), 498–505.

Sanbonmatsu, D. M., Strayer, D. L., Medeiros-Ward, N., & Watson, J. M. (2013). Who multi-tasks and why? Multitasking ability, perceived multitasking ability, impulsivity, and sensation seeking. *PloS ONE*, 8(1), e54402.

Mäntylä, T. (2013). Gender differences in multitasking reflect spatial ability. *Psychological Science*, 24(4), 514–20.

Buser, T., & Peter, N. (2012). Multitasking. *Experimental Economics*, 15(4), 641–55.

Stoet, G., O' Connor, D. B., Conner, M., & Laws, K. R. (2013). Are women better than men at multitasking? *BMC Psychology*, 1 (1), 1–18.

Quoth the Raven' s 'What' s My Score?'（你的智商到底是多少？）

Duckworth, A. L., & Seligman, M. E. (2005). Self-discipline outdoes IQ in predicting academic performance of adolescents. *Psychological Science*, 16(12), 939-44.

Strenze, T. (2007). Intelligence and socioeconomic success: a meta-analytic review of longitudinal research. *Intelligence*, 35(5), 401–26.

Batty, G. D., Deary, I. J., & Gottfredson, L. S. (2007). Premorbid (early life) IQ and later mortality risk: Systematic review. *Annals of Epidemiology*, 17(4), 278–88.

Hauser, R. M. (2002). *Meritocracy, Cognitive Ability, and the Sources of Occupational Success*. Center for Demography and Ecology Working Paper98–07. Madison, WI: University of Wisconsin. (Thanks are due to Robert M. Hauser for generously making available to me a spreadsheet summarising the data reported in the paper.)

Zimmerman, Paul (1984). *The New T inking Man's Guide to Pro Football.* New York: Simon and Schuster. p.416.

Conversion table: http://www.us.mensa.org/AML/?LinkServID=5A1CE69C-C4DD-6B70-EE32B45588243A22

http://www.shortlist.com/shortlists/10-surprisingly-clever-celebrities

http://www.businessinsider.com/the-smartest-people-in-the-world-2011-3?op=1

http://www.onlygoodmovies.com/blog/movie-news/celebrity-iqscores/

Sulloway, F. J. (2007). Birth order and intelligence. *Science*, 317, 1711–12.

Devlin, B., Daniels, M., & Roeder, K. (1997). The heritability of IQ. *Nature*, 388(6641), 468–71.

Dickens, W. T., & Flynn, J. R. (2001). Heritability estimates versus large environmental effects: the IQ paradox resolved. *Psychological Review*, 108(2), 346.

The Fool Hath Said in His Heart, 'There Is No God'（愚顽人心里说，"没有神"）

Zuckerman, M., Silberman, J., & Hall, J. A. (2013). The relation between intelligence and religiosity: a meta-analysis and some proposed explanations. *Personality and Social Psychology Review* 17(4), 325–354.

Lynn, R., Harvey, J., & Nyborg, H. (2009). Average intelligence predicts atheism rates across 137 nations. *Intelligence*, 37(1), 11–15.

Idiocracy?（蠢蛋进化论？）

Woodley, M. A., te Nijenhuis, J., & Murphy, R. (2013). Were the Victorians cleverer than us? The decline in general intelligence estimated from a meta-analysis of the slowing of simple reaction time. *Intelligence*, 41 (6), 843–850.

Flynn, J. R. (2007). *What Is intelligence?: Beyond the Flynn Effect*. Cambridge: Cambridge University Press.

Daley, T. C., Whaley, S. E., Sigman, M. D., Espinosa, M. P., & Neumann,C. (2003). IQ on the rise: The Flynn effect in rural Kenyan children. *Psychological Science*, 14(3), 215–19.

Carr, N. (2008). Is Google making us stupid? *Yearbook of the National Society for the Study of Education*, 107(2), 89–94.

Flynn, J. R., (2012). *Are We Getting Smarter?: Rising IQ in the Twenty-First Century*. Cambridge: Cambridge University Press.

Jensen, A. R. (2011). The theory of intelligence and its measurement. *Intelligence,* 39(4), 171–7.

Visscher, P. M., Hill, W. G., & Wray, N. R. (2008). Heritability in the genomics era – concepts and misconceptions. *Nature Reviews Genetics*, 9(4), 255–66.

Stereo Types（刻板印象）

Rentfrow, P. J., & Gosling, S. D. (2003). The do re mi's of everyday life: The structure and personality correlates of music preferences. *Journal of Personality and Social Psychology*, 84, 1236–56.

Rentfrow, P. J., & Gosling, S. D. (2006). Message in a ballad: The role of music preferences in interpersonal perception. *Psychological Science*,17, 236–42.

Rentfrow, P. J., & Gosling, S. D. (2007). The content and validity of music-genre stereotypes among college students. *Psychology of Music*, 35, 306–26.

Rentfrow, P. J. & Gosling, S. D. (2003). Norms for the Short Test of Music Preferences. Unpublished data, University of Texas at Austin.

Horoscope Horror Show?（星象的闹剧？）

Weber, G. W., Prossinger, H., & Seidler, H. (1998). Height depends on month of birth. *Nature*, 391 (6669), 754–5.

Davies, G., Welham, J., Chant, D., Torrey, E. F., & McGrath, J. (2003). A systematic review and meta-analysis of northern hemisphere season of birth studies in schizophrenia. *Schizophrenia Bulletin*, 29(3), 587–93.

Gavrilov, L. A., & Gavrilova, N. S. (2011). Season of birth and exceptional longevity: Comparative study of American centenarians,their siblings, and spouses. *Journal of Aging Research*, http://dx.doi.org/10.1061/2011/104616.

Thompson, D. (1971). Season of birth and success in the secondary school. Education Research, 14(1), 56–60.

Brewer, J., Balsom, P. D. and Davis, J. A. (1995). Seasonal birth distribution amongst European soccer players. *Sports, Exercise and Injury*, 1, 154–7.

Skirbekk, V., Kohler, H. P., & Prskawetz, A. (2004). Birth month, school graduation, and the timing of births and marriages. *Demography,41* (3), 547–68.

Forer, B. R. (1949). The fallacy of personal validation: A classroom demonstration of gullibility. *Journal of Abnormal and Social Psychology*, 44, 118–23.

Are You a Conspiracy Theorist?（你是阴谋论者吗？）

Lewandowsky, S., Oberauer, K., & Gignac, G. E. (2013). NASA faked the moon landing – therefore, (climate) science is a hoax: an anatomy of the motivated rejection of science. *Psychological Science*, 24(5), 622–33.

What a Shape Sounds Like（形状也有声音？）

Ramachandran, V. S., & Hubbard, E. M. (2001). Synaesthesia – a window into perception, thought and language. *Journal of Consciousness Studies*, 8(12), 3–34.

Maurer, D., Pathman, T., & Mondloch, C. J. (2006). The shape of boubas:Sound–shape correspondences in toddlers and adults. *Developmental Science*, 9(3), 316–22.

Coulter, K. S., & Coulter, R. A. (2010). Small sounds, big deals: Phonetic symbolism effects in pricing. *Journal of Consumer Research*, 37(2), 315–28.

What a Shape Tastes Like（形状也有味道？）

Gallace, A., Boschin, E., & Spence, C. (2011). On the taste of 'Bouba' and 'Kiki': An exploration of word–food associations in neurologically normal participants. *Cognitive Neuroscience*, 2(1), 34–46.

Spence, C., & Ngo, M. K. (2012). Assessing the shape symbolism of the taste, flavour, and texture of foods and beverages. *Flavour*, 1 (1), 12.

Spence, C., & Gallace, A. (2011). Tasting shapes and words. Food Quality and Preference, 22(3), 290–95.

Hanson-Vaux, G., Crisinel, A. S., & Spence, C. (2013). Smelling shapes: Crossmodal correspondences between odors and shapes. *Chemical Senses*, 38(2), 161–66.

What's in a Name?（名字有什么意义？）

Oliver, J. E., Wood, T., Bass, A. (2013). *Liberellas versus Konservatives: Social Status, Ideology, and Birth Names in the United States*. Paper presented at the annual meeting of the Midwestern Political Science Association.

What's in a Face?（辨脸识人？）

Perrett, D. I., Burt, D. M., Penton-Voak, I. S., Lee, K. J., Rowland, D. A., & Edwards, R. (1999). Symmetry and human facial attractiveness. *Evolution and Human Behavior*, 20(5), 295–307.

DeBruine, L. M., Jones, B. C., Unger, L., Little, A. C., & Feinberg, D. R.(2007). Dissociating averageness and attractiveness: Attractive faces are not always average. *Journal of Experimental Psychology: Human Perception and Performanc*e, 33 (6), 1420.

DeBruine, L. M., Jones, B. C., Smith, F. G., & Little, A. C. (2010). Are attractive men's faces masculine or feminine? The importance of controlling confounds in face stimuli. *Journal of Experimental Psychology: Human Perception and Performance*, 36(3), 751.

Perrett, D. (2012). *In Your Face: The New Science of Human Attraction*. London: Palgrave Macmillan.

Tips for Dancers?（舞女的小费？）

Miller, G., Tybur, J. M., & Jordan, B. D. (2007). Ovulatory cycle effects on tip earnings by lap dancers: Economic evidence for human estrus. *Evolution and Human Behavior*, 28(6), 375–81.

Havlíček, J., Dvořáková, R., Bartoš, L., & Flegr, J. (2006). Non- advertized does not mean concealed: Body odour changes across the human menstrual cycle. *Ethology*, 112, 81–90.

Roberts, S. C., Havlicek, J., Flegr, J., Hruskova, M., Little, A. C., Jones, B. C., et al. (2004). Female facial attractiveness increases during the fertile phase of the menstrual cycle. *Proceedings of the Royal Society of London Series B*, 271 (S5), S270–S271.

Hitler's Sweater（希特勒的毛衣）

Lindeman, M., Heywood, B., Riekki, T., & Makkonen, T. (2014). Atheists become emotionally aroused when daring God to do terrible things. *International Journal for the*

Psychology of Religion, 24(2), 124–32.

Nemeroff , C., & Rozin, P. (1994). The contagion concept in adult thinking in the United States: Transmission of germs and of interpersonal influence. *Ethos*, 22(2), 158–86.

Getting All EmotIQnal（都是情商惹的祸）

Goleman, D. (2000). Leadership that gets results. *Harvard Business Review*, 78(2), 78–93.

Landy, F. J. (2005). Some historical and scientific issues related to research on emotional intelligence. *Journal of Organizational Behavior*, 26(4), 411–24.

Schutte, N. S., Malouff , J. M., Hall, L. E., Haggerty, D. J., Cooper, J. T., Golden, C. J., & Dornheim, L. (1998). Development and validation of a measure of emotional intelligence. *Personality and Individual Differences*, 25(2), 167–77.

Be on Your Guard（时刻当心）

Haney, C., Banks, C., & Zimbardo, P. (1973). A study of prisoners and guards in a simulated prison. *Naval Research Review*: September, 1–17. Washington, DC: Office of Naval Research.

Zimbardo, P. (2007). *The Lucifer Effect: Understanding How Good People Turn Evil*. New York: Random House.

Haslam, S. A., & Reicher, S. D. (2012). Contesting the 'nature' of conformity: What Milgram and Zimbardo's studies really show. *PLoS Biology* 10(11): e1001426. doi:10.1371/journal.pbio. 1001426.

Carnahan, T., & McFarland, S. (2007). Revisiting the Stanford prison experiment: Could participant self-selection have led to the cruelty? *Personality and Social Psychology Bulletin*, 33, 603–14.

What' s in a Face? #2: The Talking Dog［辨脸识人？（2）：会说话的狗］

Ambridge, B., Pine, J. M., Rowland, C. F., & Young, C. R. (2008). The effect of verb semantic class and verb frequency (entrenchment) on children's and adults' graded judgements of argument-structure overgeneralization errors. *Cognition,* 106(1), 87–129.

Ambridge, B. (2011). Paradigms for assessing children's knowledge of syntax and morphology. In E. Hoff (Ed.). *Guide to Research Methods in Child Language*. London: Blackwell-Wiley (pp.113–32).

Literacy Test（读写能力测试）

Greenwald, A. G., McGhee, D. E., & Schwartz, J. L. K. (1998). Measuring individual differences in implicit cognition: the Implicit Association Test. *Journal of Personality and Social Psychology*, 74, 1464–80.

Perrett, D. (2012). *In Your Face: The New Science of Human Attraction*. London: Palgrave Macmillan.

Baron, A. S., & Banaji, M. R. (2006). The development of implicit attitudes evidence of race evaluations from ages 6 and 10 and adulthood. *Psychological Science*, 17(1), 53–8.

Kelly, D. J., Quinn, P. C., Slater, A. M., Lee, K., Gibson, A., Smith, M., & Pascalis, O. (2005). Three-month-olds, but not newborns, prefer own-race faces. *Developmental Science*, 8(6), F31–F36.

Tajfel, H., Billig, M. G., Bundy, R. P., & Flament, C. (1971). Social categorization and intergroup behaviour. *European Journal of Social Psychology*, 1(2), 149–78.

Hamlin, J. K., Mahajan, N., Liberman, Z., & Wynn, K. (2013). Not like me = bad: Infants prefer those who harm dissimilar others. *Psychological Science*, 24(4), 589–94.

Lebrecht, S., Pierce, L. J., Tarr, M. J., & Tanaka, J. W. (2009). Perceptual other-race training reduces implicit racial bias. *PLoS ONE*, 4(1), e4215.

Roll Play（卷纸游戏）

Poretz, M., & Sinrod, B. (1989). *The First Really Important Survey of American Habits*. New York: Price Stern Sloan.

Kimberly-Clark (27 January 2010), How does America roll? Cottonelle brand teams with Tori and Dean to end the age-old debate: Over or under? (press release), *PR Newswire*.

Widdicombe, B. (8 June 2004), Butler serves up more dirt on Diana, *New York Daily News*, 38.

http://www.drgilda.com/

A Trivial Pursuit（常识问答游戏）

Dijksterhuis, A., & Knippenberg, A.V. (1998). The relation between perception and behavior, or how to win a game of trivial pursuit. *Journal of Personality and Social Psychology*, 74(4), 865–77.

Bargh, J. A., Chen, M., & Burrows, L. (1996). Automaticity of social behavior: Direct effects of trait construct and stereotype activation on action. *Journal of Personality and Social Psychology*, 71, 230–44.

Doyen, S., Klein, O., Pichon, C., & Cleeremans, A. (2012). Subliminal behavioral priming: It is all in the brain, but whose brain? *PLoS ONE,* 7(1), doi:10.1371/journal.pone.0029081.

Bargh. J. A., (2012). http://www.psychologytoday.com/blog/the-natural-unconscious/201205/priming-effects-replicate-just-fine-thanks

Eder, A., Leipert, C., Musch, J., & Klauer, K. (2012). Failed replication to prime intelligent behavior. Retrieved 3 April 2013 from http://www. PsychFileDrawer.org/replication.php?attempt=MTIo

Roberts, M. S., Crooks, W., Kolody, T. J., Pavlovic, T., Rombola, K. J., & Standing, L. G. (2013). No effect on intelligence from priming. Retrieved 3 April 2013 from http://www. PsychFileDrawer.org/replication.php?attempt=MTQz

What' s in a Face? #3: Brown-Eyed Girl［辨脸识人？（3）：褐眼男人］

http://www.bbc.co.uk/news/uk-england-24112067

Kleisner, K., Priplatova, L., Frost, P., & Flegr, J. (2013). Trustworthy-looking face meets brown eyes. *PLoS ONE*, 8(1), e53285.

At My Wick' s End（我没招了）

Duncker, K. (1945). On problem-solving.*Psychological Monographs*, 58(5), i–113.

Weisberg, R., DiCamillo, M., & Phillips, D. (1978). Transferring old associations to new situations: a nonautomatic process. *Journal of Verbal Learning and Verbal Behavior*, 17(2), 219–28.

Under Pressure（承受压力）

Clandra, A. (1968). Angels on a pin. *The Saturday Review*, 21 December, p.60.

Spare the Rod and Spoil the Child?（不打不成才？）

Ferguson, C. J. (2013), Spanking, corporal punishment and negative long-term outcomes: A meta-analytic review of longitudinal studies. *Clinical Psychology Review*, 33, 196–208.

Nobes, G., Smith, M., Upton, P., & Heverin, A. (1999). Physical punishment by mothers and fathers in British homes. *Journal of Interpersonal Violence*, 14(8), 887–902.

Video Gains?（有益的视频游戏？）

http://vgsales.wikia.com/wiki/Video_game_industry

http://www.apa.org/about/policy/interactive-media.pdf

Anderson, C. A., Shibuya, A., Ihori, N., Swing, E. L., Bushman, B. J., Sakamoto, A., & Saleem, M. (2010). Violent video game effects on aggression, empathy, and prosocial behavior in eastern and western countries: a meta-analytic review. *Psychological*

Bulletin, 136(2), 151.

Ferguson, C. J. (2010). Blazing angels or resident evil? Can violent video games be a force for good? *Review of General Psychology*, 14(2), 68.

Oei, A. C., & Patterson, M. D. (2013). Enhancing cognition with video games: A multiple game training study. *PloS ONE*, 8(3), e58546.

Rosser Jr, J. C., Lynch, P. J., Cuddihy, L., Gentile, D. A., Klonsky, J., & Merrell, R. (2007). The impact of video games on training surgeons in the 21st century. *Archives of Surgery*, 142(2), 181.

Franceschini, S., Gori, S., Ruffino, M., Viola, S., Molteni, M., & Facoetti, A. (2013). Action video games make dyslexic children read better. *Current Biology*, 23 (6), 462–6.

Ferguson, C. J. (2007). The good, the bad and the ugly: a meta-analytic review of positive and negative effects of violent video games. *Psychiatric Quarterly*, 78(4), 309–16.

Shut Your Face(book)?（关掉你的脸书或闭嘴别吵？）

Clayton, R. B., Nagurney, A., & Smith, J. R. (2013). Cheating, breakup, and divorce: Is Facebook use to blame? *Cyberpsychology, Behavior, and Social Networking*, 16(10), 717–20.

Cake Addicts（蛋糕成瘾者）

Koo, J. W., Mazei-Robison, M. S., Chaudhury, D., Juarez, B., LaPlant, Q., Ferguson, D., ... & Nestler, E. J. (2012). BDNF is a negative modulator of morphine action. *Science*, 338(6103), 124–8.

Field, M., & Cartwright-Hatton, *S. Psychological Disorders*. London: Sage.

Davis, C., & Carter, J. C. (2009). Compulsive overeating as an addiction disorder: A review of theory and evidence. *Appetite*, 53(1), 1–8.

Bulik, C. M., Sullivan, P. F., & Kendler, K. S. (1998). Heritability of binge-eating and broadly defined bulimia nervosa. *Biological Psychiatry*, 44(12), 1210–18.

Lilenfeld, L. R., Ringham, R., Kalarchian, M. A., & Marcus, M. D. (2008). A family history study of binge-eating disorder. *Comprehensive Psychiatry*, 49(3), 247–54.

http://www.psychiatry.org/addiction

Heyman, G. M. (2009). *Addiction: A Disorder of Choice*. Cambridge, MA: Harvard University Press.

Koffarnus, M. N., Jarmolowicz, D. P., Mueller, E. T., & Bickel, W. K. (2013). Changing delay discounting in the light of the competing neurobehavioral decision systems theory: a review. *Journal of the Experimental Analysis of Behavior*, 99(1), 32–57.

Anokhin, A. P., Golosheykin, S., Grant, J. D., & Heath, A. C. (2011). Heritability of delay discounting in adolescence: a longitudinal twin study. *Behavior Genetics*, 41(2), 175–83.

Geier, A., Wansink, B., & Rozin, P. (2012). Red potato chips: Segmentation cues can substantially decrease food intake. *Health Psychology*, 31 (3), 398.

http://news.bbc.co.uk/1/hi/business/7490346.stm

That Sinking Feeling（心随成本一起沉）

Arkes, H. R., & Blumer, C. (1985). The psychology of sunk cost. *Organizational Behavior and Human Decision Processes*, 35(1), 124–40.

Arkes, H. R., & Ayton, P. (1999). The sunk cost and Concorde effects: Are humans less rational than lower animals? *Psychological Bulletin*, 125(5), 591.

Can't Stand Losing You（无法忍受失去你）

Kahneman, D., Knetsch, J. L., & Thaler, R. H. (1991). Anomalies: the endowment effect, loss aversion, and status quo bias. *Journal of Economic Perspectives*, 5(1), 193–206.

Genesove, D., & Mayer, C. (2001). Loss aversion and seller behavior: Evidence from the housing market. *Quarterly Journal of Economics*, 116(4), 1233–60.

Stick or Switch?（并线还是不并线？）

Redelmeier, D. A., & Tibshirani, R. J. (1999). Why cars in the next lane seem to go faster. *Nature*, 401(6748), 35.

http://hpyblg.wordpress.com/2010/12/31/why-does-the-other-lane-always-seem-to-go-faster/

Mind over Matter（意识决定物质）

Hood, B., Gjersoe, N. L., & Bloom, P. (2012). Do children think that duplicating the body also duplicates the mind? *Cognition*, 125(3), 466–74.

Your Memory Is Limitless（记忆无极限）

Shepard, R. N. (1967). Recognition memory for words, sentences, and pictures. *Journal of Verbal Learning and Verbal Behavior,* 6(1), 156–63.

Standing, L. (1973). Learning 10,000 pictures. *Quarterly Journal of Experimental Psychology*, 25(2), 207–22.

Bonin, P., Peereman, R., Malardier, N., Méot, A., & Chalard, M. (2003). A new set of 299 pictures for psycholinguistic studies: French norms for name agreement, image agreement, conceptual familiarity, visual complexity, image variability, age of acquisition, and naming latencies. *Behavior Research Methods, Instruments, & Computers*, 35(1), 158–67.

Do Humans Dream of Electric Sheep?（梦到电子绵羊？）

Kay, K. N., Naselaris, T., Prenger, R. J., & Gallant, J. L. (2008). Identifying natural images from human brain activity. *Nature*, 452(7185), 352–5.

Mitchell, T. M., Shinkareva, S. V., Carlson, A., Chang, K. M., Malave, V. L., Mason, R. A., & Just, M. A. (2008). Predicting human brain activity associated with the meanings of nouns. *Science*, 320(5880), 1191–5.

Horikawa, T., Tamaki, M., Miyawaki, Y., & Kamitani, Y. (2013). Neural decoding of visual imagery during sleep. *Science*, 340(6132), 639–42.

Kassam, K. S., Markey, A. R., Cherkassky, V. L., Loewenstein, G., & Just, M. A. (2013). Identifying emotions on the basis of neural activation. *PLoS ONE*, 8(6) e66032. dot:10.1371/journal.pone.0066032.

Soon, C. S., Brass, M., Heinze, H. J., & Haynes, J. D. (2008). Unconscious determinants of free decisions in the human brain. *Nature Neuroscience,* 11 (5), 543–5.

Prescient Palmistry?（未卜先知的手相术？）

Fink, B., Manning, J. T., & Neave, N. (2004). Second to fourth digit ratio and the 'big five' personality factors. *Personality and Individual Differences*, 37(3), 495–503.

Bailey, A. A., & Hurd, P. L. (2005). Finger length ratio (2D:4D) correlates with physical aggression in men but not in women. *Biological Psychology*, 68(3), 215–22.

Schneider, H. J., Pickel, J., & Stalla, G. K. (2006). Typical female 2nd–4th finger length (2D: 4D) ratios in male-to-female transsexuals – possible implications for prenatal androgen exposure. *Psychoneuroendocrinology*, 31 (2), 265–9.

What's in a Face? #4: Face-Off［辨脸识人？（4）：对峙］

Třebický, V., Havlíček, J., Roberts, S. C., Little, A. C., & Kleisner, K. (2013). Perceived aggressiveness predicts fighting performance in mixed-martial-arts fighters. *Psychological Science*, 24(9), 1664–72.

Carré, J. M., & McCormick, C. M. (2008). In your face: Facial metrics predict aggressive behaviour in the laboratory and in varsity and professional hockey players. *Proceedings of the Royal Society B: Biological Sciences,* 275(1651), 2651–6.

Stirrat, M., Stulp, G., & Pollet, T. V. (2012). Male facial width is associated with death by contact violence: Narrow-faced males are more likely to die from contact violence. *Evolution and Human Behavior,* 33 (5), 551–6.

Kraus, M. W., & Chen, T. W. D. (2013). A winning smile? Smile intensity, physical dominance, and fighter performance. *Emotion*, 13 (2), 270.

The Psychology of Pain（疼痛心理学）

Sullivan, M. J., Bishop, S. R., & Pivik, J. (1995). The pain catastrophising scale. *Development and Validation: Psychological Assessment*, 7(4), 524–32.

Sullivan, M. J. L., Adams, A., Rhodenizer, T., et al. (2006). A psychosocial risk factor targeted intervention for the prevention of chronic pain and disability following whiplash injury. *Physical Therapy,* 86, 8–18.

A Sinister Questionnaire（“不吉利”的问卷）

Lalumière, M. L., Blanchard, R., & Zucker, K. J. (2000). Sexual orientation and handedness in men and women: A meta-analysis. *Psychological Bulletin*, 126(4), 575.

Veale, J. F. (2013). Edinburgh handedness inventory–short form: A revised version based on confirmatory factor analysis. *Laterality: Asymmetries of Body, Brain and Cognition*, 19(2), 164–77.

Prichard, E., Propper, R. E., & Christman, S. D. (2013). Degree of handedness, but not direction, is a systematic predictor of cognitive performance. *Frontiers in Psychology*, 4(9), 1–6.

Hardyck, C., Petrinovich, L. F., & Goldman, R. D. (1976). Left-handedness and cognitive deficit. *Cortex*, 12(3), 266–79.

Westfall, J., Jasper, J. D., & Christman, S. D. (2012). Inaction inertia, the sunk cost effect, and handedness: Avoiding the losses of past decisions. *Brain and Cognition*, 80, 192–200.

McManus, I. C. (2004). *Right Hand, Left Hand: The Origins of Asymmetry in Brains, Bodies, Atoms, and Cultures*. Cambridge, MA: Harvard University Press.

The ‘I’ s Have It（有“我”之境）

Kacewicz, E., Pennebaker, J. W., Davis, M., Jeon, M., & Graesser, A. C. (2013). Pronoun use reflects standings in social hierarchies. *Journal of Language and Social Psychology*, 10.1177/0261927x13502654.

Schwartz, H. A., Eichstaedt, J. C., Kern, M. L., Dziurzynski, L., Ramones, S. M., Agrawal, M., & Ungar, L. H. (2013). Personality, gender, and age in the language of social media:

The open-vocabulary approach. *PLoS ONE*, 8(9), e73791.

Write Stuff or Write–Off?（辨字识人？）

Tett, R. P., & Palmer, C. A. (1997). The validity of handwriting elements in relation to self-report personality trait measures. *Personality and Individual Differences*, 22(1), 11–18.

King, R. N., & Koehler, D. J. (2000). Illusory correlations in graphological inference. *Journal of Experimental Psychology: Applied*, 6(4), 336.

Driver, R. W., Buckley, M. R., & Frink, D. D. (1996). Should we write off graphology? *International Journal of Selection and Assessment*, 4(2), 78–86.

Neter, E., & Ben-Shakhar, G. (1989). The predictive validity of graphological inferences: A meta-analytic approach. *Personality and Individual Differences*, 10(7), 737–45.

Can Psychology Save the World?（心理学能拯救世界吗？）

Flood, M. M. (1958). Some experimental games. *Management Science*, 5(1), 5–26.

Hardin, G. (1968). The tragedy of the commons. *Science*, 162, 1243–8.

http://www.theguardian.com/environment/2011/mar/11/kyoto-protocol

http://www.theguardian.com/environment/2012/mar/28/uk-greenhouse-gas-emissions

YOU Are the Psychologist（你就是心理学家）

Rosenthal, R., & Fode, K. L. (1963). The effect of experimenter bias on the performance of the albino rat. *Behavioral Science*, 8(3), 183–9.

Rosenthal, R. &. Jacobson, L. (1963). Teachers' expectancies: Determinants of pupils' IQ gains. *Psychological Reports*,19, 115–18.

Levitt, S. D., & List, J. A. (2011). Was there really a Hawthorne effect at the Hawthorne plant? An analysis of the original illumination experiments. *American Economic Journal: Applied Economics*, 3 (1), 224–38.

感 谢

作者和出版者对于允准复制使用如下内容心怀感激：

Your Personality Profile. Public domain test from www.personalitytest.net/ipip/ipipneo 120.htm; A Barking-Mad Test. Draw-a-dog scale originally published in 'The Draw-a-Dog Scale', D. Ammons, S. A. Isbell, C. H. Ammons, Perceptual & Motor Skills (issue 36, copyright © 1952, Ammons Scientific Ltd. Reprinted with permission from Ammons Scientific Ltd; Your Perfect Partner. Questionnaire originally published in Buss, D. M. (1989). Sex differences in human mate preferences: Evolutionary hypotheses tested in thirty-seven cultures. Behavioral and Brain Sciences, 12, 1–14. © Cambridge University Press 1989. Cambridge University Press grants permission freely for the reproduction in another work of a short prose extract (less than 400 words), a single figure or a single table in which it holds rights; St Valentine's Day: Massacred? Vignette Copyright 2013 © Kristin Laurin, who retains all copyright (the vignette does not appear in the text of the Psychological Science article). Prelude or Requiem? Paper folding problems created by Ben Ambridge and Louise Ambridge. This section does not use any problems taken from the Stanford-Binet Intelligence Test or any of the articles cited in the reference section. The Radiologist. Gorilla x-ray image originally published in 'The Invisible Gorilla Strikes Again: Sustained Inattentional Blindness in Expert Observers', Trafton Drew, Melissa L.-H. Võ, Jeremy M. Wolfe, Psychological Science (Vol.24, Issue 9), copyright © 2013, Association for Psychological Science. Reprinted by permission of SAGE Publications; The Health Minister. Reasoning problems taken from 'The framing of decisions and the psychology of choice', A. Tversky, D. Kahneman, Science (Vol. 211, issue 4481, 30 January 1981), copyright © 1981, American Association for the Advancement of Science. Reprinted with permission from

AAAS; Track the Attacker. Map data © OpenStreetMap contributors; This data is available under the Open Database Licence, see http://www.openstreetmap.org/copyright for details; Morality Play. Questionnaire copyright © 2014 Petter Johansson & Lars Hall, who retain all copyright (the questionnaire does not appear in the journal article). To download the original article, and see a video of the study, please visit www.lucs. lu.se/choice-blindness-group/; The Arts Critic. Paintings Copyright © 2014 Tom Ambridge, who retains all copyright. Music Copyright © and Publishing 2011 Ben Ambridge, Adam Comstive, Hywell Dinsdale and Iain Mitchell, see www. advancesinmathematics.com; Quoth the Raven's "What's My Score?". Test © 2013 Erik Jorgenson, who retains all copyright; Stereo Types. Scale © 2003 P. Jason Rentfrow and Samuel Gosling, who retain all copyright; Horoscope Horror Show. Standard horoscope text originally published in B. R. Forer 'The fallacy of personal validation: A classroom demonstration of gullibility'.Journal of Abnormal and Social Psychology. 44, 118–23. Copyright © 1949 APA. Reprinted with permission; Are You a Conspiracy Theorist? Questionnaire adapted from 'NASA Faked the Moon Landing – Therefore, (Climate) Science Is a Hoax: An Anatomy of the Motivated Rejection of Science', Stephan Lewandowsky, Klaus Oberauer, Gilles E. Gignac, Psychological Science (Vol. 24, issue 5), copyright © 2013, Association for Psychological Science. Reprinted by permission of SAGE Publications; What's in a Face? Figure containing four pairs of faces reprinted from Evolution and Human Behavior, 20(5), Perrett, D. I., Burt, D. M., Penton-Voak, I. S., Lee, K. J., Rowland, D. A., & Edwards, R, 'Symmetry and human facial attractiveness', 295–307, © Copyright (1999) with permission from Elsevier. Average face originally published in DeBruine, L. M., Jones, B. C., Unger, L., Little, A. C., & Feinberg, D. R, 'Dissociating averageness and attractiveness: attractive faces are not always average'. Journal of Experimental Psychology: Human Perception and Performance, 33(6), 1420. Copyright © 2004 APA. Attractive face Copyright © 2007 Lisa DeBruine, who retains all copyright; Getting all EmotIQnal. Scale reprinted from Personality and Individual Diff erences, 25(2), Schutte, N. S., Malouff , J. M., Hall, L. E., Haggerty, D. J., Cooper, J. T., Golden, C. J., & Dornheim, L., 'Development and validation of a measure of emotional intelligence', 167–77, Copyright © 1998, with permission from Elsevier; What's in a Face? #2: The Talking Dog. Scale reprinted from Cognition. 106(1). Ambridge, B., Pine, J. M., Rowland, C. F. & Young, C. R. 'The effect of verb semantic class and verb frequency (entrenchment) on children's and adults' graded judgements of argument-structure overgeneralization errors', 87–129, Copyright © 2008, with permission from Elsevier; Literacy Test. Test downloaded from http://crmvet.org, who advised that they believe the test to be in the public domain. Roll Play. Images from Wikimedia Commons (author: Elya). Used under the Creative Commons Attribution-Share Alike License; A Trivial Pursuit. Questions from www.quizbang. co.uk: an open-source database of public-domain general knowledge questions. What's in a Face? #3 Brown Eyed girl. Images Copyright © 2013 Karel Kleisner, who retains all copyright. Mind Over Matter Illustration, adapted from original, Copyright © Shutterstock/Jane Kelly. Your Memory is Limitless. Images Copyright ©2003 Patrick Bonin, who retains all copyright. The full set can be found at http:// leadserv.u-bourgogne.fr/ bases/pictures/; What's in a Face? #4: Face off. Images Copyright © 2013 Karel Kleisner, who retains all copyright. ;The Psychology of Pain. Pain Catastrophising Scale Copyright © 1995 Michael J. L. Sullivan, who retains all copyright. A Sinister Questionnaire. Handedness scale originally published in 'Edinburgh Handedness Inventory – Short Form: A revised version based on confirmatory factor analysis', Jaimie F. Veale, Laterality (Vol. 19, Issue 2), copyright © 2014, Routledge. Reprinted by permission of Taylor & Francis Ltd.

图书在版编目(CIP)数据

心商 /(英)艾姆布瑞治著;谭新木,李中译. -- 上海:
上海社会科学院出版社, 2016
书名原文:Psy-Q: You know your IQ – now test
your psychological intelligence
ISBN 978-7-5520-1221-7

Ⅰ.①心… Ⅱ.①艾… ②谭… ③李… Ⅲ.①心理学
Ⅳ.① B84

中国版本图书馆 CIP 数据核字(2016)第 049429 号

上海市版权局著作权合同登记号:图字 09-2016-270

心商

著　　者:[英]本·艾姆布瑞治
译　　者:谭新木　李　中
责任编辑:李　慧
特约编辑:陈朝阳
出版发行:上海社会科学院出版社
上海顺昌路 622 号　邮编 200025
电话总机 021-63315900　销售热线 021-53063735
http: //www.sassp.org.cn　E-mail: sassp@sass.org.cn
印　　刷:北京中科印刷有限公司
开　　本:710×1000 毫米　1/16 开
印　　张:23
字　　数:230 千字
版　　次:2016 年 6 月第 1 版　2016 年 6 月第 1 次印刷

ISBN 978-7-5520-1221-7/B·127　　定价:39.80 元
